基金项目1：广东省教育科学"十三五"规划2017年度中小学教师教育科研能力提升计划项目"基于高效课堂背景下高中物理自主合作探究教学案设计的研究"（2017YQJK217）

基金项目2：广东省教育科学"十三五"规划2018年度中小学教师教育科研能力提升计划重点项目"高中物理教学中实施核心素养的策略研究"（2018ZQJK049）

基金项目3：广东省教育科研"十三五"规划2019年度教育科研重点项目"核心素养导向的高中物理'三主线两环节'教学设计模式实践研究"（2019ZQJK050）

高中物理合作学习

麦建华　袁　勇　著

西南交通大学出版社
·成　都·

图书在版编目（CIP）数据

高中物理合作学习 / 麦建华，袁勇著. —成都：西南交通大学出版社，2021.11
ISBN 978-7-5643-8211-7

Ⅰ. ①高⋯ Ⅱ. ①麦⋯ ②袁⋯ Ⅲ. ①中学物理课– –高中–教学参考资料 Ⅳ. ①G633.73

中国版本图书馆 CIP 数据核字（2021）第 164786 号

Gaozhong Wuli Hezuo Xuexi
高中物理合作学习

麦建华　袁　勇　著

责 任 编 辑	牛　君
封 面 设 计	墨创文化
出 版 发 行	西南交通大学出版社 （四川省成都市金牛区二环路北一段 111 号 西南交通大学创新大厦 21 楼）
发行部电话	028-87600564　028-87600533
邮 政 编 码	610031
网　　　址	http：//www.xnjdcbs.com
印　　　刷	成都蜀通印务有限责任公司
成 品 尺 寸	170 mm × 230 mm
印　　　张	14.25
字　　　数	255 千
版　　　次	2021 年 11 月第 1 版
印　　　次	2021 年 11 月第 1 次
书　　　号	ISBN 978-7-5643-8211-7
定　　　价	48.00 元

图书如有印装质量问题　本社负责退换
版权所有　盗版必究　举报电话：028-87600562

序 一

当今，课堂教学任务设计越来越向综合性、真实性与协同性发展，合作学习方式将得到普遍运用。不过，有关这方面的本土化有效成果尚不多见。

《高中物理合作学习》一书，是有关合作学习方式与学科教学实际紧密结合的重要研究成果，是湛江市袁勇、麦建华合作学习研究团队历经多年的理论与实践研究的结晶。本书总结的团队建设经验与策略值得大家借鉴；开展合作学习的必要准备给一线教师开展合作学习指明了方向，提供了明确的思路、策略和做法等；合作学习的教学设计为落实立德树人、践行核心价值观、培养学生核心素养提供了极具参考价值的案例。本书结合高中物理学科，重点参考了卡干合作学习结构法进行创造性运用，并利用合作学习的一系列概念、策略和方法等培养学生的学科核心素养，有效地将学习进阶理论和合作学习理论予以整合，创造性地提出"目标协同结构法"等合作学习方法，这也是国内少见的。本书不仅对物理教学有重要参考价值，同时对其他学科教师运用合作学习也有借鉴作用。

浙江大学教育学院课程与学习科学系教授

2021 年 7 月

序 二

《高中物理合作学习》一书是继 2019 年出版的《高中物理合作学习任务设计》一书之后，袁勇合作学习研究团队近几年来理论与实践研究的又一重要成果，为国内合作学习教学研究和学习共同体教研提供了宝贵的学术资源。

书中详细介绍了他们团队开展高中物理合作学习教研走过的路和研究成果，全面地探讨了开展合作学习的必要准备。在总结、分析国内外合作学习的内涵和基本要素基础上，剖析了当前国内应试教育存在的问题，论述了将合作学习引入课堂教学的原因和效果。在理论与实践研究的基础上，创新性地提出理论学习、小组建设、合作策略和方法、任务设计、评价与评估、小组总结与反思等是开展合作学习的必备条件。通读全书后，可以发现合作学习确实是一种技术性较强的教学方式，需要一线教师们不断学习、培训和实践才能掌握教学策略。书中对如何开展合作学习课堂教学、怎么选择合作学习内容、怎么设计合作学习任务进行了探讨，并提供了很多任务设计与实践案例。

围绕着核心素养修订的《高中物理课程标准》颁布后，在教学中如何使核心素养落地成为当前高中物理教学的重要任务。合作学习为在教学中落实核心素养提供了手段。区别于传统教学，基于小组的合作学习能够培养学生合作交流的意识与能力，促进学生充分思考问题、相互分享观点、构建模型、推理论证、质疑创新等思维活动的发展，激发学生探究科学问题的兴趣，体验学习成功的乐趣，培养科学态度与责任。作为新课程背景下高中物理合作学习的著作，本书在合作学习教学设计的思路、合作步骤等诸多方面均有自己的特色，反映了作者及其团队深厚的知识功底和教学经验。本书的出版将会对在高中物理教学中，通过合作学习促进高中生的物理学科核心素养发展，起到积极的作用。

罗 莹

2021年夏于北京师范大学

前　言

人类自从诞生那天起，就开始了合作，合作成为人们的家常便饭。而合作学习却是在 20 世纪 70 年代才兴起于美国，迄今为止只有 50 多年的历史，是目前世界上许多国家普遍采用的一种富有创意和实效的教学理论与策略体系。美国的斯莱文（Slavin）、约翰逊兄弟（D.W.Johnson & R.T.Johnson）、嘎斯基（R.T.Guskey）、戴维森（Davidson），以色列的莎伦，英国的赖特、梅瓦里克，加拿大的文泽等都开展了卓有成效的研究。

我国合作学习起步于 20 世纪 80 年代末，是由王红宇、盛群力、王坦和马兰等学者逐渐从美国引入约翰逊的合作学习，为我国合作学习的教育教学改革立下了汗马功劳。山东和浙江率先开展了适合我国国情的合作学习理论与实践研究，合作学习一度成为国内教育教学改革的一面旗帜，打破了先教后学的传统教学，改为先学后教的翻转课堂教学模式，其合作学习的研究与实践在全国教育教学改革中扮演了重要角色，国内一些专家、学者和教师纷纷学习山东合作学习模式。

然而，到了 2000 年初期，合作学习的研究与实践就不尽如人意，停滞不前。很多老师喜欢合作学习，饶有兴致地开展小组合作学习，尤其是每逢公开课、示范课、观摩课和比赛课等，合作学习是老师们首选的一种教学方法，给很多老师的公开课添砖加瓦。事实上，大部分使用合作学习的老师并不完全知道合作学习理论，如学生学习时到底为什么要合作，合作什么，怎么合作，合作有什么用，合作学习效果如何等问题，基本上是凭感觉和经验（参考别的老师的合作学习）开展合作学习，致使合作学习的教学设计流于形式，"挂羊头卖狗肉"。这种缺乏合作学习理论基础而开展合作学习的事是非常危险的，这也是我们这些年一直想研究和突破的一个问题。

目前，学术界尚没有一个关于合作学习概念及其基本要素的统一认识，在表述上也"千姿百态"。我们通过分析国内外经典的合作学习定义和基本要素，结合我国教育实际情况，在我们团队高密度教学设计与实践的基础上，提出"合作学习就是以学习内容为载体，以合作方法为手段，为达成学习目标而精心设计的一种同伴间和谐互动、共赢的学习方式"。并且我们认为合作价值、建组或配对、积极互赖、个人责任、机会均等、和谐互动和社会技能等是合作学习必备的七个基本要素。我们这几年一直按这个基本要素设计教学，效果良好。

从 2015 年 9 月的 2 人团队开始，到 2017 年 12 月工作室成立之时，我们合作学习研究团队组建了以大学教授、博士、教研员为指导专家，以湛江市 20 多所中小学 100 多位物理老师和 30 多位其他学段学科老师为成员和学员的大型合作学习研究团队。我们一直秉承"理论学习引领教研实践，课题研究强化团队发展，团队建设推动共同成长，专家指导助推团队发展，研讨研修深化教学研究，跨界交流融合思维碰撞，理论提炼熔铸品牌教育"的工作主线。

最初，团队缺乏理论和专家指导，研究只是从模仿开始，加上我们的教学设计与实践较为单一、幼稚，课堂教学效果一般，致使团队合作学习严重受创，很多老师逐渐回到了应试教育的满堂灌教学队伍中。但是，教学过程，就是快乐的体验、互动生成、价值内化的过程，而实现这一过程的关键在于学生"是否学得快乐，是否有成功的喜悦，是否有展示的欲望"。为了这一过程的实现，团队的核心成员从 2016 年开始，带着疑惑，带着目标，带着责任，带着期待，开始研读各种合作学习专著。我们不仅从约翰逊的专著中找到了合作学习教学改革受挫的原因，而且对合作学习有了真正的理解，并在课堂中逐渐采用约翰逊的策略，实施课堂教学设计与实践。

然而很多事情并不是最初想象的那么美好，我们的教学效果总是时好时坏。为了追求效果最大化，我们拼命阅读更多、更新的专著和论文，不仅大量阅读合作学习的著作，还大量阅读课堂教学革命、教学设计、学习方式、学习金字塔、核心素养等相关著作和文章，平均每人每年拜读了 10 多本著作、

100多篇学术论文，不断研究和更换新的课堂教学设计与实践思路与框架，基本上一个月就会有创新设计思路。尤其是2017年4月，我们从马兰教授所著的《合作学习》一书中接触到了卡干合作学习，岭南师范学院附中麦建华老师就于5月12日展示了一节卡干合作学习示范课，这一理论的应用使整个团队的教学改革与研究进入新高潮。整个团队开始学习、研究卡干合作学习，进入其网站下载相关资料，收集到30多种卡干合作学习策略，开始在课堂中使用，效果特别好。到2017年底，我们的教学设计逐渐呈现出了理论化、合理化和创新性，课堂教学也呈现出一些合作学习的艺术性。

2019年，北京师范大学罗莹教授带队前来指导和交流中学物理合作学习课堂教学经验，给了我们专业的指导意见，我们整个团队的教学设计开始转向基于核心素养的合作学习教学设计。这一次活动使我们整个团队的教学设计上了一个更高的台阶，也与新课标、新理念、新高考接轨。我们团队一下子写出了20多篇高质量的基于核心素养和卡干合作学习结构法的学术论文，发表在物理专业刊物上。

通过近几年的辛勤工作，我们团队购置了1 000多本学术类图书供成员学习，举行了大中小型合作学习研讨会100多场，同课异构30多次，承担合作学习示范课、比赛课、公开课100多节，做了60多场合作学习专题讲座，参与各种培训100多次，参与国家级、省市级教学比赛获奖60多人次，申报并开展了合作学习方面的3项省级课题和9项市级课题的研究，进行了22个子课题的立项、中期检查和结题工作。基于合作学习和核心素养理论背景，完成了高一、高二、高三物理每一个学段每一节课的教学设计与实践350多个，教学效果良好，获得了专家的肯定。我们也编著了6本著作，已出版两本，研究成果《高中物理合作学习系列丛书》获得2018年湛江市基础教育教学成果一等奖，《高中物理合作学习任务设计》获2020年广东省教育创新三等奖。

本书就是在这样的背景下撰写的，总结了这些年来的理论与实践研究历程、成果，既分享了成功的做法和经验，也分享了失败的做法和教训，期盼能对一线老师起到一些实质性的引导作用。全书共分十四章，各章内容简介和作者分工如下：

第一章介绍了我们合作学习研究的团队，由麦建华、袁勇执笔。

第二章介绍了合作学习团队的研究历程，由袁勇执笔。

第三章介绍了合作学习团队的建设策略，由袁勇执笔。

第四章介绍了我们合作学习的概念与要素，由袁勇执笔。

第五章介绍了团队开展合作学习的原因，由袁勇、卢建筠、黄国杰执笔。

第六章介绍了团队开展合作学习的效果，由袁勇、卢建筠执笔。

第七章介绍了合作学习的理论依据，由麦建华执笔。

第八章介绍了团队开展合作学习的策略，由袁勇执笔。

第九章介绍了合作学习的小组建设，由麦建华执笔。

第十章介绍了团队开展合作学习的常用方法，由袁勇、冼景连、张坤林执笔。

第十一章介绍了合作学习的教学设计，由袁勇执笔。

第十二章介绍了团队开展合作学习的评价方法，由袁勇、周朱武执笔。

第十三章介绍了合作学习小组的总结与反思，由袁勇、冼景连执笔。

第十四章主要是关于合作学习团队的实践案例，介绍了我们合作学习团队基于经验的实践案例、基于理论的实践案例和基于核心素养的实践案例。其中，基于经验的实践案例分别选取了2015—2016年间的4个典型教学设计案例，并从合作学习的概念视角做了点评，主要由袁勇、冼景连执笔；基于理论的实践案例选取了2017—2018年间的4个典型教学设计案例，这4节课是在2015—2016年间这4个案例的基础上，重点从合作学习的概念分析、设计和实践，主要由袁勇、麦建华、付民等执笔；基于核心素养的实践案例选取了2019—2021年间的4个典型教学设计案例，这4节课仍然是在前面4节课的基础上，重点从核心素养的理念来设计合作学习，经过实践后写成案例，主要由袁勇、麦建华、付民、梁桂涣等执笔。

整本书由袁勇、麦建华构思、统稿和审稿。

《高中物理合作学习》是继《高中物理合作学习任务设计》之后的又一佳

作，是我们团队经过6年多理论与实践研究的结晶，从合作学习团队建设、合作学习必要准备和实践案例三个维度全面记录、展示了我们团队走过的路、设计过的教学案例、实践过的课堂、开展过的研讨会、做过的讲座、取得的成果、团队建设历程与策略。它既不是我们团队随意开展课改的案例集，也不是经验之谈，而是在大量合作学习理论、核心素养理念、金字塔学习理论、学习进阶理论和教学设计理念等的基础上，历经多年的艰辛实践，团队频繁研讨、精心斟酌、用心实践、深度反思、反复修改、不断提炼而形成的。我们团队成功地把卡干合作学习的四项基本原理PIES（积极互赖、责任到人、平等参与和同时互动）整合到合作学习任务设计中，也逐步把核心素养理念融入教学设计中，摸索出适合我国大班制教学的50多种合作学习策略，设计了高中物理几乎所有教学内容的自主合作探究教学案350多个，利用合作学习理论成功培养了学生的核心素养。通过名师的辐射引领，我们在30多所不同学校之间开展了大量的研讨会、同课异构与专题讲座100多场，组建了高效的教师共同体，积累了大量的研究资源，形成了有效的成果。

在研究期间，全国知名合作学习研究专家、浙江大学盛群力教授给了很多建议与指导，对我们的研究与实践给予了高度的肯定，能有效确保我们研究合作学习的路是正确的。北师大物理学系的罗莹教授一直在指导我们的研究与实践工作，保证我们物理专业教育教学的研究有理论与实践的价值。还有深圳大学的张兆芹教授、深圳福田区教科院张玉彬、广州大学的徐芃教授、华南师范大学的张军朋教授、人民教育出版社的彭前程主任、南京金陵中学的物理特级教师朱建廉、岭南师范学院张正中教授等20多位专家引领，确保我们的研究方向和方法不会偏。我们团队研究的成果在湛江市的红土地上越来越有影响力，其影响力已经向国内其他地方辐射，吸引着其他学科与其他年级的老师陆续加入，开展合作学习与其他学科的整合与课改。正是基于众多理论、专家引领、团队研究与实践，本书才具有其独特的价值。

《高中物理合作学习》一书在编写过程中得到了广东省名教师工作室主持

人的大力支持，分别是湛江市教育局教研室陈小平主任和岭南师范学院附属中学杨昌彪副校长，他们从专业角度给予我们持续的、建设性的指导与建议，在此表示衷心的感谢。

  本书在编写过程中，团队内很多老师提供了众多案例，在此不一一列举，对大家的辛勤付出表示衷心的感谢。

  本书在编写过程中一定还有许多地方考虑不周，书中还存在很多不足之处，恳请读者批评指正，我们将不胜感激。

麦建华，袁　勇
2021 年 5 月于湛江

目 录

第一章　合作学习的研究团队 …………………………………… 001

第二章　合作学习的研究历程 …………………………………… 010

第三章　合作学习的团队建设 …………………………………… 019

第四章　合作学习的概念界定 …………………………………… 033

第五章　合作学习的实施原因 …………………………………… 044

第六章　合作学习的开展效果 …………………………………… 048

第七章　合作学习的理论依据 …………………………………… 055

第八章　合作学习的实施策略 …………………………………… 069

第九章　合作学习的小组建设 …………………………………… 075

第十章　合作学习的结构方法 …………………………………… 090

第十一章　合作学习的教学设计 ………………………………… 101

第十二章　合作学习的评价 ……………………………………… 112

第十三章　合作学习的总结反思 ………………………………… 121

第十四章　合作学习的实践案例 ………………………………… 128

参考文献 …………………………………………………………… 209

后　记 ……………………………………………………………… 213

第一章　合作学习的研究团队

袁勇合作学习研究团队是湛江市规模最大、最活跃的合作学习研究共同体，从2015年的民间教改小团队，发展到以合作学习研究为主体的市名师工作室，再到今天的大型研究团队，经历了理论学习、专家引领、教学设计、课堂教学实践与反思、小中大型研讨活动、课题申报、成果提炼与推广等一系列高频率的行动研究，也经历了很多风风雨雨，形成了颇有特色的团队建设经验与丰富的创新成果，团队成员也获得了可喜的成就。

一、袁勇合作学习研究团队简介

袁勇合作学习团队从2015年9月的2人团队开始，到2017年12月湛江市袁勇名教师工作室成立之时，我们合作学习研究团队的核心成员已经达到30多人，学员达到150多人。借助袁勇名教师工作室，我们团队逐渐组建了以大学教授、博士、教研员为指导专家，以湛江市30多所中小学150多位物理老师和50多位其他学段学科老师为成员和学员的大型合作学习研究团队。在市教育局和校领导的大力关怀下，建设了约50 m²的工作室，100多平方米的合作学习课室，配备齐全，环境幽雅，特别适合教科研活动。我们一直秉承"理论学习引领教研实践，课题研究强化团队发展，团队建设推动共同成长，专家指导助推团队发展，研讨研修深化教学研究，跨界交流融合思维碰撞，理论提炼熔铸品牌教育"的工作主线。通过近3年的辛勤工作，工作室购置了1 000多本学术类图书供成员学习，每位核心成员每年阅读10本以上专著。

通过坚持不懈的理论学习、行动研究、团队合作，我们团队推动了一大批教师的专业成长和个性发展。其中，负责人晋升为正高级教师，有8人晋升为副高级教师，3人成为国家级骨干教师，7人成为省级骨干教师，其余都成为市、县和校级骨干教师，在全市起到了颇有影响的示范、引领和辐射作用。

二、袁勇合作学习研究团队部分成员简介

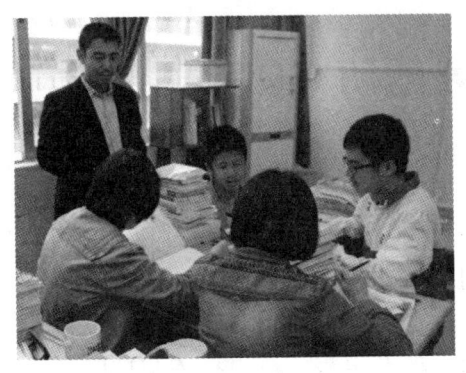

1. 袁勇，合作学习研究团队负责人，北京师范大学教育硕士，原湛江市第二中学高中物理正高级教师，教研组长，湛江市名教师工作室主持人，湛江市兼职教研员，岭南师范学院兼职教师，现调入佛山市顺德区第一中学。

合作学习感言：核心素养引领下的个性化教改拉开了2020年新课标、新教材、新高考改革的序幕，合作学习似乎成为历史，其实合作学习在培养学生的核心素养方面独树一帜，是竞争性教育走向个性化教育的必经之路。合作学习引入我国30多年来，虽然有少部分学校和老师们采用合作学习教学，但抹杀学生创造力的"满堂灌"仍然是教师教学的常用方法。一些学校和老师尽管采用了合作学习模式，但"跟风课改"致使虚假的合作学习小组随处可见，很多课改的学校和老师没有系统地学习过合作学习理论，也没经历过正规的培训，凭感觉把学生组成几组，排坐在一起，就开展起轰轰烈烈的合作学习，课堂上掌声不断，表面上看似很热闹，实际上掩盖了组内很多"滥竽充数""搭顺风车"的人，与真正的合作学习基本要素相差甚远，这种"追风课改"是很危险的，容易流于形式、疲于跟风、劳民伤财。我们的教育教学想要渗透到学生的骨子里，就是要让学生自我体验、自我发挥、自我表现，教师就要创造平台，发现学生的亮点，不停地鼓励、激励任何一个学生，合作学习首当其冲，选择合作学习就选择了素养教育。

成长主要业绩：2011—2020年先后参加了市骨干、市名师、省骨干、省名师工作室成员和国家级骨干教师培养，均获得"优秀学员"称号。2017年被聘为湛江市中小学名教师工作室主持人，湛江市第二、三期名教师培训班指导老师。2017年开始主持了省"十三五"规划课题一项，并于2019年结题，其成果获得湛江市2018年基础教育教学成果一等奖和2020年广东省教育创新成果三等奖，编著并出版了《高中物理合作学习任务设计》和《基于创新的高中物理实验教学》两本著作。参与了省市级20多个课题的研究，作为主要成员参与的"基于低成本仪器开发的高中物理创新实验研究与实践"荣获2019年广东省基础教育教学成果一等奖，本人排名第二，发表学术论文近20篇。

2. 麦建华，袁勇合作学习研究团队副组长，华南师范大学硕士，岭南师范学院附属中学物理高级教师，国家级骨干教师，岭南师范学院物理系兼职教师，陈小平和杨昌彪省名师工作室助理。

合作学习感悟：杰克布斯等人说过，合作学习是一种价值观，这是最重要的合作学习原理。通过这几年的合作学习，我认为合作不只是教学方式，合作还是一种生活态度，合作不只是学习方法，合作还是一种学习内容，真正的合作意味着接纳、欣赏、互相取长补短，共同携手庆祝，这是合作的本质，也是合作的最高境界。因此我认为合作的理念可以灌输到生活的各方各面。从班主任工作的方面来说，在班级小组建设中，通过合作学习理念的灌输，让学生学会了尊重，取长补短，互帮互助这些难能可贵的品质。在教学中，通过合作小组策略的实施，让学生学会倾听，学会感谢，学会关心。在生活中，作为母亲，学会了与儿子的合作，学会耐心倾听孩子对自己的倾诉，哪怕他讲得毫无道理，异想天开。学会赢得孩子，而不是赢了孩子。不像以前那样，自认为自己的观点都是正确的。在与同事的关系中，通过合作与交流，主动去帮助别人也得到了别人很多的帮助。合作学习，让我们感到幸福并兴奋着。

成长主要业绩：作为主要参与者的研究成果"基于低成本仪器开发的高中物理创新实验研究与实践"获2019年广东省基础教育教学成果一等奖；作为主要参与者的研究成果分别获得湛江市2018年、2020年基础教育教学成果一等奖（排名均为第二）；2017—2019年间作为副主编参与了《高中物理合作学习任务设计》一书的编著工作；2018年5月教学设计"3.2 弹力"获广东省首届中小学幼儿园特色课堂精品课例一等奖；2018年6月教学设计"研究洛伦兹力"获湛江市教学设计比赛一等奖；作为第一参与者的广东省教育科研"十三五"规划课题"基于高效课堂下高中物理自主合作探究教学案设计的研究"子课题，已结题（课题批准号：2017YQJK217-1-1），成果显著；2019年主持湛江市中小学教育科研"十三五"规划一般课题"基于核心素养的高一物理合作学习任务设计与实践研究"（课题批准号：2019ZJYB83）；2018年2月在省级期刊《课程教学研究》上发表《物理合作学习中核心素养的培养策略探究——基于卡干结构法的应用》一文；2020年6月在省级期刊《课程教学研究》上发表《利用合作学习任务实施过程培养学生核心素养能力探讨——以弹力教学片段为例》一文；2020年6月在国家级期刊《中学物理教学参考》上发表《运用卡干结构法培养科学思维的教学实践探讨——以交变电流为例》一文；2019年11月20日，代表国培班与广西师大附属中学进行同课异构；2019年12月24日，在岭师附中与广西都安进行合作学习分享，做了"在物理教学中应用合作学习策略探讨"的讲座；2020年在惠州、岭师做了四次讲座。

3. **卢建筠**，袁勇合作学习研究团队和工作室高级顾问，岭南师范学院教师教育学院副教授，教育学博士。

合作学习感悟：参与合作学习团队4年多了，感受非常深刻。首先，自己感受到了团队研究的魅力。合作学习研究才是真正的教育研究，因为教育本来就需要多位教师、多学科的合作。合作学习团队这几年成了自己的精神家园。大家志同道合，欢聚一堂，淡泊名利，为教育现状而思考，为热烈的课堂而兴奋，为彼此的提升而欣喜。其次，自己体会到了工作生活一体化的快乐。大家一起探讨教育，一起爬山交流，一起感悟自然与生命的美好，在工作与生活中成长起来的友谊特别令人温暖。再次，自己感受到了共同学习的乐趣。表面上自己是团队顾问，其实自己对合作学习也理解不深，运用也不给力，对高中物理的理解就更是业余水平了。但是，大家在一起却有着说不完的话题，因为大家的生命是相通的，教育常识与良知让大家回归本源了。参加合作学习团队以来，自己的教育幸福感大为提升，同时也加深了对教育的理解。最后一个重要感受，是自己感受到了教育文明的强大魔力。卡干合作学习的理论基于当今世界教育改革与发展，基于信息化时代学生的主体性需要，发挥出了学生的潜能，所以有了课堂的生机勃勃、教育的解放与生命力的回归。

4. **裴姗姗**，袁勇名师工作室助理，北京师范大学学士，湛江市第二中学高中物理一级教师。

合作学习感悟：在接触合作学习以来，最大的感悟是作为一名教师，应该是一个终身学习的人，不断接触新知识并拓宽视野的人，只有这样，才能给课堂带来更多的活力，给学生提供更加丰富的思考。在个人价值方面，我们应该更多地关注自身能力是否得到提升，减少对利益的期待。在人际交往方面，我们应该关注的是团队中每个人的成长，用任务驱动的方式促进每位成员的学习，给每位成员提供广阔的平台提升自身教学水平，相信每个人都蕴含着巨大的能量，只要我们采取合适的方式将能量释放出来。

成长主要业绩：2017年11月参加中国教育学会物理专业委员会学术年会论文交流，论文《巧用纸张解决部分高中物理问题》获得论文交流一等奖；2016年获得湛江市首届高中物理实验仪器制作与改进设计展评一等奖和二等奖；2017年获得湛江市物理合作学习教学案设计比赛一等奖；作为核心成员参与的研究成果获得2018年第四届湛江市基础教育教学成果奖一等奖（本人排名第五）；2014—2016年主持了市级课题"随堂实验教学中的问题与策略研究"；2016—2019年参与广东省"十三五"规划课题"基于高效课堂背景下高中物理自主合作探究教学案设计的研究"，并参与了《高中物理合作学习任务设计》一书的编著工作；作为课题副组长参与广东省"十三五"规划课题"基于卡干结构法的高中物理教学设计的研究"；2019年12月在核心期刊《中学物理教学参考》上发表了《巧用纸张解决部分高中物理问题》一文；论文《基于科学建模的物理概念教学设计与实践——以"电容器的电容"一节为例》于2021年5月被北大核心期刊《物理教师》录稿；2020年在广东省自制教具比赛中荣获二等奖；教学设计"电容器与电容"在2020年广东省教育学会物理教学专业委员会中学物理教学改革成果交流中获高中物理教学论文一等奖和教学创新成果一等奖；在2020年全省县级市以上教研员培训会上，展示了省课改交流示范课"电容器与电容"，获得一致好评；2020年11月30日至12月4日，代表湛江市赴柳州市三江、融安、融水三县送课送教一周；2020年先后到徐闻一中和雷州二中送教，展示了两节精彩的示范课。

5. 付民，袁勇名师工作室助理，广西师范大学硕士，湛江市第二中学高中物理一级教师。

合作学习感悟：在和袁勇老师以及团队老师一起备课讨论的过程中，对合作学习有了一点领悟，所谓合作学习就是倡导学生围绕科学性问题进行积极主动、智力活动水平较高、共同承担责任的学习过程，由于种种原因，合作学习在实施过程中容易出现形式化和表面化的倾向，往往容易忽略对教学活动的精心设计和有效组织，表面上看课堂很热闹，但学生智力认知层次很肤浅。

只有精心设计出好的合作学习教学设计才能让课程活而不乱，学生相互配合、相互启发、相互释疑，驱动学生积极主动地进行观察、实验、收集数据、合作交流，构建科学的情景模型。学生在合作学习中评判自己和他人的解释，不仅能够拓展自己对知识的理解，而且能够提高质疑、推理、评判思考科学现象的能力。基于这样的认知，我们团队以高中物理学科合作学习研究实践为重点，并锁定在合作学习活动的教学设计上。这几年与袁勇老师、麦建华老师、裴姗姗老师等团队老师，讨论很多合作学习的话题，设计了很多合作学习教学案例，受益良多。

成长主要业绩：2020年5月主持湛江市"十三五"规划课题"基于核心素养的高中物理有序大单元教学复习课设计研究"；2020年5月12日在华南师大-中小学协同发展联盟优秀在线教学案例比赛中作品"力与机械运动中功能关系"获得三等奖；2019参加全国中学物理教学创新展示交流活动展示"探究直导线电流产生的磁感应强度与电流强度成正比与距离成反比"获"实验创新能手"称号；2019年6月参加2019年湛江市中小学实验教学说课比赛，获高中物理组一等奖；2017年12月参加湛江市物理合作学习教学案设计比赛，案例"从三个角度构建碰撞模型"获一等奖；2016年4月，作品"楞次定律探究实验设计"获湛江市第一届高中物理实验大赛一等奖；2018—2019年间主持了市课题"高中物理专题复习——分组合作学习教学设计研究"，已结题；2015—2019年作为核心成员参与了省"十三五"规划课题"基于高效课堂背景下的自主合作探究教学案设计的研究"，已结题，并参与了《高中物理合作学习任务设计》一书的编著工作；2019年作为第二作者在核心期刊《物理教师》上发表了一篇学术论文，在省级刊物《课程教学研究》上发表了一篇论文；2020年在全省县级市以上教研员培训会上，展示了省课改交流示范课"匀变速直线运动与汽车安全行驶"，获得一致好评；2020年在广东教育学会物理专业委员会上教学创新设计比赛中获得一等奖；2019年6月至2020年7月深度参与"基于新高考评价体系的高三一轮、二轮复习教学设计"的研究，做出较大贡献。

6. 冼景连，袁勇合作学习研究团队廉江支队负责人，湛江师范学院理学学士，廉江市实验学校高中物理一级教师。

合作学习感悟：自2016年12月接触合作学习以来，认真拜读了十几本合作学习专著，深入学习了合作学习理论，多次参加讲座、示范课、研讨会等活动，较好地理解了合作学习的理论。平时在课堂教学中开展合作学习，取得很好的效果，多次承担合作学习公开课。期间经常得到袁勇合作学习团队的帮助，收获了很多惊喜，如学生的成长与喜欢、同行（专家）的肯定与友谊、本人能力的提升等。当然也有很多人的质疑与嘲笑，但团队成员痛并快乐地走过了5年的合作学习之路。

成长主要业绩：作为副主编和袁勇老师编著并出版《高中物理合作学习任务设计》一书；2017年12月在湛江市物理合作学习教学设计比赛中获得一等奖和二等奖；2018年参与编写省课题的研究成果《高中物理自主合作探究教学设计系列丛书》，获得湛江市基础教育成果一等奖，本人排名第四；2019年3月2日获得由"中国好教育联盟"茂名市高州市举办的同课异构大赛一等奖；2021年4月在《中学物理》发表论文《卡干结构法培养学生核心素养教学研究——以"超重和失重"教学片段为例》，该论文在2021年广东教育学会物理专业委员会论文比赛中获得一等奖；积极承担校级公开课，多次在雷州八中、湛江市实验中学、湛江四中、遂溪大成中学、茂名市高州中学等展示观摩课，深受学生和老师喜欢。

7. **谭海兰**，袁勇名师工作室核心成员，广西师范大学硕士，湛江二中港城中学高中一级教师，广东省名师工作室成员。

合作学习感悟：从2017年开始，我跟着袁勇合作学习团队边学习理论边到团队各个成员所在学校听合作学习课，听完课大家再一起讨论，总结做得好的地方，反思不足之处，同时我也在自己学校进行了几次合作学习的教学展示。这一过程，不仅对卡干结构法的理论领悟得比较透彻，通过实践，也逐渐寻求到了适合自己学生的结构法，增强了进行合作学习的信心。

当对结构法的应用较为熟练之后，我开始结合自己的课题，进行基于核心素养的合作学习设计和单元整合设计，这时合作学习成为课堂的必要手段而不是唯一手段，不会为了合作而合作，而是将合作与其他教学方式相结合，实现课堂的高效。这时同桌的配对合作成为合作的主要方式。同时，我也进行了合作学习的评价实践，引入教师辅助评价、个人自评问卷调查等。这一阶段更加注重理论应用的总结，抱着研究的态度去研究合作学习，并努力撰写论文，形成研究成果。

成长主要业绩：参编《高中物理合作学习任务设计》一书；2018年至今主持湛江市"十三五"规划课题"高中物理力学部分高效课堂教学设计的研究"；2017年12月在湛江市物理合作学习教学设计比赛中"探究加速度与力、质量的关系"获一等奖；2019年9月获得湛江市青年教师教学技能大赛直属学校赛区一等奖；在2020年广东教育学会物理专业委员会论文比赛中获得一等奖；2019年3月在华南师范大学附属中学上公开课"万有引力理论的成就"，效果良好；2018 年 12 月在湛江二中开展讲座"我的教学研究之路"；2017年参加湛江市青年骨干教师培训。

8. 郑映凤，袁勇名师工作室核心成员，湛江师范学院本科毕业，湛江市徐闻县第一中学高中物理二级教师。

合作学习感悟：在没有参加袁勇物理名师工作室之前，我的教育理念主要是"课上满堂灌、课后疲怠战"。在参加袁勇物理名师工作室后，我学会了以课题引领课堂的教学，并积极参与课题研究。行动上，我主要从以下几个渠道改变自己：① 多参与职业培训讲座，聆听专家大师的教诲。② 大量阅读相关教育专著。③ 实地观摩合作课堂，不同地区进行同课异构教学切磋，学习优秀的教学模式。④ 进行相关的教学设计，并进行实践、检验、反思、创新。

成长主要业绩：2017 年获得湛江市说课竞赛高中物理组三等奖；2017 年 12 月 20 日教学案设计"小组自主合作学习——'认识磁场'为例"获湛江市教育局教育研究室教学案设计比赛一等奖；2017 年 12 月 20 日教学案设计"测量电源电动势和内阻"获湛江市教育局教育研究室教学案设计比赛二等奖；2017 年参加广东教育学会"十三五"教育科研规划小课题"高中物理概念教学有效性方法的研究"；2018 年起参与广东省教育科研"十三五"规划 2017 年度中小学教师教育科研能力提升计划项目"基于高效课堂背景下高中物理自主合作探究教学案设计的研究"；2019 年参与编著了《高中物理合作学习任务设计》一书；2019 年 12 月 26 日获徐闻县教育局中小学青年教师教学能力大赛高中物理组二等奖；2020 年 7 月在省级刊物《教育信息技术》上发表论文《运用卡干结构法培养学生物理核心素养的探索——以"牛顿第二定律的应用"为例》；2020 年主持湛江市中小学教育科学"十三五"规划 2020 年度一般项目课题"基于合作学习的力与机械运动的教学改进的研究"。

9. 肖涛，毕业于华南师范大学物理系物理教育专业，获理学学士学位。湛江四中物理中学高级教师。湛江市名师工作室成员、湛江市高中物理自主合作探究小组核心成员，专注于做好高效课堂背景下自主合作探究的教学案设计。

合作学习感悟：这几年的合作学习研究让我明白，通过合作学习能达到让学生在课堂上主动参与学习活动，通过任务驱动法能让每个学生在合作学习中都有事可做。我从不抢占学生的其他自习课时间，也没有通过大量印题来抢占学生的课后学习时间，我只是让学生在课堂的 40 min 里主动参与到学习中来，并适当布置课后作业，就能让我班级学生的学习成绩在同类班级中名列前茅。是的，我们不一味地追求分数，但是当学生对学习有兴趣，并主动开始学习的时候，他们也不惧怕考试了。我知道我们在合作学习这条路上还有很远的路要走，有良师、有益友，我觉得我们能凭自己的力量让物理课堂教学与过去有那么一点不同。

成长主要业绩： 2019 年作品"向心力演示器"在湛江市第二届中学物理实验仪器与实验改进设计展评活动中荣获一等奖；2017 年设计的教学案"牛顿第二定律的运用"获湛江市物理合作学习教学案设计比赛一等奖。

10. **周朱武**，本科，遂溪县大成中学物理二级教师。

合作学习感悟： 在学习金字塔理论中，如果你是听课者，那么你只能掌握 5%的知识，如果你是授课者，那么你就会掌握 90%的知识。多给学生机会去表达自己观点，让学会的同学当小老师，没有学会的同学跟着小老师学，强化了小老师的思维，深化了小老师的认知，弱的学生也会跟上脚步。老师在这种宏观结构下，可以有更多精力看到学生的成长，而不是把所有精力对一个弱学生专门传授，降低授课效率。如果是金字塔，弱的学生在底层，小老师在中层，老师在顶层，整个架构来说，老师负责解决小老师疑问，小老师负责弱生，就有点像一生二，二变四，生生不息，就可以高效率地解决学习这个问题。

成长主要业绩： 参与编著《高中物理自主合作探究教学设计系列丛书》，作为主要参与者的研究成果获第四届湛江市基础教育教学成果奖一等奖（本人排名第 6），参与编写著作《高中物理合作学习任务设计》，为整个团队摄影、录像，记录了团队近些年来的一滴一点，并在多所学校展示了合作学习示范课。

第二章　合作学习的研究历程

从 2015 年组建 2 人团队至今，团队人数已达 150 多人，在团队成长的路上，合作学习研究与实践一直伴随着我们，我们团队经历了遇见、尝试、坚持、学习、组建、设计、实践、爱上、提炼、推广、受益合作学习之路，收获颇多，成长迅猛，成就突出，以下就和大家分享一下团队负责人袁勇老师的合作学习历程。

一、遇见合作学习

2007 年任教于广东省湛江市第二中学后，我（以下的"我"都指团队负责人袁勇）开始使用粤教版高中物理教材，教材中有编入了许多"讨论与交流"问题。刚开始，我是让学生按教材上的要求，同桌之间讨论与交流一些问题，然后我再讲解问题的答案，慢慢地发现教学效果一般，大部分学生走过场，流于形式。

为了有效发挥"讨论与交流"栏目的作用，科学开展"讨论与交流"活动，我开始查阅相关资料，发现 2001 年《高中物理课程标准》中就已经提出了合作学习的方式。合作学习可以促进学生间、师生间的各种交流（包括情感方面、学习方法、观点认识等方面的交流），活跃课堂气氛，培养合作精神，让同学们集思广益、互相启发、互相学习、取长补短，培养学生养成勇于发表个人见解及善于听取别人意见的习惯，培养学生的探究能力、合作与交流能力、分析和解决问题的能力、创新能力、发散思维能力以及分辨是非能力等。在总结之前经验的基础上，我撰写了《充分发挥粤教版高中物理教材中"讨论与交流"的作用》一文，深刻认识到要想落实课程标准和"讨论与交流"栏目，采取合作学习教学是一个好的途径。

二、尝试合作学习

2010 年 2 月，我担任了高一 20 班班主任兼物理老师，学生在课堂上安静得让人窒息，不善于交流合作，独来独往，同学间的互助精神较为缺乏，课前课后都不问问题，不敢公开发表见解，探究与创新意识很差。我的内心非常纠结，这样的学生不就是高分低能的接班人吗？为了培养学生的交流合作能力，我下定决心在课堂中开展合作学习。

2010—2015年之间，我一直根据别人发表的论文中所介绍的一些零星的、不够系统的合作学习方法开展合作学习，整体效果不错，学生成绩很好，学生的评价也很好，学生特别喜欢上我的课，在我的课上大家有说有笑，各种观点和创新点满屋飞，师生关系特别融洽。我和学生经历了合作前总动员、小组建设、合作技能培训、课堂教学等，但合作学习的形式主要是同桌间的"交流与讨论"，偶尔抽查同学汇报交流的结果。合作学习的方法较为单一，选取合作学习的时机较为随意，小组建设缺乏有效的技能培训和评价，课堂教学没有合作学习的教学设计，随意性较大，也没有合作学习的理论支持，更多的是凭经验和感觉开展合作学习。

三、坚持合作学习

2015年9月份，我返回到高一，开始进行合作学习的教学设计，开始有序建组，使用小组学习评价来开展合作学习，让小组上讲台汇报合作学习结果，分享小组观点。

2015年12月，我的一节"物体的平衡"公开课改变了我的合作学习之路。这节公开课很成功，得到了全市60多位听课老师的赞赏，我信心十足，自认为找到了合作学习的真谛，自认为我的合作学习教学设计是全世界最好的，逢人就说，开始大胆搞起了课堂教学改革，几位感兴趣的校内外老师也相继加入，组成了一个小团队。

然而，好景不长。2016年初，正值自豪之时，我和几位志同道合者所带班级的期末物理成绩下滑，这对我们的打击特别大，几位老师流下了眼泪，同时来自传统老师与学校部分领导的质疑、冷嘲热讽和直截了当的批评等也令我们的压力非常之大。几位志同道合者也开始左右摇摆，开始在教改课堂和传统课堂之间徘徊，他们认为学生适应了满堂灌和题海战，建议放弃合作学习教学，重归传统教学。我并不甘心，我不相信合作学习不可以大面积使用。

我决心研究一下，我们的合作学习问题到底出在哪里？今天来看，其实答案很简单，问题就出在理论指导上。所以，我开始认真阅读专著，其中马兰教授所著的一本《合作学习》解开了我们失败的疑团，让我一下子进入了合作学习的世界中，找到了合作学习教学实践的方向，学会了一些合作学习的具体策略。

四、学习合作学习

2016年之前，我也读了大量的合作学习论文和盛群力所著的《合作学习教学设计》，买过五六本合作学习著作，做了关于合作学习的市级课题。但是，书读得一知半解，因为是为了做课题而读，几乎没有精读一本专著，读完前言就已经要睡着了，不想读，读不下去。

直到2016年初，基于解决问题的决心，带着疑惑，带着目标，带着责任，带着期待，我开始研读各种合作学习专著。这一次，我越读越有兴趣，从约翰逊的专著中找到了我们合作学习改革受挫的原因，对合作学习有了真正的理解，开始在课堂中逐渐采用约翰逊的策略，实施课堂教学设计与实践。然而，教学效果总是时好时坏，这既使我产生了实施课堂教学设计与实践的动力，又能让我冷静思考低效合作学习的原因，还能促使我深入学习和研究合作学习理论。这一年，我看的书最多，做的笔记最多，写的反思和感想也最多。在我的带动下，团队的核心成员也开始了合作学习的理论研究，每学习一本专著就会有意想不到的收获，通过不定期的在团队内部开展合作学习的实践与交流，我们的学习和研究信心倍增。

2017年4月中，我从马兰教授所著的《合作学习》中接触到了卡干合作学习。团队核心成员在初步理解了其核心要素后，岭南师范学院附中的麦建华老师于5月12日展示了一节卡干合作学习示范课。这一次示范课使整个团队的教改进入了新的高潮期，整个团队成员都开始学习、研究卡干合作学习，进入其网站下载相关资料，收集到30多种卡干合作学习策略，陆续在课堂中使用，效果特别好。在这之后，只要是遇到合作学习著作，我都会从网上购买几套，到现在为止，买到了国内外大部分合作学习著作30多种，其中托朋友从加拿大买到了一套原版的卡干合作学习丛书。这对我们整个团队的合作学习研究与实践起到了重要的作用，改变了整个团队合作学习研究与实践的方向和风格。

除了研读专著外，我还在上海骨干培训期间亲自到浙江大学请教国内合作学习专家盛群力教授，在盛群力教授的悉心指导下，我们的合作学习研究与实践的高度和深度发生了巨大改变，从粗放型教学设计转向精细型教学设计，从备课性教学设计转向研究性教学设计，从指向课堂教学转向指向研究成果。2017年8月29日，几经周折，我和团队三位核心成员驱车前往深圳大学请教国内学习共同体专家张兆芹教授，并与合作学习专家张玉彬教授等进行了深入交流与学习，思路大开，信心百倍。回到湛江后，我们开始在课堂中大量开展合作学习教学实践，并收集数据和相关材料，开始编写著作《高中物理合作学习39例》。2017年至今，我亲自登门请教了北师大罗莹教授、浙江省物理教研员梁旭、生本教育创始人郭思乐、华师大张军朋教授等10多位国内知名专家，还经常请教岭南师范学院王林发、卢建筠、周仕德、许占权、范兆雄、左兵、王国辉、张正中、李固强、莫杰雄等多位教授，从他们那里学到了研究方法和研究的严谨性。在培训期间，班主任张妙龄和刘玲老师给了我无数次鼓励和支持，使我有很多机会聆听来自全国各地的专家的精彩讲座。

通过这些有高度、有深度、有广度、有厚度的学习，我对教育及其研究价值的理解更上一层楼，能登高而望远。

五、组建合作团队

2015年9月，我开始组建了两人团队，我和我的得力助理付民。虽然是个两人团队，但是，我们之间的研讨天天进行，互相听课，互相交流教学方法，创新的意识和成分就逐渐多了起来。

2015年12月我的一节市公开课吸引了几位有想法、喜欢改革的老师，到年底时团队成员发展到了10多人。2015年团队的主要活动就是在成员们自己的班级开展合作学习，这时的合作学习还缺乏理论支撑，大部分是虚假的。我们团队成员主要是通过邮箱和QQ聊天来交流教学设计和教学心得。

2016年初，我们10多人开始召开研讨会，基本上每个周末都会在我办公室分享和研讨合作学习的理论与教学实践反思。这一年，团队成员理论水平和课堂教学改革力度都有了大的提升，平均每人通读3~6本专著，不仅精读合作学习的专著，还阅读教育教学改革方面的书籍，整个团队对合作学习和课堂教学改革有了更深刻的认识，基本掌握了十多种常见的合作学习方法，能熟练进行小组建设，并于2016年6月开始在教学设计中介入学科核心素养，前沿的核心素养理论使得整个团队有了新的生命力。到2016年底团队成员发展到了20多人，除了身边的付民、裴姗姗、宋庆彬外，还吸引了附中的麦建华，遂溪四中的周朱武，湛江四中的肖涛、蔡霞，港城中学的谭海兰，一中的高雯，实验中学的游其合等老师参与。

2016年底我申报省级课题成功，并亲自去廉江一中说服冼景连老师加入团队，使合作学习的研究走上正轨，团队核心成员正式确定，达到20多人。

2017年在全市征集了22个子课题的研究，团队核心成员扩展到30多人。在今后的课题研究路上不停地开展同课异构、示范课、讲座等活动，不断培养成员阅读书籍，参与教学设计与实践，撰写教学反思，团队成员得到了充足的锻炼，他们的理论水平和课堂教学水平明显提升。我采用一边吸纳队员，一边培养队员的方式，到2018年年底，团队成员已经分布在湛江市30多所中小学各学段、各学科共150多人。我们把整个团队分为高三、高二、高一、初中物理合作学习研究小组，小学组和其他学科组，每一个组都设置一名组长，各小组自定研究进度和计划，各自在群里交流。不论团队内谁讲公开课，全团队成员尽力参加并支持，大家互帮互助，互相学习，互相探讨，互相鼓励，互相关爱，团队成员很有自豪感和成就感。

经过近5年的合作学习团队建设，整个团队基本上形成了合作学习研究与实践的理念：基于众多理论基础之上来引领行动研究，基于国内知名专家指导之下开展研究，基于学生核心素养之上来设计教学，基于团队智慧之上来共赢，基于高密度反复实践之上来提炼，基于频繁的教科研活动之上来探索。我们团队开展了100多场教科研活动，做了100多场讲座，展示了100多节示范课，请教了40多位国内知名教授，研读了100多种教育专著，并申报了3项省级课题、9项市级课题。

回顾这几年团队建设之路，团队具有如此大的成就和凝聚力，主要源于团队成员的教育情怀和创新意识，他们在这里能够找到自己的位置，感受到了自我教育价值的有效实现。

六、设计合作学习

从2015年缺乏理论指导的教学设计，到2016年基于合作学习、金字塔学习、核心素养理论的教学设计，再到今天的基于新高考评价体系的教学设计，我们不断探索，不断改进，不断创新，合作学习教学设计经历了6次大的修改与实践，我们感受颇深，受益匪浅，我们的教学设计创新能力明显提升。

教学设计是个精细活儿，是教学成败的重要一环。采用合作学习的模式来开展课堂教学，看起来简单，但其实是一种技术含量较高的课堂教学模式，其课堂教学的设计有相当大的难度，不仅仅是落实学术目标有难度，而且落实社会技能目标更有挑战性，尤其是设计能体现合作学习基本要素的学习任务更难。这就需要我们精心挑选适合合作学习的任务，仔细斟酌合作学习的策略和活动步骤，认真分析合作学习中存在的教学假设与教学变量，只有这样，才能有效地开展合作学习课堂教学。

基于理论—设计—实践—反思的合作学习任务设计思路,以知识为载体,以培养学生核心素养为目标,精雕细琢,追求能体现合作学习基本要素的创新性高效教学,想尽一切办法,让合作同伴之间共赢,从对方身上获得最大利益,我逐渐研究出适合团队开展合作学习的基本框架,见第十一章。

我们团队采用备课组备课形式,设计完整个高中物理每一节课的合作学习教学,修改并实践了3~4次,大部分教学设计是经过团队集体智慧来整合的,效果良好,成就突出。我们通过团队教学设计与实践促进每一位成员应用合作学习理论,创新合作学习理论,实践合作学习理论,提炼合作学习理论等。

七、实践合作学习

2015年至今,我几乎每节课都使用合作学习策略开展课堂教学改革,在不断实践过程中,越来越熟练掌握了50多种合作学习的策略和方法,越来越科学地开展合作学习课堂教学,积累了大量的素材。在实践中我不断尝试、反思、提炼,促进整个团队的教学设计越来越高端,创新性越来越好,教学水平越来越高。

2015年9月开始,我们的合作学习的实践主要是基于经验性的,更多的是凭感觉开展合作学习。虽然我们的课堂气氛活跃了很多,师生互动频繁很多,然而由于我们缺乏理论指导,缺乏精心设计,导致我们的课堂实践随意性较大。另外,我们缺乏对学生合作技能的培训,导致学生不善交流、不善表达观点、不善倾听、不善帮助别人,使得课堂教学效率较低,顾此失彼。我们重视了合作学习形式,冲淡了物理学科本质,总是完不成教学任务,在下课时总是留个尾巴,达不到教学的最高境界。

2016年2月开始,理论介入意识逐渐增强,我们逐渐根据合作学习方法和策略、学科核心素养、学习金字塔理论设计教学,使课堂气氛更加活跃,课堂教学效果有了明显提升。但是我和团队老师们的学科素养、合作学习理论与实践水平还不太高,教学效率时高时低,仍然存在顾此失彼的情况。我们经过近一年的反复研讨、学习、实践和反思,课程分析能力、学情分析能力、教学策略选取水平和学科知识构建能力才有了显著提升。

2017年9月,为了更好地研究合作学习,我申请回到高一,从头再来。在之后的教学设计与实践中,我的课堂教学设计逐渐走向理论化、精细化、个性化和创新性,不断设计出一些精品课,不断采用前侧和后侧的评价体系来检测教学设计与实践的效果。研究结果显示，只要是精心设计的教学，其教学效果是非常好的。

除了自己设计教学、实践教学外，我和团队100多人一起到30多所中小学开展了大型的合作学习教科研活动，通过子课题开题、同课异构、微讲座、研讨会等开展了大量的实践活动，收集了大量的研究素材，积累了大量的经验，为后期形成研究成果奠定了坚实的基础。

八、爱上合作学习

从2010年遇见并尝试合作学习后，我发现合作学习具有巨大的教育价值。

每次上课，我经常获得意想不到的收获。孩子们在讲台上、座位上轻松自在地表达观点、分享观点，每节课我都有意想不到的创新观点满屋飞，合作学习让沉睡已久的差生陆续抬起了头，他们逐渐充满了希望，开始提出问题，加入小组学习的队伍中。每节课下课返回办公室的途中，我按捺不住内心的喜悦，激动的心快要跳出来，因为全班60多双可爱的眼睛里给我的那种满足感、成就感，感恩的心不停地在我的全身穿来穿去。

作为一名老师，看到此情此景，我非常开心、激动并自豪着，做这样的老师才幸福。4年来，基于理论精心设计教学，并付诸实践，在实践中获得极大的成就感、价值感、幸福感，我与合作学习的感情与日俱增，逐渐爱上了合作学习。

九、提炼合作学习

2017年初，我和团队核心成员开始总结、整理、提炼成堆的教学设计与实践、教科研活动记录材料，与团队副组长麦建华老师合作撰写了一篇论文《物理合作学习中核心素养的培养策略探究——基于卡干结构法的应用》，于2018年2月在省级刊物《课程教学研究》发表。我召集团队核心成员，用了近一年时间主编《高中物理合作学习39例》，2018年6月基本完成初稿，经过专家论证、指导，进行了多次研讨和建构框架，做了大量的修改，最终于2019年9月正式出版，并更名为《高中物理合作学习任务设计》，得到了国内合作学习专家盛群力教授的肯定。2018年暑假，我们整理了260多个教学设计，编写成校本教材，在湛江市第四届基础教育教学成果评选中获一等奖。我们用了近一年的时间撰写论文《高中物理合作学习任务设计》，在盛群力、罗莹、王际兵等教授的悉心指导下，经过大量研读教学设计与合作学习文献的基础上，修改了近30多次，最终于2019年2月正式投稿，并更名为《物理教学中合作学习设计的有关问题》，并于当年8月在省级刊物《物理通报》正式发表。这一篇论文和著作的写作使我的论文写作技巧、写作能力大大提升，是我整个研究过程的重要转折点，从粗放型、经验性研究转向了精细化、理论化研究。

2019年寒假期间，我采用先构建理论框架，后寻找论据，仔细斟酌逻辑关系的方法，静下心来在工作室写了1个月论文，共写出5篇论文，一本著作。这些作品都是基于合作学习、核心素养理论、公开课材料基础上提炼出来的，如发表的《基于培养和提升学生的科学建模能力的教学设计研究——以洛伦兹力一节课为例》《目标协同结构法合作学习教学效果的实验研究——以楞次定律一节课为例》《基于卡干合作学习结构法的教学设计与实践——以判断摩擦力方向教学片段为例》《运用卡干结构法开展教学设计，培养学生物理核心素养——以牛顿第二定律的应用一节课为例》等。

2019年10月份，我首先构建了课题研究报告框架与目录，组织团队核心成员集中火力，分工协作，用了半个月时间撰写完20多万字的课题研究报告，完成了课题结题工作，获得"良好"等级。我能在极短时间内完成研究报告，应归功于前4年扎实的理论与实践研究。

在开展合作学习理论与实践的过程中，我通过高频率的研讨会，不断进行阶段性总结，提炼成讲座，共做了60多场专题讲座，与团队成员充分分享，相互学习，使得整个团队理清了合作学习的概念、要素、策略、方法、评价等，弄明白了合作学习重要的教育价值——育人功能，还创造了十几种新的合作学习方法，尤其是创造了"目标协同结构法"合作学习方法，建构了理论框架，进行了大量的实践研究，其效果显著，特别适合大班额学生开展合作学习。

十、推广合作学习

通过课题引领，团队力量，边研究边实践等，我到课题组成员所在学校开展合作学习教科研活动100多次，展示了20多节示范课，团队成员展示了100多节合作学习示范课。我们在湛江市第一、二、四、五、七、二十一、二十八中学、岭南师范学院附属中学、吴川二中、湛江市爱周中学、廉江一中、徐闻一中、遂溪大成中学、遂溪一中、雷州八中、湛江市实验中学、湛江市开发区一中、湛江市二中海东中学、湛江二中港城中学、坡头区乾塘中学、坡头区上圩中学、湛江市实验小学、湛江市第十七、二十七和二十八小学、廉江市和寮镇中心小学等 30 多所中小学开展了大量的合作学习示范课、讲座、课题研究和研讨会等，在湛江市引起了较大的反响，很多老师纷纷学习合作学习，不断在课堂中采纳和推广我们团队的合作学习理论与实践研究成果。

目前，全省甚至全国的很多老师和专家也纷纷向我们学习，采用我们的合作学习成果开展课堂教学改革，我倍感荣幸和自豪。

十一、受益合作学习

2019 年通过正高级教师职称评定，意味着我从一名普通老师蜕变成了专家型教师。让我走向正高级教师的助推器是"合作学习的研究与实践"。合作学习的研究与实践成就了我的专业高速发展，让我收获颇大、成长迅猛、成就突出。

这些年来，我做得最正确的选择就是坚持合作学习的研究与实践。短短 4 年的功夫，我从教书匠成为教学研究引领者，被遴选为 2017 年国培生，被评为市名师工作室主持人和校教研组长，被聘为市兼职教研员、岭南师范学院兼职教授和湛江市第二、三期名师培训班导师，主持和参与 20 多个省市级课题，组建了包括教授、博士在内的 200 多人的合作学习研究团队，结识了国内知名教授、专家 40 多人，参加了 30 多次专业培训，聆听了上百场讲座，看了近 100 本专业书籍，开展了 100 多场大中型教科研活动，做了 60 多场讲座，编写了 6 本著作，其中有 2 本著作正式出版，发表了学术论文 12 篇，其中 2 篇发表在核心期刊上。我的课题研究成果、教学设计和实验创新设计等获得全国、省、市一、二、三等奖 10 多项，其中我主持的省级课题成果获市一等奖，作为第二作者参与的研究成果分别获省、市一等奖，我在湛江市 10 多所学校展示了 20 多节市级公开课，担任了 100 多次专家。

合作学习的研究与实践几乎改变了我整个人生轨迹、思维模式、朋友圈和教学风格，合作学习成就了我和我的团队，我在合作学习中受益匪浅。

第三章 合作学习的团队建设

备课、教书、育人是每一位老师每一天都要进行的教育工作。在新的社会发展格局中，如何教好书、育好人，是每一位老师所面临和思考的新课题。鉴于此，基于理论的教学创新设计与实践就显得尤为重要。合作学习是我们团队经历了多年摸索、较为感兴趣的、有一定理论与实践基础的一种教学方式。在教学创新设计与实践任务驱动下，经过6年的实践，现在我们团队的成绩显著，不仅成就了负责人，也成长了团队每一位成员，还影响了周围其他老师积极开展课堂教学革命，积累了大量的教育教学经验。

一、志同道合，和谐合作

志不同不足以谋。我们团队之所以能取得非常显著的成绩，首先要归功于团队成员的相同志向。为了选择到志同道合者，我（以下的"我"都指团队负责人袁勇）并没有指定或固定团队成员，而是在开展合作学习研究与实践中不断吸纳志同道合者加入团队。当然，我们这个快速发展的团队也在不断淘汰志不同道不谋的一些老师，最终能够保留下来的成员都是喜欢同一件事——合作学习教学改革，喜欢做一件事就能做得很好，走得很远，沉得很深，就能成为这一领域的精英。

从2015年9月的2人团队开始，到2017年12月工作室成立之时，我们合作学习研究团队的核心成员已经达到20多人，学员达到150多人。然而，真正潜心投入教学设计和实践研究的不足20人，很多老师打心眼里是想改革自己的课堂，但是总是放不开，投入不足，导致教学设计与实践研究不彻底，出现了"三天打鱼两天晒网、脚踩两只船、功利性、凑热闹"等现象。

工作室成立之后，我采取进出自由的策略，不强迫任何成员做不喜欢的事。因此，很多老师逐渐回到了应试教育的满堂灌教学队伍中，这些老师实际上还是不喜欢合作学习教学改革，志不同道不谋而已，我们不必强求，我深信强扭的瓜不甜。也有一些志同道合者陆续加入我们工作室合作学习研究团队，到今天为止，团队留下来热爱合作学习，天天进行合作学习教学设计与实践的骨干老师还有20多人，他们都是跟着我们团队搞教学研究好多年了，都有自己的研究小分队。这20人中有9人申报了省、市级课题，共发表了20多篇学术论文，他们的教学设计能力发生了质的飞跃，能综合应用核心素养、合作学习策略、学习进阶、学习金字塔等理论设计任何一节创新课，已经设计完高中阶段300多节课，修改了3~6次，获得了很多奖项。他们的课堂实践成效也特别显著，而且教学教研能力都得到了长足的发展。

这些年来，我们基本上是在自愿的基础上开展每一节课的教学设计与实践，按年级分组进行，然后一起研讨，互相听课，互相交流，相互鼓励，相互督促，团队成员的关系特别纯洁且融洽。我们有时候在路上研讨，有时候在饭桌上评课议课，有时候在微信群分享教学设计与课堂实践心得体会。大家感觉到这样的教科研活动其乐无穷，每次活动都相见恨晚，不见不散。我们也越战越勇，修改教学设计一遍又一遍，感觉不知道哪来的精神支柱，尤其是廉江一中冼景连老师在带着两个小孩的情况下，每天加班到深夜，不断创新设计教学。不论我们到哪里，大家都一呼百应，自己驾车，自己打车，自己花钱，为了追梦合作学习，一群志同道合者好像豁出去了一样。正如一位已经退出团队的老师说："你们太疯狂，走火入魔，哪有像你们这样搞研究的？"

正是由于这一群志同道合者高频率开展教科研活动，执着地追求合作学习真谛，才能成就我们团队今天显著的业绩。

二、理论学习，指导实践

要在课堂教学中开展合作学习，就得设计合作学习教学，就需要懂得合作学习和教学设计的相关理论，否则你所开展的合作学习也是虚假的，将会伤害到学生。因此，每一位成员只有进行深入的理论学习，不断接受专家引领，才能设计出高质量的合作学习教学，才能在课堂教学实践中获得显著的成效。

2016年前，由于缺乏理论和专家指导，我们的教学设计与实践较为单一、幼稚，凭经验、凭自己的认知来设计合作学习教学，致使课堂教学效果一般，团队合作学习严重受创。

2016—2017年，为了追求效果最大化，我们拼命阅读更多、更新的专著和论文，不仅大量阅读合作学习的著作，还大量阅读课堂教学革命、教学设计、学习方式、学习金字塔、核心素养等相关著作和文章，平均每人每年拜读了10多本著作、100多篇学术论文，不断研究和更换新的课堂教学设计与实践思路与框架，基本上一个月就会有创新设计思路。其中卡干结构法的出现为合作学习指明了方向。到 2017 年底,我们的教学设计逐渐呈现出了理论性、合理性和创新性,课堂教学实践随之呈现出一些合作学习的艺术性。

2018 年获得工作室专项基金后,我们购买了大量书籍,支付了中国知网会员费,订购了几种杂志,分发给大家拜读,整个团队核心成员的理论水平大幅度提升。大家都在基于理论背景下备课,不仅查阅学科网,还要查阅中国知网,甚至查阅专著。我们从网上购买到了国内外合作学习著作 30 多种,其中托朋友从加拿大买到了原版的卡干结构法一套三本,还从英国、美国和新加坡等买到了最新的原版高中物理教材,这对我们整个团队的合作学习研究与实践起到了重要的理论引领作用,改变了整个团队合作学习教学设计及其实践的思路与风格——从"基于经验备课"转向"基于理论设计教学",从"非正式的小打小闹合作学习活动"走向"正式的大型合作学习活动"(图 3-1)。

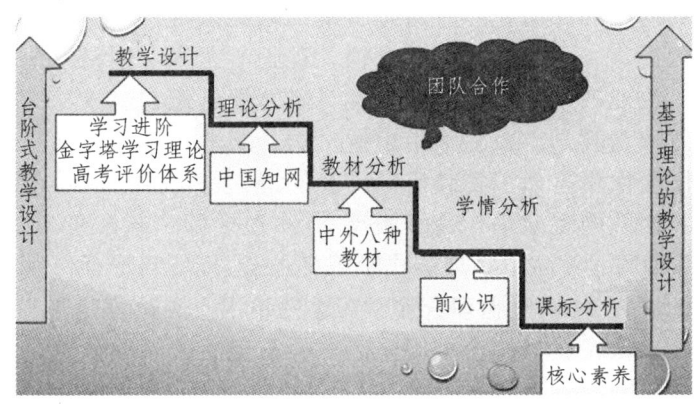

图 3-1 合作学习教学设计及其实践的思路与风格

除了研读专著与论文外,我们还不远千里多次到浙江大学请教国内合作学习专家盛群力教授,在盛群力教授的悉心指导下,我们合作学习理论研究与实践的高度、深度和广度都发生了巨大改变,从"粗放型教学设计"转向"精细型教学设计",从"备课性教学设计"转向"研究性教学设计",从"指向课堂教学备课"转向"指向研究成果设计教学"。课堂教学随之变化,合作学习的一系列技术用到了课堂的各个方面,按理论建组,据合作学习的基本要素引导合作学习活动,有效培养学生的合作学习技能,拓展学生的思维,锻炼学生的表达能力、交际能力等。

我们团队不断探索,不断改进,不断创新,经历了 6 次大的修改与实践,设计出整个高中物理每一节课的合作学习教学案约 260 个,获得了市教育教学成果一等奖,发表了 10 多篇论文,编著了 6 本著作,成果辈出,成就斐然,获得浙江大学合作学习知名专家盛群力教授的认可，也获得了北师大中学物理课程教学研究专家罗莹教授的认可。

三、课题引领，规范研究

1. 依托省"十三五"课题培养了一大批教师学会了研究，获得了成绩

我们组建了一支较大规模的研究团队，包括教授、博士在内，成员已突破了150人。在高密度高频率课题研究的五年中，围绕课题研究内容和研究目的，从理论和实践两个维度交替进行研究，在全市20多所学校开展了22个子课题的研究，全体核心成员深入系统研究了国内外30多种合作学习流派，在高中各个学段每一节课都进行了3~5轮教学设计与实践，做到了理论到实践，再到理论的常态化。并通过密集的区域教科研活动（微信群交流、研讨会、专题讲座、示范课、同课异构、拜师学艺等）创新性地改进教学案的设计，深入论证教学案设计的科学性，着力提升课题组成员的研究水平，尽力做到高效课堂教学，减轻学生学业负担，培养学生核心素养。通过对不同学段、不同层次学生做了实验研究，我们课题组形成了有特色的、成体系的研究成果，团队内麦建华、裴姗姗等20多位老师一起撰写了20多万字的研究报告，并编写了《高中物理合作学习任务设计》《基于合作学习的中学物理教学改进的研究》《高中物理合作学习》三本书。成员麦建华、冼景连、卢建筑、裴姗姗、付民、梁桂涣、周朱武等参与编写的阶段性研究成果《高中物理自主合作探究教学设计系列丛书》（共5本）于2018年7月获第四届湛江市基础教育教学成果一等奖，袁勇、麦建华、裴姗姗、付民、林桂红、吴巧燕、谭海兰、冼景连、郑映凤等撰写了课题研究论文10多篇，在省级刊物发表了近10篇。其中3篇发表在核心期刊上，分别是：袁勇、付民撰写的《基于培养与提升科学建模能力的教学设计研究——以"洛仑兹力"一节课为例》发表在《物理教师》上；裴姗姗、袁勇撰写的《巧用纸张解决部分高中物理问题》、麦建华撰写的《运用卡干结构法培养科学思维的教学实践探讨》发表在《中学物理教学参考》上。

2. 核心成员主持和参与的省市级课题引领团队研究

基于"人人都做课题，人人都写论文"的工作理念，带领全市30多所学校150多位物理老师积极响应学校和市教育局的教科研工作，邀请过很多知名专家教授（如浙江大学盛群力教授、北师大罗莹教授、华师大张军朋教授、深圳大学张兆芹教授等）指导课题研究。其中7位成员（袁勇、麦建华、谭

海兰、裴姗姗、付民、梁桂涣、孙道林）参与了 1 项省级"十三五"规划重点课题（陈小平主任申报的"基于核心素养的高中物理教学研究"）；10 位成员（袁勇、麦建华、谭海兰、裴姗姗、付民、梁桂涣、孙道林、吴巧燕、陈丽明、肖涛）参与了 2 项省"十三五"规划一般课题（李小锋主持的"基于卡干合作学习结构法的高中物理教学设计的研究"和谢睿主持的"低成本中学物理实验器材开发的研究"）；团队成员麦建华、付民、谭海兰、郑映凤，黄国杰申报了 5 项市"十三五"规划课题，分别是"基于核心素养的高一物理合作学习任务设计与实践研究""基于核心素养的高中物理有序大单元教学复习课设计研究""高中物理力学部分高效课堂教学设计的研究""基于合作学习的力与机械运动的教学改进的研究""基于合作的初中物理教学改进的研究"；我们还指导其他老师申报并开展省市级课题研究 10 多项（如我校物理老师王永庆主持的"基于核心素养的高中物理演示实验的教学研究"、数学老师闵全国主持的"高中数学合作学习情境下的学习任务设计的研究"、政治老师鲍红伟主持的"高中思想政治深度学习策略的研究"、政治老师李锋申报的"基于卡干结构法的高中思想政治教学设计与实践的研究"等），如表 3-1 所示。

表 3-1　袁勇合作学习研究团队主持或参与的主要省市级课题

序号	项目研究方向	级别	主持人	结题情况
1	高中物理实验教学研究（23 个子课题）	省一般	陈小平	2016 年
2	基于核心素养的教学设计	省重点	陈小平	
3	卡干合作学习结构法教学设计	省一般	李小锋	
4	自主合作探究教学案设计（22 个子课题）	省一般	袁勇	2019 年
5	基于卡干结构法的高中政治教学设计与实践的研究	省一般	李锋	
6	基于核心素养的合作学习任务设计与实践	市重点	麦建华	
7	高考评价体系下的高中物理教学研究	市一般	裴姗姗	
8	基于核心素养的有序大单元教学复习设计	市一般	付民	
9	高效课堂教学设计	市一般	谭海兰	
10	合作学习的教学改进	市一般	郑映凤	
11	基于合作学习的初中物理教学改进	市一般	黄国杰	
12	高中数学合作学习任务设计	市一般	闵全国	
13	深度学习的教学设计与实践	市一般	鲍红伟	

3. 科学有序推进课题研究

我们整个团队基于以下研究框架和行动研究的基础上有序开展一系列合作学习课题研究，从发现问题、提出问题到查阅文献、设计方案、分工协作、论证创新等进行一系列行动研究，在高频率教科研活动的实践基础上，反复研磨，反复论证，反复创新，最终形成研究成果和研究报告（图 3-2、图 3-3）。

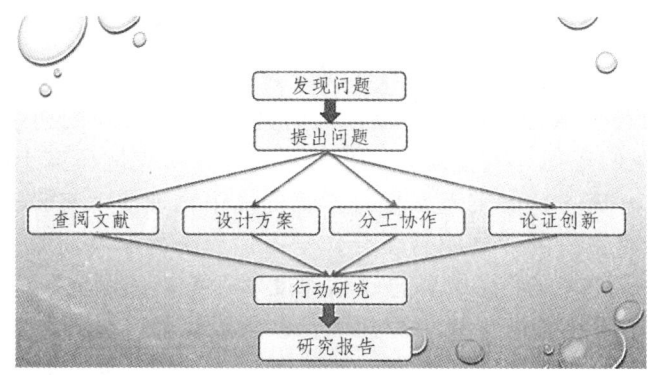

图 3-2　团队研究框架

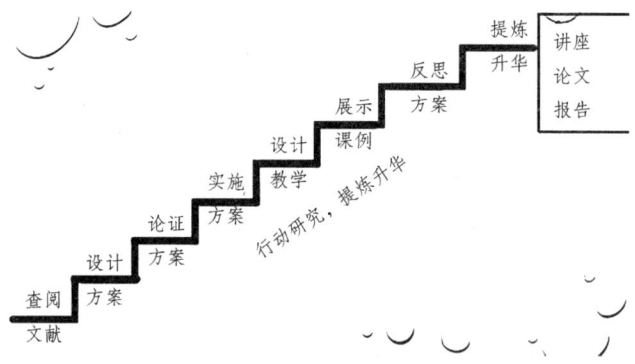

图 3-3　团队行动研究进阶思维导图

团队全体成员通过主持和参与省市级课题研究，理念和理论水平显著提升，成绩显著，设计并进行课堂实践课例达到 100 多个，平均每人获奖 3～5 项，成果显著，共发表了 30 多篇高质量课题研究论文。其中团队成员袁勇、麦建华、梁桂涣参与并提炼的课题成果"基于低成本仪器开发的高中物理创新实验研究与实践"获 2019 年广东省基础教育教学成果一等奖，撰写并出版了《基于创新的高中物理实验教学》一书。

四、任务驱动，高效共赢

我们借鉴卡干结构法的基本要素（积极互赖、责任到人、平等参与和同时互动），采用切块拼接法或目标协同结构法，把一项大的任务分配到每一位成员手中，谁也偷不了懒，谁也无法浑水摸鱼，谁都要经历几乎相同的思维过程。这样团队成员既能有效完成既定任务，也能达到团队高效共赢的结果。

一般情况下，先是由团队负责人进行高层设计，构建出教学设计、研究项目或写作等任务分配给每一位成员，并每周组织一次研讨会，每一位成员汇报研究或工作进展，大家一起分享、论证、创新，下一周继续汇报、分享、论证和创新研究或工作进展，直到圆满完成任务为止，如图 3-4 所示。这样做的好处是，人人都会重视研究和工作，人人都会有计划进行研究和工作，人人都会分享别人的观点，人人都会思考整个团队的工作进度，每一位成员每天都会思考和行动，每一次都有进步，每一次都有收获。

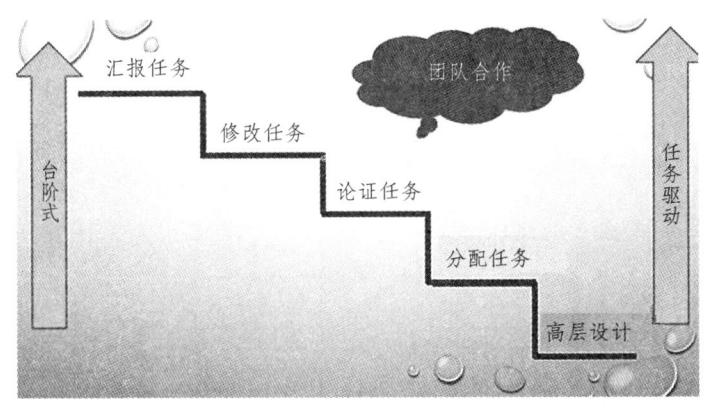

图 3-4　团队合作完成任务

若分配任务后不及时跟进，也没有在设定时间内交材料，后面即使收到的材料也往往没有价值了，因为若大家都是在前一天才去研究或行动，一天甚至几小时的工夫就搞定了十几天甚至几十天的工作，其质量可想而知，除了应付和照搬还能有多少创造力？

对于教学设计而言，我们主要是把每一节课分配给同一备课组的每一位老师，一人负责一节课，提前 1~2 个月布置任务，按我们团队自主合作探究教学设计的基本模板进行创造性设计，也要每周聚会研讨，提前一个月研讨下个月要讲的课，每节课都要经历至少2~3次深入的研讨，这样就能保证每节课经历至少20个小时的磨课，教学设计就精炼很多。不能前来工作室研讨的老师，可以在家里研读我们的教学设计，提出修改意见。

在课堂教学活动方面，我们采用任务驱动的方法推动实践的，每学期每人讲一节示范课，有时候团队成员参加比赛课、学校公开课等活动时，全队成员从四面八方前去参加，起到捧场、分享交流、研讨和创新的重要作用。我们就是在这种相互学习、相互交流、相互分享、相互鼓励、相互支持的氛围中逐渐成长起来的，大家的教学改革热情也是在这种环境中激发出来的，合作学习的改革热情一浪高过一浪。

在课题研究方面，我们分派任务给每一位成员，每一位成员每年都要设计一节精品课，上一节示范课，写出一篇论文，发表一篇论文，参赛获得一项奖状。在撰写研究报告时，我们采用切块拼接法，每人负责一个项目，分别撰写文献综述、研究意义和背景、研究内容和方法、研究过程和结果等。

对于团队高考研究而言，我们采用责任到人、任务驱动的方法，收效显著。任务分配如图3-5所示。每一位成员专业研究某一个领域，从文献研究、试题研究到实践研究，做到有理有据有方法，每隔1~2个月就轮流做讲座，不仅在团队内做讲座，还在科组会、培训会和研讨会等公开场合做讲座，展示研究成果，不断推动研究的深入进行。

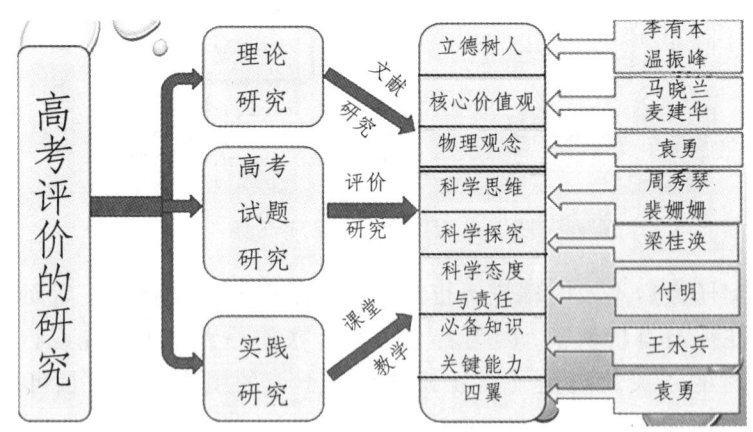

图3-5　高考研究团队任务分配

通过任务驱动，人人有责，人人参与，人人付出，人人受惠，不仅保证了任务完成的质量，还达到了共赢的效果。

五、区域备课，创新思维

单打独斗的思维总会具有局限性，我们始终相信"三个臭皮匠赛过诸葛亮"的哲理。这几年的经验告诉我们，凡是经过集体智慧设计的教学都是非常严谨、合理、科学和创新的，其课堂教学效果会引人耳目。因此，我们团队采用区域备课形式，创建初中物理合作学习、高一物理合作学习、高二物理合作学习、高三物理合作学习和其他学科合作学习微信群，设计完整的高中物理每一节课的合作学习教学案，修改并实践了 3~6 次，大部分教学设计是经过团队集体智慧来整合的，效果良好，成绩突出。之所以采用区域备课设计教学，其主要原因是它可以聚集每一位成员的奇思异想，能汇集不同层次学校、不同层次水平老师的不同观点，经过众多思维的碰撞，创新的火花就出来了。

另外，同一所学校的老师较难合作，不太愿意与同事分享、奉献各自的创新点，其主要原因是学校的竞争性评价体系严重阻碍了同科组老师间的和谐合作，而不同学校间老师不存在相互比拼，大家愿意全盘托出自己的想法。心往一处想，劲往一处使，齐心协力，奇迹就会创造出来，我们团队的创新点就是在这种背景下产生出来的，我们的教学设计与实践之所以创新，与整个团队的区域和谐备课有很大的关系。

当然，区域备课并不是一件容易的事，备课组负责人的理念、耐心、信心、决心、教育情怀、组织能力和精力决定了备课的力度、效度和创新度，对备课组长的选择能起到事半功倍的效果。备课组长不仅要兼顾各个层次学校、各个层次学生、各个层次老师的实际情况来分配合适的任务，统筹安排各项事宜，而且还要用心指导每一位老师用心并创新设计每一节课。

六、高频教研，铁杵成针

在开展合作学习理论与实践的过程中，袁勇名师工作室给了我们充足的机会和平台开展各种课堂教学实践活动，我们团队 100 多人经常到 30 多所中小学开展频繁的、大型的合作学习教科研活动。通过高频率的研讨会，不断进行阶段性总结，提炼成讲座，团队核心成员共做了 60 多场专题讲座，在讲座过程中，大家积极互动与分享。教育教学理念的提升，使得整个团队理清了合作学习的概念、要素、策略、方法、评价等，弄明白了合作学习重要的教育价值——育人功能，还创造了十几种新的合作学习方法，尤其是创造了"目标协同结构法"合作学习方法，建构了理论框架，进行了大量的实践研究，效果显著，而且特别适合大班额学生开展合作学习。表 3-2 罗列了我们团队开展的部分教科研活动，以供大家参考。

表 3-2 袁勇合作学习团队教研记事表

时间	地点	主题与内容	感悟与收获
2017.5.12	岭南师范学院附属中学站第一次研讨	麦建华老师上合作学习研讨课"探究外力做功与物体动能变化的关系"。	无为而无不为：改变和进步的力量。
2017.5.27	湛江二中第一次研讨	1. 袁勇基于高效课堂教学背景下高中物理自主合作探究教学案设计研究讲座。 2. 芬兰的教育之路讲座。	芬兰教育的智慧之处，以最少的力做最大的事，以健康稳定的"小我"发展出坚实的"大我"。
2017.10.13	廉江一中站第一次研讨	袁勇老师到廉江一中利用合作学习开展课堂教学活动与研讨活动。	以研究的方式去备课，以研究的形式去上课，以研究的视角去对待学生。
2017.10.27	遂溪县大成中学第一次研讨	1. 遂溪县大成中学周朱武老师与廉江第一中学林月娇进行同课异构。 2. 听课感想交流。	用相机留存学生合作之美，现合作之真情。
2017.11.3	湛江二中站第二次研讨	1. 袁勇老师进行一节合作性学习示范课和做关于合作学习教学设计的讲座。 2. 麦建华老师介绍小组建设的具体方案。 3. 周朱武老师介绍个人成长和团队建设内容。 4. 教育局陈小平主任进行总结。	一次激情的盛会，一个崭新的开始。
2017.12.17	湛江培才实验中学第一次研讨	1. 湛江二中的袁勇老师在高一上研讨课。 2. 袁勇老师进行专题讲座。 3. 培才实验中学的李家强老师进行了市课题开题报告。	湛江教育的高地，合作教学的生长点。
2017.12.22	徐闻第一中学第一次研讨	1. 徐闻一中的陈贤妙与湛江四中肖涛在高一进行同课异构。 2. 岭师附中的麦建华与徐闻一中的朱陈琼在高二进行同课异构。 3. 袁勇老师专题讲座。 4. 徐闻一中郑映凤老师进行市课题开题。	合作教学团队最遥远和热情的支持者。

续表

时间	地点	主题与内容	感悟与收获
2018.1.3	廉江一中站第二次研讨	1. 钟生文上合作学习示范课。 2. 钟生文、冼景连、杨世财进行"基于高效课堂教学背景下高中物理自主合作探究教学案设计研究"子课题开题报告会。	教研相长。 促进学科建设。
2018.1.4	雷州八中站第二次研讨	1. 高二课改研讨课雷州八中谭德烽。 2. 雷州八中谭向祝与廉江一中冼景连同课异构。 3. 袁勇老师专题讲座。 4. 谭德烽与谭向祝两位老师进行市课题开题。	教研相长。 促进学科建设。
2018.1.5	湛江市实验中学第一次研讨	湛江市实验中学的张坤与徐闻第一中学的郑映凤老师进行同课异构。	实验贯穿课堂,合作学生欢呼雀跃。
2018.1.12	湛江二中港城中学第一次研讨	1. 遂溪大成中学周朱武与湛江二中港城中学谭海兰在高一进行同课异构。 2. 听课交流。	同课异构展风采,教研活动促成长。
2018.1.12	湛江开发区一中第一次研讨	1. 开发区一中梁海琼、湛江第四中学肖涛上合作学习示范课。 2. 开发区一中欧阳梓德做市课题"高中物理学习困难成因与应对策略的研究"开题报告。 3. 袁勇老师作自主合作学习专题讲座。	教研相长。 促进学科建设。
2018.1.25	湛江二中站第三次研讨	1. 回顾2017年的工作成就,畅想2018年的工作设想。 2. 袁勇专题讲座"基于核心素养背景下的合作学习任务设计"。	回顾过去一年,展望新一年的发展。
2018.3.21	岭南师范学院附属中学站第二次研讨	蒋承国物理名师工作室与袁勇物理名师工作室开展联合教研交流活动。 1. 岭南师范学院卢建筠教授、岭师附中麦建华老师分别做市级课题开题报告。 2. 岭师附中的麦冰老师与徐闻一中的郑映凤老师进行同课异构。	同课异构展风采,教研活动促成长。

续表

时间	地点	主题与内容	感悟与收获
2018.3.30	湛江二中站第四次研讨	1. 合作学习研究的名师工作室揭牌。 2. 合作课堂交流活动。 3. 梁桂涣做"我与物理教育"的讲座。	打造合作学习孵化基地,促进团队共同成长。
2018.4.27	遂溪一中第一次研讨	在遂溪县第一中学举办湛江市高中物理合作性学习研究研讨会。 1. 遂溪一中谢日进老师与大成中学周朱武老师同课异构。 2. 遂溪一中麦冠群老师子课题开题。	同课异构展风采,教研活动促成长。
2018.5.11	岭南师范学院附属中学站第三次研讨	主题:走进岭师附中教学开放日课堂。 1. 麦建华老师公开课"放射性元素的衰变"。	激情五月,诚真教育,智慧课堂。
2019.5.31—6.2	湛江二中站第五次研讨	北京市东城区季茹名师工作室全体成员与袁勇名师工作室全体成员举行合作学习研讨。 1. 北师大罗莹教授做"促进学生物理学科核心素养和关键能力发展的教学研究"的讲座。 2. 湛江二中袁勇老师做"卡干结构法合作学习"的讲座。 3. 湛江二中袁勇老师上高一合作学习研讨课。 4. 岭师附中麦建华老师上高二合作学习研讨课。	名师效应,示范引领。

七、搭建平台,拓宽渠道

近几年来,基于资源共享,互补创新的理念,我们团队与北京市东城区季茹,深圳福田区张玉彬,罗定市郭永升,我校蔡民珍、吴秀燕、张季波、黄丽,教研室陈小平,海东中学包明,岭南师范学院附中杨昌彪、蒋承国,港城中学尤小蓉,培才一中叶译、陈劲,开发区三小宋广玲等 20 多个省市级名师工作室联合开展大型的教科研活动。这些活动的辐射面广,思维碰撞激烈,教育教学改革效应大,能近距离接触新鲜理念,对整个团队成员的成长具有推波助澜的重要作用。

我们举行了大中小型教育教学研讨会 50 多场,送教 30 多次,承担示范课、比赛课、公开课 60 多节,做了专题讲座 40 多场,参与各种培训 100 多次,参与国家级、省市级教学比赛获奖 30 多人次,开展了 3 项省级课题和 5 项市级课题的研究,发表学术论文 30 多篇,编著并出版著作 2 本,研究成果《高中物理合作学习系列丛书》获得 2018 年湛江市基础教育教学成果一等奖,"基于低成本仪器开发的高中物理创新实验研究与实践"成果获广东省基础教育教学成果一等奖,陈小平、袁勇、梁桂涣、麦建华和裴姗姗等 20 多位成员参与研究并撰写了研究成果。袁勇名教师工作室通过开展合作学习、核心素养和学习进阶的理论学习、教学设计与实践研究,促进了一大批教师的专业成长,发挥了积极的示范、引领和辐射作用,大大拓宽了整个团队的教研渠道。

八、成果意识,提升高度

在最初的几年(2015—2017)中,我们团队的合作学习研究主要是课堂教学改革、理论学习、教学设计与实践,研究成分较少,这与我们的研究水平、研究能力低有关。2018 年初,我们开始思考实证研究,咨询了很多专家,邀请了很多知名专家指导我们研究思路、研究路径、研究方法和材料数据处理策略等。

2018 年,根据众多专家的指导意见,我们开始撰写《高中物理合作学习 39 例》一书,把我们平时做教学设计和课堂实践写成案例。经过的大量文献研究,总结后提炼出比较符合大班额教学的设计模板,按照模板分工编辑、修改已有的 50 多个教学案例,历时半年多。在不断研讨、磨合和创新的基础上,我们最终形成了团队独有的创新合作学习任务设计案例 39 例,成功出版了著作,大大提升了团队的积极性,为后期的研究型团队转型起到了至关重要的作用。

2018 年下半年,我们开始思考实证研究,基于理论背景下,设计针对性的教学,选取研究的角度,采取控制变量法,进行前侧、后侧和数据收集、处理,最后得出科学的结论,写出论文,发表论文。到目前为止,共做了 10 多项实证研究,发表了高质量的实证研究论文 30 多篇。

我们整个研究的思路、方法如图 3-6、3-7 所示,即当你有一个合理的、创新的想法时,就设计教学案,经过团队论证、修改后,进入课堂进行实践,收集数据,分析数据,反思课堂教学,得出结论,形成论文或案例等成果,并参加各种比赛,让每一位有付出的成员获得成就。

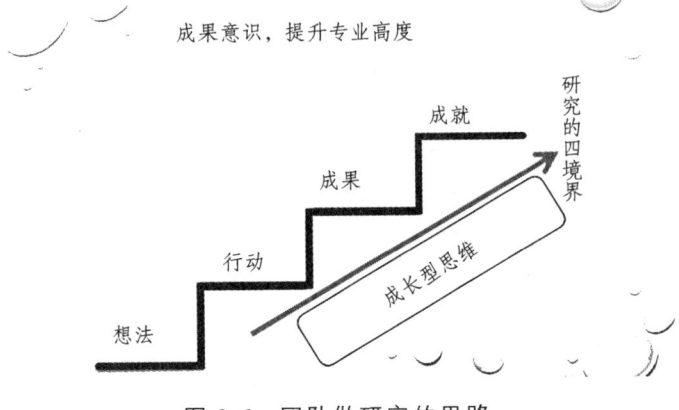

图 3-6　团队做研究的思路

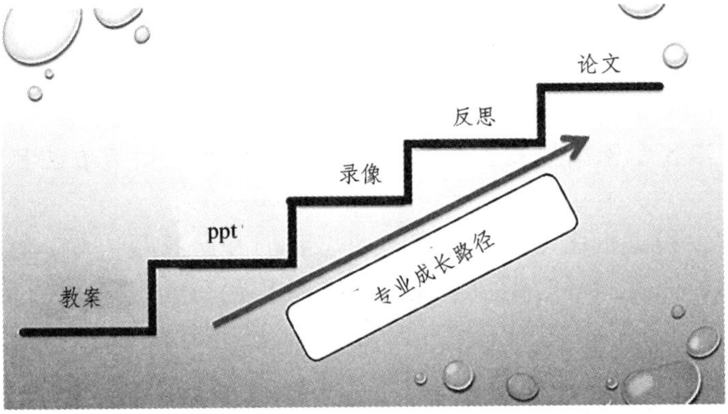

图 3-7　团队做研究的方法

第四章　合作学习的概念界定

合作学习从 20 世纪 70 年代在美国兴起，迄今已有近 50 多年的历史。美国的斯莱文（Slavin）、约翰逊兄弟（D. W. Johnson & R. T. Johnson）、嘎斯基（R. T. Guskey）、戴维森（Davidson）、卡干（kagan），以色列的莎伦，英国的赖特、梅瓦里克，加拿大的文泽，新加坡的乔治·M. 雅各布斯等都开展卓有成效的研究，对合作学习给出了不同的定义。我国学者王坦、王红宇、盛群力和马兰等开展了适合我国国情的合作学习理论与实践研究，为我国合作学习的教育教学改革立下了汗马功劳[1]。综合各家观点，合作学习就是大家通过共同工作来促进自己和他人学习效果最大化的一种教学方式[2]。合作学习主要是从学生学的角度去设计和开展课堂教学活动的，充分让学生自主合作探究学习，在课堂上学会知识，会学知识，形成核心素养。合作学习能有效培养学生的交际能力，与人合作的能力，解决冲突的能力，能让学生养成低声交流、倾听、尊重、平等的习惯，能让全班学生的思维与观点满天飞，每位同学都能分享全班师生的观点和方法，让课堂成为培养学生物理核心素养的主战场，使学生由"观众"向"演员"转变，能促成学生学、做、说、辩、合作、探究，引导学生不断思考、提问、答疑、合作、交流、操练、表演等，有效激发了学生的创造力，提高了学习的效率、效益和效果，促进学生一次性理解和内化知识。

一、合作学习的定义

合作学习是目前世界上许多国家都普遍采用的一种富有创意和实效的教学理论与策略体系。但对于什么叫合作学习这一基本问题，由于合作学习在不同国家的实践有一定的差异，再加上目前这个领域里的代表人物较多等，目前学术界尚没有一个关于合作学习概念的统一认识，在表述上也就千姿百态。我们梳理了国内外合作学习 30 多本著作和 200 多篇有一定价值的优秀论文，归纳总结出以下一些有代表性的合作学习定义。

（一）合作学习的经典定义

1. 国外有代表性的合作学习的定义

（1）斯莱文的定义

美国约翰逊霍普金斯大学的斯莱文教授认为："合作学习是指使学生在小组中从事学习活动，并依据他们整个小组的成绩获取奖励或认可的课堂教学技术。"

（2）约翰逊兄弟的定义

美国明尼苏达大学合作学习中心的约翰逊兄弟认为："合作学习就是在教学上运用小组，使学生共同活动，以最大限度地促进他们自己以及他人的学习。"

（3）莎伦的定义

著名的教育心理学家，以色列特拉维夫大学教授莎伦博士则认为："合作学习是组织和促进课堂教学的一系列方法的总称。"

（4）嘎斯基的定义

美国肯塔基大学教授嘎斯基对合作学习做了比较具体的阐述："从本质上讲，合作学习是一种教学形式，它要求学生在一起由2~6人组成的异质小组中一起从事学习活动，共同完成教师分配的学习任务。在每个小组中，学生们通常从事于各种需要合作和互助的学习活动。"

（5）尼尔·戴维森的定义

美国当代合作教育研究的著名专家尼尔·戴维森，从1990年7月起担任国际教育合作研究会的主席。他认为合作学习的定义应当有七个要点：① 小组共同完成、讨论、解决（如果可能）难题；② 小组成员面对面地交流；③ 在每组中的合作、互助的气氛；④ 个人责任感（每个人承担自己的任务）；⑤ 混合编组；⑥ 直接教授合作技巧；⑦ 有组织地相互依赖。

（6）文泽的定义

加拿大著名教育心理学家文泽（M. Winzer）认为："合作学习是由教师将学生随机地或有计划地分配到异质团队或小组中，完成所布置的任务的一种教学方法。"[1]

（7）卡干的定义[2]

对成千上万教师的课堂教学发生了革命性影响的合作学习非"卡干合作学习"莫属，卡干提出了一个著名的公式：结构＋内容＝活动，"结构"是卡干与其他合作学习理论倡导者的差异所在，简单地说，结构是一种教学策略，用以规定学生与教师、学生与教学内容、学生与学生之间如何发生互动，教师只要将特定的学科教学内容镶嵌到合作结构中去，就能创造出一个个新的活动来。以"结构"作为合作学习的最小单位，教师不仅可以将合作学习灵活运用到日常教学中，同时利用结构法，还可以帮助学生练习和掌握众多的学习技能，如培养思维能力、与他人分享信息的能力等[2]。

（8）乔治·M.雅各布斯的定义[3]

新加坡教育咨询专家乔治·M.雅各布斯在所著的《合作学习——使用技能、基本原则及常见问题》中指出"合作学习包括一系列帮助学生最有效地协同努力的原则和方法。"此定义最主要的不同之处在于不用"小组"一词。他们强调合作学习，认为合作学习的价值远在小组之上。

2. 国内有代表的合作学习的定义

（1）王坦给出的定义[4]

山东省教育科学研究所所长王坦研究员认为："以异质学习小组为基本形式，系统利用教学动态因素之间的互动，促进学生的学习，以团体成绩为评价标准，共同达成教学目标的教学活动。"

（2）黄政杰的定义[5]

我国台湾著名教育专家黄政杰教授认为："合作学习即是学生一起工作达到共同的目标，此目标不但有利于己，也有利于他人，合作学习采用小组学习方式，学生一起学习进而扩大自己和他人的学习。合作学习的形态是单纯的，全班学生在教师授课后，即分成小组，在小组中每一成员都要学习指定的作业，直到每个人都理解和完成为止。"

（3）庞国斌和王冬凌的定义[6]

我国学者庞国斌和王冬凌给出了合作学习的定义："合作学习是指在教学过程中，以学习小组为教学基本组织形式，教师与学生之间、学生与学生之间，彼此通过协调的活动，共同完成学习任务，并以小组总体表现为主要奖励依据的一种教学策略。"

（4）马兰的定义[7]

杭州师大的马兰教授在其代表作《合作学习》中认为，"所谓合作学习，是课堂教学中的小组合作学习。确切地说，它是指在传统的课堂教学中，借助异质小组的基本形式，通过小组同伴的沟通与交流，以小组目标达成为标准，以小组总成绩为评价、奖励为依据的教学策略。"

（5）盛群力的观点[8]

浙江大学的盛群力教授通过对合作学习众多理论研究后也给了合作学习一个比较完整的解释：合作学习是以合作学习小组为基本的教学组织形式，

系统地利用教学中各个动态因素，包括教师与教师之间，学生与学生之间，教师与学生之间以及学校内部各因素与社区、家长等与教学有关的各动态因素之间的互动互赖来协调、促进学习群体中的个体成员的全面发展，以期达到预先设置的、共同的教学目标，并以学习小组总体成绩为评价标准的一种教学理论和策略。

（6）伍新春的定义[9]

伍新春、管琳综合斯莱文和约翰逊兄弟对合作学习的观点，再借鉴国内外学者对合作学习目的、本质的理解，认为合作学习应该包括五个要素，即积极互赖、个人责任、异质分组、社会技能和小组反思。管教授在前人研究和大量时间基础上，也提出了自己的观点，认为合作学习应该有以下特点：组内异质，组间同质；共同发展，善用差异；价值重建，聚焦意愿；利益一致，责任明确；参与度大，沟通面广；角色轮换，分享领导；既有"帮助"，又有"协同"；过程评议，注重实效；交往对话，学生自主；公平竞争，奖励集体等十个维度。

（7）靳玉乐的定义[6]

西南大学的靳玉乐教授说，只有完全具备了这五个特征的学习方式，才能称为合作学习。但这五个要素在合作学习的地位和作用并不是完全一样的。其中，积极互赖和个人责任是核心要素，异质分组是基本要素，社会技能是前提条件，小组反思是促进要素。之所以把积极互赖和个人责任当作合作学习的核心要素，是因为它们相辅相成，离开任何一个，合作的本质都将不复存在。

（二）我们研究团队的观点

虽然国内外对合作学习的定义各不相同，但是却揭示了一些共性的东西，我们可以从以上定义中归纳出合作学习的内涵主要体现在以下几方面：

（1）合作学习是以小组或配对实现同伴间交流、分享、倾听、辩论、互助等活动的一种教学活动；

（2）合作学习要有价值；

（3）合作学习需要同伴之间平等的交流、合作、互助等活动，即需要同伴平等而和谐地完成；

（4）合作学习是一种目标导向活动，是为达成一定的教学目标而展开的，不仅要达成学业目标，而且要达成社会技能目标；

（5）并不是所有的合作学习都需要评价与评估、总结与反思。评价主要是以小组总体的成绩作为评价标准和奖励依据的；

（6）在合作学习中，教师仍发挥着主导作用，不论教学设计还是课堂组织，教师发挥着重要作用。

基于以上共同特点，结合我国当前教育现实情况与我们多年来实践研究，我们研究团队认为，合作学习是指："合作学习就是以学习内容为载体，以合作方法为手段，为达成学习目标而精心设计的一种同伴间和谐互动的、共赢的学习方式。"

二、合作学习的基本要素

合作学习基本要素是小组建设、开展合作学习活动的基石，脱离了合作学习基本要素的小组和合作学习就不能达到小组成员间的促进性共赢，就会偏离合作学习的主旋律。在教学实践中，要想真正发挥出合作学习在促进学生全面发展方面的优势，必须认真剖析合作学习活动的本质特征，揭示出合作学习的基本要素，以此来指导合作学习活动。不同学者提出了不同的说法，我们整理了国内外众多代表人物的观点，结合4年多密集的实践研究，提出了自己的观点。

（一）国内外经典的几种要素

1. 斯莱文的三要素[9]

小组奖励、个人责任和人人成功机会均等是斯莱文合作学习的基本要素。

小组奖励就是以小组中所有成员的成绩的总分或平均分衡量小组的整体学习情况，每个人都是小组成功的关键的一环。小组成功后获得的奖励属于整个小组，而不是某个人，更不会出现有人获得的奖励多、有人获得的奖励少的情况。在这样的奖励机制下，大家会真心诚意地关心其他组员的学习情况，会真心实意地希望所有组员获得成功。

个人责任就是指合作学习不仅关注小组的整体表现，也关注每个个体为小组所做的贡献和他们各自对学习内容的掌握情况。这意味着，有困难的个体虽然可以向其他组员寻求帮助，但他首先应该努力；不仅自己要努力学习，同时还要帮助其他有困难的组员；既要对自己负责，也要对其他组员负责。只有个体为自己和小组的学习负起责任并且付出努力，真正的提高和进步才可能实现，小组的最终目标才能达到。

人人成功机会均等是针对传统教学以竞争排名作为奖励依据的做法提出

的。在以竞赛排名论成败的情况下，基础较差的学生无论怎样努力，都很难超过排名始终在前的同学；即使他们与自己原来的成绩相比已经有了很大的进步，在总体排名中还是难以折桂，不会被认为是"成功"。如果学生预期无论怎么努力都不会成功，他们就不会再努力学习。要想调动小组中每个成员的积极性，就要让无论基础好坏的学生都有平等的取得成功的机会，都能为小组做出平等的贡献。

2. 卡干的四要素[10]

卡干博士提出四项基本原理 PIES。其中 P 指积极互赖（Positive interdependence），I 指责任到人（Individual accountability），E 指平等参与（Equal participation），S 指同时互动（Simultaneous interaction）。（1）积极互赖包括"好处共享，合作必须"两个方面。如果好处能共享、能把学生的共同利益联系在一起，学生就会愿意主动帮助小组其他成员；合作必须，意味着学生意识到个人无法独自完成任务，不得不开展合作。（2）责任到人。卡干认为责任到人通过设置含有独特的（IndividuaL）、公众的（Public）和被要求的（Required）三种成分来建立。"独特的"是指在执行任务时是个人的，得靠自己，不能依赖同伴。"公众的"是指个人的努力、负责的任务是公开的大家可见证的。"被要求的"是指个人的贡献不是自发的，而是共同任务所要求的。（3）平等参与。在合作学习结构中无论是学优生还是后进生都有平等参与的机会，学优生无法独揽小组，后进生因为规则要求需要积极地参与问题的思考，并有分享表现自己的机会。（4）同时互动。教师提问—学生回答的师生互动效率低，而结构法强调生生互动，提高学生在同一时间的活动参与效率。

3. 约翰逊五要素[7]

约翰逊兄弟认为，合作学习就是在教学上运用小组，使学生共同活动，以最大限度地促进自己以及他人的学习。他们认为合作学习之所以比传统小组学习有效，是因为它具有传统小组学习所不具有的五个要素，分别是积极互赖、面对面的促进性互动、个人责任、人际和小组技能、小组反思（Johnson&Johnson，1989）。这五个要素都必不可少。

（1）积极互赖——要求学生们认识到他们不仅要为自己的学习负责，而且要为其所在小组的其他同伴的学习负责，"人人为我，我为人人"，使合作小组的成员确信他们是"同舟共济"的，这可以通过学习目标、角色、资料或奖励的相互依赖性来保证。

（2）面对面的积极互动——确保每位合作成员都能够直接交流，有效沟通，建立并维护合作成员之间的相互信任，通过互相帮助去完成任务。

（3）个人责任——每位成员都要承担一定的学习任务，并掌握所分配的学习任务，对完成全组学习任务负有责任。

（4）必要的合作技能（社交技能）——即与他人在小组中协同学习所需要的组织能力、交流能力、协调能力、相互尊重的态度等，使所有的学生都能有效地沟通，对小组活动提供指导，建立与维护小组成员之间的相互信任，有效地解决组内冲突。

（5）小组自评（集体自加工）——小组成员采取自我检查或反馈的方式评价共同活动的情况，以保持合作活动的有效性。

4. 曾琦的五要素[11]

北京师范大学教育科学研究所曾琦博士剖析了我国在开展合作学习方面存在的误区，提出了合作学习的五个基本要素：正相互依赖、个人责任、社交技能、小组自评、混合编组。

（1）正相互依赖

正相互依赖代表了每个小组成员之间的一种积极的、同舟共济的关系。约翰逊等人认为，构成合作学习的第一个也是最重要的因素就是积极互赖，没有互赖，就没有合作。

（2）个人责任

个人责任是指小组中每个成员都必须承担一定的任务，小组的成功取决于所有组员个人的学习。个人责任主要是通过制订小组活动规则来明确的。常用的方法主要是：角色互赖，即在小组活动中每个组员都担当特定的不可或缺、不可替代的角色；责任承包，即小组的总课题被分解成若干子课题，分别由每个人承担；随机提问，即随机提问小组中的某个成员，根据他们的表现评价小组活动的质量；个别测试，即让每个学生独立完成测验并综合每个学生中的测验成绩来评价小组活动。这些具体操作形式主要蕴含了两条共同原则即体现个人的价值和利用群体的压力。

（3）社交技能

社交技能作为合作的方法是合作小组学生必须掌握的，无论对小组学习还是未来的事业都至关重要。

（4）小组自评

定期评价小组成员共同活动的情况，目的是帮助小组学会怎样更好地合作。小组自评的主要内容是总结有益的经验使之明确和巩固；分析存在的问题及相关原因并及时改进；明确发展方向和目标并制订新的措施。

（5）混合编组

在组建合作小组时，应尽量保证一个小组内的学生各具特色，能够相互取长补短，即小组成员是异质的、互补的。混合编组应考虑的因素主要有学生的成就、学生的能力、学生的性别、学生的家庭背景等因素。

5. 伍新春的五要素[9]

伍新春、管琳认为合作学习应该包括五个要素，即积极互赖、个人责任、异质分组、社会技能和小组反思。

6. 靳玉乐的六要素[6]

纵观国内外合作学习的研究者对合作学习基本要素的研究与认识，靳玉乐认为合作学习有以下六大要素：异质分组、积极互赖、面对面的促进性互动、个人责任、社交技能和小组自评。

7. 乔治的八要素[3]

新加坡教育咨询专家乔治·M.雅各布斯团队提出合作学习八个基本原则，也相当于八个基本要素，如下：

（1）合作价值原则：合作不仅是一种学习方式，也是一种生活方式和人生态度。

（2）异质分组原则：学生应该广泛地与人合作，而不只是与一些他们想要合作的同伴在一起。

（3）积极互赖原则："我为人人，人人为我"。

（4）责任到人原则：每个人都必须有看得见的行为表现，对小组的学习和成功有所贡献。

（5）同时互动原则：同伴互动同时发生，同伴之间能够互相解释，"自主地影响别人"。

（6）平等参与原则：人人参与，小组的每位成员都有机会表达自己的想法并完成小组任务的一部分。

（7）合作技能原则：与他人协同工作的重要方式就是要具备与人合作的技能。

（8）小组自治原则：小组尝试独立解决问题，教师不再是学生的直接管理者。

（二）我们团队提出七要素

我们团队经过 8 年多理论与实践研究，基于国内外众多专家的观点，尤其是基于卡干合作学习基本要素，结合我国当前教育教学现状，提出适合我国大班额的合作学习有以下 7 要素：

1. 合作价值

合作价值是指有没有价值或必要采用合作学习进行教学。很多时候不需要采用合作学习，或采用合作学习反而使问题复杂化，甚至小题大做，适得其反，多此一举。因此，在选择合作学习时首先要考虑学习内容是否有价值，没有合作的必要与价值就不采取合作学习。

2. 建组与配对

合作学习有正式的、非正式的和基于小组的合作。非正式合作根据合作性质可以随机建组，也可以随机配对，如前后桌配对、同桌配对，基于特殊要求的配对，这种建组或配对都是临时的，一般不做评价，也不需要进行小组建设。但是正式的大合作一般需要一节课或几节课的时间，小组建设就很有必要，需要通过一系列合作学习过程教授和培养小组合作技能。基于小组的合作需要长时间合作，一般至少一个学期，甚至三年，小组间的合作更频繁、更持久，维系小组的长期运行，就需要进行小组建设。因此，建组与配对对于合作学习是必备的要素，是合作学习顺利进行的必备条件之一。

3. 积极互赖

积极互赖是合作学习的重要原则之一，要告知小组间成员"人人为我，我为人人"的理念，让小组成员必须知道他们"沉浮与共"的道理，正是积极互赖，才需要小组成员挽起袖子、共同工作，来完成一些超越个人的事情。正是积极互赖，才让小组成员意识到自己有双重责任：学会分配给自己的材料，并保证小组成员也学会了分到的材料。建立积极互赖的关系包括三个步骤：第一步是给小组分配一个明确的、可测量的任务；第二步是组织积极的目标互赖，小组成员知道除非小组中所有成员都成功了，否则他们就不能成功；第三步是给积极的目标互赖补充其他类型的积极互赖，如积极的庆祝/奖励互赖、积极的资源互赖、积极的角色互赖、积极的身份互赖、积极的环境互赖、积极的任务互赖等[12]。

4. 个人责任

个人责任是小组成员意识到不能搭别人的便车。当小组成员的贡献难以区别时,当小组成员的贡献过剩时,当小组成员对小组最后的结果不负责任时,就容易出现"滥竽充数"或者"搭便车"现象。研究表明,以下一些策略有助于建立个人责任:① 分组时,小组规模越小,个体责任越强;② 给小组每位成员分配一个明确的、可操作的、有层次的任务;③ 对每个学生进行测验;④ 随机进行口头检查;⑤ 观察并记录每个成员对小组学习所做的贡献大小;⑥ 每个小组分配一名学生担任检察员的角色;⑦ 让学生把他们学习到的东西教给其他人[12]。个人责任可以让每一位合作者都明确知道自己有责任分担或参与活动(学习),是不可或缺的一员,让每一位合作者都具有归属感、自信心。

5. 机会均等

机会均等是保证教育公平有效策略。小组合作学习中,一部分学生易处于支配地位,控制和左右着全组的合作节奏,而另一部分学生则似乎可有可无,易处于被人遗忘的境界,尤其对于不善言辞的学生,内向型学生而言,机会均等尤为重要。在合作学习设计时,我们一定要保证:① 每位学生的学习目标是均等的;② 每位学生享受的学习资源和平台机会是均等的;③ 每位学生参与的活动或经历的学习过程的机会是均等的;④ 每位学生的合作角色是均等的。在实际教学设计中,我们就应该本着机会均等的基本原则,通过轮流说、轮流做、角色互换、分层多任务设计、随机抽查等策略实现机会均等[3]。机会均等不仅表现在小组内的同时互动,也表现在全班性的同时互动。通过教学设计,让学生同时自主完成任务,同时组成专家组和谐互动、和谐教授,讨论与交流,同时走动,既有语言上的同时互动,又有肢体上的同时互动,还有思想上的同时互动,也有情感上的同时互动,给学生多维度均等的机会[3]。

6. 和谐互动

学生在交流、分享、倾诉、辩论、互助等的合作中平等而和谐互动,懂得礼貌待人、尊重别人、学会倾听等和谐共处原则。一般情况下,首先是计划好小组见面的时机,经过自主学习后有了充分准备再见面互动,强调需要成员共同学习、共同研讨来达到小组成员间的和谐互动,然后要求小组成员各抒己见,轮流发言,形成共识,撰写小组报告,促进整个小组科学有序地开展合作学习,使小组成员达到共赢。

7. 社会技能

教师要不断教给小组成员在与他人有效工作时所需的小组和人际技能。成员的人际技能越好，他们学习的质量越高、数量越多。在合作中，为了协调各种努力以达到共同的目标，学生必须彼此认可和互相信任、进行清晰而准确的交流、彼此接纳和互相支持，并建设性地解决冲突。缺乏合作技能的学生安排在一个小组并告知他们要合作，并不能保证他们就真正合作。我们并不是天生就知道怎么与人有效交流、互动与合作，合作技能并不会在他们需要的时候奇迹般出现，教师要不断教给小组成员在与他人有效工作时所需的小组和人际合作技能[12]。成员的人际技能越好，他们学习的质量越高、数量越多。在合作中，为了协调各种努力以达到共同的目标，学生必须彼此认可和互相信任、进行清晰而准确的交流、彼此接纳和互相支持，并建设性地解决冲突。在具体的合作学习中要不断教会学生"倾听、表达感谢、赞美他人、反馈、提问、致谢、公开发表观点、说服他人、解决冲突、鼓励、给予指令、提出建议、指导与帮助别人、质疑、达成妥协和共识、礼貌打断别人说话等"的合作技能[13]。

我们认为评价与评估、总结与反思对于小组合作学习很重要，是小组合作学习高效、和谐、持续发展的重要保证，但是随机配对合作学习并不一定要评价与评估、总结与反思，所以，我们认为不应该将评价与评估、总结与反思作为合作学习的必备要素。

第五章　合作学习的实施原因

人类自从诞生那天，就开始了合作。甚至在灵长类动物，蜜蜂、蚂蚁等昆虫那里，也有显著的组织与合作。特别是人类，本质上就是一个合作的集体，因为人类就是社会性的存在。所以在人类的早年，大家必须结合成部落，才能生存下来。而人类的幼年个体，就更需要成年人的抚育，才能生存下来。所以，合作一直都是人类的中心词汇，甚至比竞争更早。也可以说，基于合作的竞争才能更容易成功。中国的合作学习思想进步迅速。陶行知无疑是最杰出的教育家，他的合作学习思想也是比比皆是。小先生制是真正既具有本土特色，也具有现代合作学习内核元素的合作教育思想。还有重视手脑配合、身心合作的解放教育思想，重视学校教育与乡村发展相结合的改造乡村计划，都是陶先生的伟大创举。

合作学习于20世纪70年代兴起于美国，迄今为止已有50年的历史，是目前世界上许多国家都普遍采用的一种富有创意和实效的教学理论与策略体系。合作学习之所以被全世界教育界热捧，尤其是卡干合作学习结构法对成千上万个教师的课堂教学发生了革命性影响，究其原因，无非是其能够落实素质教育目标，能够培养人的必备的品质和能力。

我们团队从2010年开始接触合作学习，到2016年热衷于合作学习的主要原因源于以下几方面。

一、课程标准明确了合作学习的地位和重要性

义务教育物理课程标准（2011年版）一早就提倡教学方式多样化，注重科学探究和合作学习。2003年普通高中物理课程标准中也把自主合作探究教学作为主要的教学方式。党的十九大明确提出，要全面贯穿党的教育方针，落实立德树人根本任务，发展素质教育，推进教育公平，培养德智体美全面发展的社会主义建设者和接班人。课程标准提出普通高中培养的目标是：进一步提升学生的综合素质，着力发展核心素养，使学生具有理想信念和社会责任感，具有科学文化素养和终身学习能力，具有自主发展能力和沟通合作能力；培养学生敢于批判质疑，探索解决问题，勤于动手，善于思考，具有一定的创新精神和实践能力；具有强烈好奇心，积极的学习态度和浓厚的学

习兴趣，能够自主学习，独立思考，形成良好的学习习惯和适合自身的学习方法，学会获取、判断和处理信息，具备信息化时代的学习与发展能力；大力推进教学改革，关注学生学习过程，创设与生活关联的、任务导向的真实情境，促进学生自主、合作和探究地学习，注重对学生学习过程评价，推进信息技术在教学中的合力应用，提高课程实施水平。

二、国际教育也把合作沟通能力作为人的最重要能力之一

1996—2003年，联合国教科文组织提出五大学习支柱：学会求知（Learning to know）、学会做事（Learning to do）、学会共处（Learning to live together）、学会发展（Learning to be）、学会改变（Learning to change）。这是当前21世纪社会公民必备的基本素质，也被世界各国公认为公民应该具备的核心素养。其中学会共处就要学会合作，学生只有在合作学习中才能有效养成合作技能。

6C教育创始人兼CEO、6C学院院长段会昌说，6C教育理念本着基于家庭教育的品格（Character）为基础，结合教育实践和这个伟大的理论创办6C教育，通过测评工具，发掘个人潜能的胜任力（Capability）相关的智能数据，定制学业规划，帮孩子在选择力（Choice）、沟通力（Communication）、创新力（Creativity）、自信力（Confidence）、批判思维力（Critical thinking）、个人魅力（Charm）等方面的提升。以实现6C教育的服务理念——"每个孩子都是冠军！"其中沟通力就需要在合作学习中才能有效养成合作技能。

三、合作学习较传统教学具有极大的优越性

从学生的调查问卷和访谈结果可知，学生非常不喜欢传统的讲授式课堂，其教学效果较差。相比之下，学生喜欢以自主合作探究为主的讲练结合式、体验式、参与式、合作式的课堂，其教学效果可达80%左右。精心设计的合作学习能让学生在物理学习的道路上体会到更多的乐趣；能提高学生的自主、合作和探究学习能力；能更好地暴露出学生的错误思维，培养学生的科学思维，不断增强学生构建模型、发现问题、提出问题、解决问题和归纳推理等能力；能使每个学生都平等参与课堂活动，承担个人责任；能有效提高差生的学习成绩；能打破传统教学过程中学生各自为营的局面，增进同学间的交流与情感；能使课堂气氛不再沉闷，变得活泼、轻松、自由、民主，充分培养学生的自信心；能使学生在物理课上永远不会犯困，无心理压力。

四、合作学习是非常有用的

（一）对于学生而言

（1）学会合作对学生的生活很重要，它将帮助学生学会在工作中和他人交流，它将帮助学生学会和家人、朋友、邻居和睦相处。在合作学习中，要求的不是个人的单打独斗，而是要求发挥个人的才能，你教我听。你认真地教，我认真地听，反之亦然。每个人既是"教师"，也是"学生"，那么在过程中就会慢慢形成一种与他人交流和相处的能力。

（2）合作学习将帮助学生学会倾听、尊重、鼓励、表扬、欣赏、感受等心理素养。当在小组中作为"学生"的角色的时候，你要学会"听"。倾听不能是漫不经心的、随意的，而是需要尊重、鼓励、欣赏、表扬等等。你的倾听是对对方的"教"的肯定，对对方劳动的尊重。

（3）合作学习将帮助学生学会如何交友，如何和各种各样的人交往。在合作学习中，小组并不总是确定的，有时也会随机组成小组。那么，在新的小组当中，如何交新朋友，如何更好地合作，那么在过程中都可以得到很好的锻炼。

（4）合作学习能培养学生的语言和文字表达能力。既然是合作学习，那么与他人交流则是一门必修课。"教"会他人和倾听者反馈建议，语言和文字表达能力是刚需，而合作学习恰好能逼着学生去学会用最恰当的语言和文字表达。

（5）合作学习能有效提高学习效率、效果和效益。合作学习并不是学生被动地听，而是主动去学。学生既是"教师"也是"学生"的身份，促使学生不仅认真去听，还要认真去"备课"，教会他人。在此过程中，效率、效果和效益自然就大大地提升了。

（6）合作学习能有效培养学生的核心素养。学科核心素养是学科育人价值的集中体现，是学生通过学科学习而逐步形成的正确价值观念、必备品格和关键能力。在合作学习过程中，每一个活动、每一个步骤都紧扣学科核心素养开展。

（7）合作学习能有效预防抑郁情绪。合作学习主要是借助小组或配对的方式相互谈论、交流、操作、辩论、互帮、互助等活动完成任务的，学生整节课都在动、想、思、说、做、观等。每一位学生都有任务驱动，责任到人，全班学生会在欢快、轻松的环境中不知不觉地学会知识，养成素养和品质，每一位学生都会觉得自己有存在感、价值感和安全感，易使学生获得自信心，不容易抑郁。

（二）对于教师而言

（1）享受教育乐趣，促进个人成长。在合作学习的课堂中，每一个学生都是参与者，组员相互依赖，同舟共济的。学生在积极热烈的互助的课堂中，每个学生的脸上都洋溢着满足的笑容。此刻，教师的脸上也应该洋溢着满足的笑容，何乐而不为呢？

（2）解放了思想，更新了观念。在学习金字塔理论中，简单听讲的学习效率是最低的，马上应用或马上教授他人的效率是最高的。而合作学习应用的正是学习效率最高的方式，且在实践过程中学生有反馈，效果非常好。

（3）预防和解除了职业倦怠。合作的学习课堂，学生的积极参与和好的学习效果，会使得教师越来越喜欢这种方式。好的合作学习课堂需要教师认真细致做好教学设计，而课堂上学生洋溢着的满意的笑脸又会反过来影响教师，更加认真去设计。

（4）保护了嗓子，获得了幸福感。合作学习的课堂并不需要教师讲得太多，而是学生主动地学，积极地学，合作地学。教师付出的是课前辛苦的教学设计，课中享受的是学生学的快乐。

（5）独具一格，走向名师之路。合作学习虽然非常有效，但仍然是一门技术活，好的合作学习课堂注定独具一格，注定是名师的课堂。

（三）对于学校而言

（1）促进学校发展。喜欢搞合作学习的，都是一批有理想，有情怀的教师，他们的坚持，他们的钻研，定会出成绩，出成果，定会带动学校教育教研的发展。例如：在我们的团队里面，由于搞合作学习的教学研究的原因，很多教师已经成长为学校的教育骨干，排头兵。

（2）改善师生关系。在合作学习过程中，生生交流和师生的交流都是常态，交流能促进思想和情感的增进，师生关系更加融洽。

（3）使学校充满活力。在合作学习过程中，师生之间的交流多了，同事之间的交流多了，思想碰撞多了，学校一片欣欣向荣。

（4）能有效实现教育公平。我们认为，真正的合作学习应该满足四项基本原则，即所谓的"PIES"原则：积极互赖、责任到人、平等参与、同时互动。开展合作学习，平等参与打破了以往虚假的由组长大包大揽的小组合作学习，实现了教育公平。

（5）能有效实现个性化教育。责任到人是合作学习的重要原则，能有效达到个性化的教育。

第六章　合作学习的开展效果

核心素养引领下的个性化教改拉开了 2018 年新课改的序幕，合作学习似乎成为历史，其实合作学习在培养学生的核心素养方面独树一帜，是竞争性教育走向个性化教育的必经之路。合作学习引入我国 20 多年来，一些学校和老师尽管采用了合作学习模式，但"跟风课改"致使虚假的合作学习小组随处可见，与真正的合作学习基本要素相差甚远，这种"追风课改"是很危险的，容易流于形式、疲于跟风、劳民伤财。

一、虚假的合作学习层出不穷

目前，很多学校开展轰轰烈烈的课改，小组合作学习是课改中普遍采用的模式，有的学校 8 人一组，有的 6 人一组，有的 4 人一组，很少 2 人配对。一些学校和老师没有系统地学习过合作学习理论，也没经历过正规的培训，凭感觉把学生分成几组，排坐在一起，做一个导学案，就开展起轰轰烈烈的合作学习。大部分教师要求学生课前完成导学案，导学案基本上是以填空题和问答题为主，针对教材的内容进行挖空和设问，很少有开放性、挑战性和拓展性的问题，而且学习内容并没有体现小组合作学习的四要素，组内所有学生学习内容和学习过程都一样，课前学习后在课堂上汇报，小组派一名代表把答案念一遍，全班就鼓掌，相当于把教材内容读了一遍。这样的学习场景表面上看很热闹，实际上组内很多人"滥竽充数""搭顺风车"，很多成员会失去学习动机，并出现团体思维、技巧和能力的同质化、小组规模和资源的不适宜等现象，这些合作学习小组基本上是虚假的小组，与真正的合作学习小组相差甚远。

二、郑杰的合作学习实践出真知

出身于中学教师、校长的合作学习专家郑杰，有着丰富的教学和教师培训经验，但在 20 多年前接触到合作教学思想和模式，就"一见钟情、情定终身"了，通过多年的探索和积累，他的专著《为了合作的学习——让课堂变革真实地发生》是自己研究的完整的总结。在这里，其著作分为甲、乙、丙、丁、戊、己这样六个部分，第一部分主要结合教育实践探讨了合作学习的基本理论与学校进步、教师生活、学生成长的相关性。第二部分是具体论述教师与合作学习的话题，比如关于教师开展合作学习课堂改革的困难、挑战、技巧、研究团队建设、失败与失落等等。第三部分开始深入课堂的合作学习，一开始就明确宣告"读读议议"式的课堂不是合作学习，并认为合作学习教有定法，而不是从前的教无定法。这些多数经过实践考验的方法（就是后面提出的 35 个策略，其中 18 个在郑校长的实验学校中使用过），就是教师可以直接使用的行之有效的合作学习方法。接着论述了课堂合作学习的具体问题，座位安排、冲突问题、应试问题、预防偷工减料问题等等。第四部分论及学生，这个教育的主体与学习的核心，这里从合作学习保障学生的学习权利入手，特别是关注了学困生的发展问题，也探讨了学生的小组意识，比如从"我认为"到"我们认为"的转换，也涉及了合作学习课堂对课堂气氛活化的促进。第五部分是合作学习的 35 个策略，包括两人合作、四至六人合作、组际合作、全班合作等方式。第六部分探讨了合作学习的 16 个技能，包括倾听、感谢、赞美、提问、致歉、鼓励、建议、指导、妥协、解决冲突等等。总体来说，郑杰校长的探索，是中国合作学习发展的一个缩影和代表。我们相信，随着中国教育进一步融入世界潮流，合作学习的发展与进步空间还有很大的潜力。

三、我们团队的合作学习不断壮大

我们团队从 2015 年高频率开展合作学习研究与实践过程中，据团队走过的痕迹，我们的合作学习效果大体可以分为以下几个层次。

（一）由点到线，四处开花

湛江的高中物理合作学习研究团队始于湛江市第二中学的袁勇老师一个人，从两个人（袁勇和付民）的教研合作开始，以后再扩大到岭师附中的麦建华，接着湛江四中的蔡霞、肖涛，港城二中的谭海兰，廉江一中的冼景连，大成中学的周朱武等老师加入，后面又有雷州八中的谭德锋、徐闻一中的郑映凤、初中物理的湛江开发区一中的欧阳梓德等老师的加盟。而岭南师范学院教育学课程的卢建筠老师也一直关注着合作学习团队的发展，虽然在此的身份是顾问，其实就是来学习的，并且在看到大家热火朝天的研究故事后，还是按捺不住激情的勃发,于是也在 2017 年秋日开启了教育学课堂上的合作学习尝试,并取得了不凡的成果。

(二) 积线成面,面面互映

学科拓展:随着合作学习团队高中物理的课程改革、课堂展示、教研交流等的进行,其他学科、学段也跃跃欲试、摩拳擦掌了。先是初中物理,紧接着是小学语数英、初中英语和数学、高中英语、政治和生物,高师的教育学等学科先后尝试加盟研究共同体了。

学校增加:参加合作学习团队的学校,从最初的湛江二中,到后来的湛江四中、港城二中、岭南师范学院附中、大成中学、廉江一中、雷州八中、徐闻一中、开发区一中、培才学校、麻章一中、湛江实验小学以及农村学校上圩中学、乾塘中学等。甚至《卡干学习模式 59 例》就被一个合作学习粉丝的校长在她的学校集中购得 100 多本,老师几乎是人手一册。

区域扩大:湛江合作学习团队的活动影响力范围不断扩大,从湛江市区向周围郊县拓展,向茂名、云浮、佛山、梅州、惠州、清远、肇庆等外地学校扩散,甚至影响力达到了深圳、广州、杭州、北京等大城市。我们也在考虑和美国的卡干教育公司合作,进一步开拓国内的合作学习领地的事宜。

(三) 积面成体,从小到大

我们合作学习的影响力日益扩大且深化,可以说,已经从点、线、面到体了,有了立体,就有了独立生存的理由。就像滚雪球一样,随着不断前进,影响力就越来越大了。当然,这里的前提就是方向正确,方法妥当,做事还要用心。

四、我们团队合作学习的效果

(一) 在情感方面

参与合作的学生们普遍感到课堂有趣了,原来枯燥的物理学等知识原来和生活实际联系得那么紧密。而且,教师课堂上尊重学生,肯定积极的评价弥漫在班级里,特别是小组建设到位的班级就更是如此了。还有,就是同学们有了更多的表现机会,大家对小组成长的贡献有目共睹,于是学习的快乐和尊严都有了,大家的学习兴趣大为高涨。你中有我,我中有你,谁也离不开谁的理念深入人心了,经典作家说人是社会的生物的名言得到了最真实的体验。特别是人际关系的情感方面，学生的进步表现非常显著。合作学习较传统教学具有极大的优越性。能充分体现教师主导作用与学生主体地位，引导学生主动参与学习过程，打破了传统的"讲授式""满堂灌""填鸭式"等教育。合作学习主要是从学生学的角度去设计和开展课堂教学活动的，充分让学生自主合作探究学习，在课堂上学会知识，会学知识，形成核心素养。合作学习也能有效培养学生的交际能力，有效缓冲学生的压力，让学生在做中学，能激发学生的创造力，提高学习的效率、效益和效果，可以促使学生一次性学会知识。合作学习能有效培养学生的交际能力，与人合作的能力，解决冲突的能力，能让学生养成低声交流、倾听、尊重、平等的习惯，能让全班学生的思维与观点满天飞，每位同学都能分享全班师生的观点和方法。让课堂成为培养学生物理核心素养的主战场，使学生由"观众"向"演员"转变，让学生学，让学生做，让学生说，让学生辩，让学生合作，让学生探究，使学生不断思考、提问、答疑、合作、交流、操练、表演等，尽可能做到了老师少讲、点拨和不讲等。

（二）在认知方面

有句话叫真理不辩不明。波普尔的科学哲学就认为，科学是在证伪中进步的。小组合作学习中充满了交流、辩论等内容，所以这样得到的知识更有现场感，更有生命力，也才更接近真知识。于是，这里的知识有了生命力，学生的认知水平也会持续提升。而且，学习金字塔理论告诉我们，只有能够教会别人的知识，才能说明教者自己真正掌握了。合作学习中充满了被人教、也教别人的情境，所以，学生掌握的水平就远远超越了传统的听讲学习模式。

（三）在教研气氛方面

大家的学习和研究热情很高，团队买了许多教育、心理方面的书籍，特别是合作学习方面的，甚至经常邀请外地来湛江或者在湛江工作但有海外或某一方面特别经历的专家前来工作室交流，每次这个时候，都是一次学习与交流的盛会。当然，最主要的教研还是在日常工作中。无论线上或者线下，大家都感受到了教育激情的感染力。

（四）在教师成长方面

这几年的合作学习经历，每个参与的教师都感受到了成长的力量与快乐。随着大家读的书增加，知识储备拓展的同时，对学习本质的理解加深了，对课堂的把控和激发学生学习积极性的能力都大大提高。随着团队成员写作水平的提升，学术论文与专著不断发表或出版（表6-1），团队成员的教育职业幸福感也提升了。自然，相关的学生也体验到了成长的快乐。

表6-1 袁勇合作团队核心成员发表论文情况

序号	论文	杂志	书号或刊号	发表时间	第一作者	参与成员
1	物理教学中合作学习设计的有关问题——以"牛顿运动定律解决问题"为例	物理通报	CN 13-1084/O4	2019.1	袁勇	
2	卡干结构法培养学生核心素养教学研究——以"超重和失重"教学片段为例	中学物理	CN 23-1189/O4	2021.4	冼景连	袁勇
3	基于科学建模的物理概念教学设计与实践——以"电容器的电容"一节为例	物理教师	CN 32-1216/O4	2021.8	裴姗姗	袁勇
4	合作学习的探索之路	课程教学研究	CN 44-1690/G4	2021.5	袁勇	
5	利用合作学习任务实施过程培养学生核心素养能力探讨——以弹力教学片段为例	课程教学研究	CN 44-1690/G4	2020.6	麦建华	袁勇
6	运用卡干结构法培养科学思维的教学实践探讨——以"交变电流"为例	中学物理教学参考	CN 61-1033/G4	2020.6	麦建华	杨昌彪
7	基于信息技术的高三物理教学克服知识负迁移现象探讨	教育信息技术	CN 44-1529/G4	2020.10	麦建华	
8	物理合作学习中核心素养的培养策略探究——基于卡干结构法的应用	课程教学研究	CN 44-1690/G4	2018.2	麦建华	袁勇
9	巧用纸张解决部分高中物理问题	中学物理教学参考	CN 61-1033/G4	2019.12	裴姗姗	袁勇
10	运用卡干结构法培养学生物理核心素养的探索——以"牛顿第二定律的应用"为例	教育信息技术	CN 44-1529/G4	2020.7	郑映凤	麦建华 袁勇

续表

序号	论文	杂志	书号或刊号	发表时间	第一作者	参与成员
11	高一物理教学中开展合作学习的实验研究	教育与教学研究	CN 51-1720/G4	2014.8	李小锋	袁勇
12	卡干结构法在高中物理线上小组合作学习中的应用——以"万有引力理论的成就"教学为例	教育信息技术	CN 44-1529/G4	2020.10	谭海蓝	
13	卡干结构法培养学生核心素养教学研究——以"超重和失重"教学片段为例	中学物理	CN 23-1189/O4	2021.4	冼景莲	袁勇
14	红土地上的教育探索奏鸣曲——自发成长的湛江高中物理自主合作探究教学研究团队成长记事	课程教学研究	CN 44-1690/G4	2018.5	卢建筠	
15	用观课议课教研模式探究出14种解法	物理通报	CN 13-1084/O4	2016.10	袁勇	
16	欠发达地区高中物理教学现状及对策	物理教师	CN 32-1216/O4	2017.8	陈小平	谭海兰
17	充分发挥粤教版高中物理教材中"讨论与交流"的作用	科教导刊	CN 42-1975/N	2010.9	袁勇	
18	"人人都来当班干"的实践与探索	中小学班主任	CN 31-2141/G4	2019.5	袁勇	刘艳坤
19	高中生社会能力的培养	科技资讯	CN 11-5042/N	2019.3	袁勇	
20	新课标下高中物理学困生的转化策略	新课程（中学）	CN 14-1324/G4	2019.2	欧阳梓德	梁海琼
21	高中物理双语活动初探	科技致富向导	CN 37-1264/N	2012.11	奇迦锋	袁勇

（五）在团队影响力方面

湛江合作学习团队的影响力不止于物理学科，随着影响区域的扩大，参与合作学习的学校不断增加，发表的作品在积累，得奖的数量和级别也在进步（表6-2）。合作学习团队的影响力还在成长，大家的研究境界也在不断提升。虽然外界的压力无时不在，特别是应试教育的力量实在强大，但大家乐此不疲，淡然忘我。团队的吸引力不断增加。

表 6-2 团队核心成员获奖情况

序号	课例名称	获奖等级	举办单位	时间	作者
1	基于低成本仪器开发的高中物理创新实验研究与实践	省成果一等奖	广东省教育厅	2020.3	陈小平、袁勇、梁桂涣、麦建华等
2	高中物理自主合作探究教学设计系列丛书	市成果一等奖	湛江市教育局	2018.7	袁勇、卢建筠、麦建华、冼景连、周朱武、裴姗姗等
3	在小组合作学习中巧用纸张解决部分高中物理问题	全国一等奖	中国教育学会物理教学专业委员会	2017.11	裴姗姗
4	匀变速直线运动与汽车安全行驶	省一等奖	广东教育学会物理教学专业委员会	2021.1	付民
5	电磁场中的功能关系	省二等奖	广东省"新师范"建设指导委员会、华南师大	2020.5.12	周秀琴
6	力与机械运动中的功能关系	省三等奖	广东省"新师范"建设指导委员会、华南师大	2020.5.12	袁勇
7	微观世界的功能关系	省三等奖	广东省"新师范"建设指导委员会、华南师大	2020.5.12	付民
8	气体中的功能关系	省三等奖	广东省"新师范"建设指导委员会、华南师大	2020.5.12	林桂红
9	探究滑轮组机械效率的影响因素	省一等奖	广东教育学会物理教学专业委员会	2021.1.19	张坤林
10	温度	省一等奖	广东教育学会物理教学专业委员会	2021.1.19	谭向祝
11	基于新高考评价的高三二轮复习大概念教学设计与实践	省二等奖	广东教育学会物理教学专业委员会	2021.1.19	周秀琴、袁勇
12	探究浮力大小跟排开液体所受重力的关系	省三等奖	广东教育学会物理教学专业委员会	2021.1.19	黄国杰
13	基于物理核心素养导向"三主线两环节"教学设计——以自由落体运动为例	区三等奖	雷州市教育局	2020.3.8	谭德烽
14	高考物理二轮复习功与能专题气体中的功能关系	区一等奖	湛江市霞山区教育局	2020.7.16	林桂红

第七章 合作学习的理论依据

一、社会学依据

（一）群体动力理论

群体动力（Group dynamics）理论主要源于格式塔学派代表人物之一、群体动力理论的创始人——勒温（K. Lewin），他分别对上述观点进行了如下阐发：第一，群体的本质就是导致群体成为一个"动力整体"的成员之间的互赖（这种互赖通常由共同目标而创设），在这个动力整体中，任何成员状态的变化都会引起其他成员状态的变化。第二，成员之间紧张的内在状态能激励群体达成共同的预期目的。

勒温的弟子道奇（M. Deutsch）在 20 世纪 40 年代末提出了合作与竞争的理论，这对合作教学的发展产生了直接的影响。根据道奇给出的定义，在合作性的社会情境下，群体内的个体目标表现为"促进性的相互依赖"（Positive interdependence），也就是说，个体目标与他人目标紧密相关，而且一方目标的实现有助于另一方目标的实现。而在竞争性的社会情境下，群体内个体目标则体现为"排斥性相互依赖"，虽然个体目标之间联系紧密，但一方目标的实现却阻碍着另一方目标的实现，是一种消极的相互关系。勒温对此还进行了实验研究，结果表明：在合作性群体中，个体具有较强工作动机，能够相互激励，相互体谅，个体间的信息交流也比较畅通，合作性群体的工作效率明显高于非合作性群体[14]。

在群体动力理论中，动力主要指的是群体施加给整体的规范、压力、凝聚性等，而且由于这些从而产生吸引、排斥、合作与竞争等相互作用。在这个过程中，个体受到群体非常大的影响，从而出现在一个人的环境中不会出现的行为[15]。

（二）社会互赖理论

道奇的研究生大卫·约翰逊，同他的兄弟罗杰·约翰逊一起，将道奇的理论拓展为"社会互赖理论"(Social interdependence theory)。具体可以解释为：在群体中，充分合理利用某个或多个群体成员在某方面的积极影响，去激励、感染整个集体，最终达到共同发展，并为一个共同预期目标努力[15]。

依据社会互赖理论，合作学习小组的成员来自不同的生活背景，有着不同的性格与处世风格，不同的思维水平、技能水平、合作经验等。但当他们有着较强的集体荣誉感后，就会形成互补的优势，以达成共同目标为目的，合作互助，提升互赖程度，促进全体成员的全面发展。

互赖理论还强调，在合作中学生才是"主角"，教师不再是权威的代表，学生不必再忧虑个人得失。这样的要求有助于培养学生间的良好情谊，引导学生产生互帮互爱互勉的积极态度，从而引导学生体验学习成就感，这种情感体验与学业成绩又是正相关的关系，可以提升学生的学习主动性[15]。合作学习评价是以学生总体表现为基准的，形成"一荣俱荣，一损俱损"的团队意识，这就使得整个小组密不可分，促进学生在群体压力下产生毅力、责任心等良好情绪，达成提高学习兴趣的效果。

Johnson兄弟明确指出，课堂教学中存在着合作、竞争和个体化三种目标结构[16]，并由此构成三种不同的教学情境（表7-1）。

表7-1 学习活动中三种目标结构

目标结构	合作的目标结构	竞争的目标结构	个体的目标结构
目标实现 成员行为 同伴关系	每个成员都达到目标 利己利人 促进、积极	其他人达不到目标 利己损人 对抗性	与其他人无关 仅寻求个人利益 互相独立、互不干涉

从表7-1分析可知，虽然竞争、合作和个体化的目标结构都可以激发学生努力获取成功的愿望和动机，但只有合作才能使个体在追求目标实现的过程中保持积极的互动方式和良好的人际关系。这种合作并不是简单"坐在一起"相互帮助地学习，而是小组成员之间既有相互分工又彼此相互依赖、积极促进，彼此的相互依赖与积极促进能为个体提供学习动力，使他们互勉、互助、互爱。并在这样的互动过程中彼此都获得满足而达到双赢。这里的促进性互动是达到这种双赢的必要保证，而双赢又恰恰是促使产生积极促进性互动的动机，因而我们可以说，社会互赖理论之所以能成为合作学习的最直接理论来源就在于："社会互赖理论揭示出了合作目标结构机制是通过促进性互动而影响学习个体的行为和绩效的"[9]。

这也告诉我们，教师实施合作学习的关键是创设积极互赖的课堂教学情境。因为这种积极的互赖关系能在学习同伴间创造一种彼此的承诺,即视别人的成功如同自己的成功[7]。正是这种荣辱与共的学习观念,促使了合作学习课堂效果的高效生成,这便是合作学习的核心之所在。

(三) 社会凝聚力理论

社会凝聚力指的是协调社会不同因素之间的矛盾和纠纷,让其统一紧密结合在一起的一种社会吸引力。法国社会学家迪尔克姆认为,社会凝聚力是群体、组织和社会的重要特征,是一种对行为产生影响的、广泛的、多样性的事物。和群体动力理论类似,社会凝聚力理论同样从动机出发解释教学效果。但二者也有不同,群体动力理论从学生自身利益发展的角度出发,让学生互帮互助从而让自身得以发展。而社会凝聚力理论认为他们凝聚在一起是因为他们真的关心在乎集体。科恩认为,当有一定合作技能的小组遇到比较趣味有挑战的任务时,会在集体解决问题的过程中收获高度的奖赏[17]。

社会凝聚力理论认为,合作学习对学习成绩的影响在很大程度上是以社会凝聚力为媒介的[18]。该理论认为,学生们帮助小组同伴学习是由于他们关心集体。社会凝聚力观点的一个重要标志就是突出作为合作小组准备的合作学习小组的组建活动,以及小组活动过程之中和之后的小组自加工活动或小组自评活动[8],合作小组组建时,突出组内成员的异质性,将不同特点与背景、不同能力的学生组合在一组,让他们相互帮助、相互学习、相互了解,能够较好地完成合作任务,这本身就是小组凝聚力在小组活动中的一种表现。斯莱文博士的"切块拼接法"[8]、莎伦夫妇的"小组调查法"[8]、约翰逊兄弟的"共学式"[8]等使学习任务专门化的方法,使小组成员产生了相互依赖性。这些方法都以社会凝聚力理论为依据,在这些方法中,每个人都担任着不同的角色,体现着每一个角色的重要性,显示了每一份力量都是不可缺少的。合作学习充分发挥着小组凝聚力的作用,在小组建设、小组活动、小组评价都得到了体现,这不仅使小组合作活动中成员的工作得到了协调,而且对于班级来说,也能发挥着班集体的凝聚力作用。作为个人能对小组做出贡献,也能对班集体做出贡献。

二、行为主义观

(一) 社会学习理论

班杜拉是社会学习理论的代表人物,他提出学习是对榜样的观察和模仿,强调观察学习和自我调节，关注人的行为和环境的相互作用。该理论是探讨个人的认知、行为与环境因素三者及其交互作用对人类行为的影响。根据他的理论，学习的过程是这样展开的：学生首先观察周围的榜样的学习过程，不仅观察到榜样的行为，也亲眼所见榜样的收获的结果。榜样的力量是无穷的，有了榜样的作用，当该学生再次遇到类似的情况，原有的学习经验和感悟会对他的行为和结果有积极的指导作用，这就是所谓的观察学习，也把它称之为"通过示范所进行的学习"[9]。

社会学习理论是合作学习的重要理论基础，学生自己单打独斗的学习远没有合作学习更加能够促进学生的学习积极性。在数量众多的学生中存在大量的学习个体和学习资源，有的学生有规范学习好习惯，有的学生勤奋刻苦是努力的榜样，还有的学生有良好的沟通和表达能力，有的学生掌握了灵活的学习手段，这都可以成为学生学习的典范。当周围学习能力较弱的同学受到这些榜样的感染和鼓舞，当自己处于类似的情况就会主动采取榜样的处理方法，积极争取成功。这样的"观察学习"比起教师一个一个地教育学生更生动更直接更有效，更加能促进学生的学习主动性。教师的年纪算是学生的长辈了，价值观和世界观以及对生活的经历和理解都和学生相去甚远，学生和学生之间却没有代沟，他们沟通和交流起来更自然更亲近，更容易获得认同感。另外，同学之间小组成员荣辱与共的情感联系，更加能够促进观察学习发挥作用[19]。

（二）需要层次理论

马斯洛（A. H. Maslow）的需要层次理论认为人是一个一体化的整体，人类的需要是按优势出现的先后或力量的强弱排列成等级的。马斯洛（1970）把人的需要按性质由低到高划分为 7 个层次：① 生理的需要，指维持生存及延续种族的需要；② 安全的需要，指寻求受保护与免于遭受威胁从而获得安全感的需要；③ 归属与爱的需要，指被人接纳、爱护、关注、鼓励及支持等需要；④ 自尊的需要，指被人认可、赞许、关注、鼓励及支持等；⑤ 求知的需要（Need to know），指探索、操作、实验、阅读、询问等个体对己、对人、对事物变化中所不理解的希望获得理解的需要；⑥ 美的需要，指对美好事物欣赏的需要；⑦ 自我实现（Self-actualization）的需要，指在精神上臻于真善美合一的至高人生境界的需要[20]。其中归属与爱的需要、自尊的需要、求知的需要和自我实现的需要，这些是促使学生爱学习的最重要的几种需要，在课堂教学中如果教师能做到促成满足上述多种需要的要素或条件的生成，课堂教学的效果必定高效。

然而如果从需要层次理论的角度考察我们的课堂，按照马斯洛的观点，学生是带着不同的目的踏进校门的，他们的需要各不相同，教师要满足他们的不同需要，燃起他们对求知的渴望。采用大班传统的单一教学模式显然是不能达到目的的，而合作学习恰恰能弥补这一缺憾，通过小组合作、师生互动、生生互动，增加了教师与学生、学生与学生面对面的交流机会，使学生在合作交流的过程中增进了解、建立友谊、学会尊重和关爱他人，同时又在学习的过程中不断感受来自集体、来自同伴的关爱、关注、鼓励、赞许、接纳、认可与尊重，从而更充分、有效地挖掘和激发学生探索知识的原动力和潜能，实现对求知欲的满足、对不同需求的满足。合作学习就是在力求满足学生不同需求的基础上，激发全体学生的求知欲[9]。可见，合作学习为学生的各种需要提供了充分的条件，教师在学生学习的过程中只是充当帮扶者的作用，在必要时给予学生指导和建议。小组探究充分发挥了学生的自主能动性，激发了学生的主人翁意识，为学生从"苦学"变为"乐学"创造了更有利的条件。这才是合作学习触发学习动机的本源之所在。

三、信息加工观

（一）认知冲突理论

著名心理学家皮亚杰提出，个人的认知之所以能够产生和发展，离不开"平衡"，就是认知和环境的和谐搭配。当我们的学生接触到充满新鲜事物的世界时，他们遇到的境遇和自己原来主观世界的理解和认识可能不相同。这种客观上世界的实际和主观认知的预想之间的不匹配，就是"不平衡"的表现，就是认知冲突。皮亚杰认为这样的冲突对学生的学习非常有好处，就是当学生认识到这样的不匹配时，他们就会被调动起学习的热情和积极性，消除不平衡达到新的平衡[9]。

依据皮亚杰的认知冲突理论，在合作学习中，小组成员之间在面对面交流时，会因为彼此不同的观点而产生认知冲突，此时教师的点拨与指导、组员的帮助和解释、学生自己的努力探究，会帮助学生重新修正原有知识获取新知，完成自身对知识的重组而达到新平衡[21]。合作学习的过程中，充满了这样的"不平衡"和"认知冲突"，生生之间、师生之间、真理与谬误之间、客观与主观之间处处都可能存在这样的"不匹配"，这比起独立学习和传统的课堂教学更加能够增加学生的认知冲撞，"不愤不启，不悱不发"，当"冲突"

激化升腾的时候，教师的点播、同伴的解释、自我的否定都可以增强学生对新知识的理解和深入的领会，达到新的平衡[19]。

（二）认知精制理论

认知精制理论认为，如果信息要在记忆中储存下来，并与记忆中原有的信息相联系，学习者便必须从事对某种材料的认知重组或精制。学习中的认知重组是学习者把外在的知识内化的过程，使知识真正地成为自己的东西。例如，当我们上完一堂课，老师就会做一个小结或让学生自己来总结，对所学知识加以归纳、重新组合，让学生更好地理解这堂课所学的知识，并加深记忆；如果不做总结，那么知识点就是零碎的、散乱的，不利于学生掌握知识。精制最有效的方式之一是向他人解释材料。长期以来对同伴互教活动的研究发现，教者和被教者在成绩上都能从中受益[18]。

研究表明，精致最有效的方式之一就是向他人解释材料。在思维对语言进行重组加以解释的时候和在大脑对语言进行理解倾听的过程中，受益最大的是那些给聆听者做详细解释工作的学生，倾听详细解释的学生比单独工作的学生学得多，但作为解释者的学生相比较倾听的学生和单独学习的学生学得更多，其中一个原因就是在倾听者和解释者都运用一定的思维对知识或者信息进行了相应的加工和重组[22]。在合作学习的活动中，一个重要的工作就是将小组的任务分给每一位成员，然后让每一位成员完成自己的那份责任，再向小组其他成员解释自己对该问题的理解，使学习同伴间都有表述、解释和发挥的机会。彼此间交换作为表述者和倾听者，有效地完成对新信息的精细加工与重组，运用自己的理解进行表述和倾听，并能站在不同的视角（表述与倾听）收获新知识、获取收益，达到知识与能力并举。合作学习中向同伴解释和说明的互动活动，不仅使教者和被教者双方均能从中受益，且是站在不同的视角、不同的互动地位受益[23]。

四、教育理论基础

（一）建构主义理论

建构主义是认知心理学派的一个重要分支，由瑞士的皮亚杰提出。源自他对儿童认知发展的理论。他认为儿童是在与周围环境相互作用的过程中，逐步建构起关于外部世界的知识，从而使自身认知结构得到发展。建构主义主要强调的是学习者主体心理建构的重要性、个体建构方式的自主性及学习环境的情境性和互动合作性。建构主义认为，学习是获取知识的过程，知识不是通过教师传授得到的，而是学习者在一定的情境即社会文化背景下，借助其他人（包括教师和学习伙伴）的帮助，利用必要的学习资料，通过意义建构的方式而获得的。此理论认为学习环境中的四大要素为：情境、协作、会话和意义建构。

情境：是指学习环境中的情境必须有利于学生对所学内容的意义建构。

协作：是发生在学习过程的始终。

会话：学习小组成员之间必须通过会话商讨如何完成规定的学习任务的计划；协作学习过程也是会话过程，在此过程中每个学习者的思维成果为整个学习群体所共享。

意义建构：是整个学习过程的最终目标，所要建构的意义是事物的性质、规律和事物之间的内在联系[24]。

合作学习是学生在小组的各个成员共同努力和帮助下，对所要学的知识进行自主建构的方法，这是合作学习和建构主义学习观的一个契合点。建构主义对合作学习理论有以下几方面的启示：

1. 互动观

在合作学习中，师生互动、生生互动是合作学习的显著特点之一，这是促进学生学习的主要途径。合作学习认为，整个教学系统中的动态因素都是教学活动不可或缺的人力资源。它们之间的互动是促进学生学习的主要途径，因而强调所有动态因素之间的共同互动合作，即师生互动合作、生生互动合作、师师互动合作。建构主义观中的"会话"也提倡学生之间通过协商构建知识，而这点体现在合作学习里就是学生之间的互动。

2. 目标观

合作学习具有强烈的目标导向，它认为学习是满足个体内部需要的过程。合作学习的目标观强调在共同目标的激励下，小组成员会积极主动地付出努力，而这在辩证建构主义的观点中就是一个主动为自己建构知识和意义的过程。建构主义观认为知识或意义也不是简单由外部信息决定的，外部信息本身没有意义，意义是学习者通过新旧知识、经验间反复的、双向的相互作用过程而建构成的，其中，每个学习者都在以自己原有的经验系统为基础对新的信息进行编码建构自己的理解[25]。

3. 师生观

无论是合作学习还是建构主义学习观，都强调了以学生为主。合作学习提倡教师当好"导演"，学生当好"演员"，学生在学习中占主体地位。在此过程中，教师不仅要充当引导者、管理者、促进者、咨询者，还要积极投入学生的学习中，充当参与者。建构主义认为，知识不是于个体之外的客观实体，是不能被传授的，建构主义学习观恰好认为学生是主动积极的，学生在教师的指导和帮助下，通过合作、对话、互动形成对知识的理解与建构[24]。

4. 情境观

合作学习认为有三种学习情境：竞争性情境、个体性情境和合作性情境，学生在情境中会意识到个人目标和小组目标之间的相互依赖性。只有小组其他成员都成功，自己才能获得成功。建构主义学习观中也提到了"情境"的重要性，指出学习环境的情境必须能帮助学生建构知识体系。而合作学习模式就是一种有效的情境。学生能在良好的合作气氛的情境中进行知识建构[3]。

（二）教学工学理论

教学工学（Classroom instructional technology）理论认为，影响课堂学习质量及社会心理气氛的因素主要有三个：任务结构（Task structure）、奖励结构（Reward structure）和权威结构（Authority structure）。斯莱文博士认为："课堂教学工学可以描述为三个要素：任务结构、奖励结构和权威结构的统一体。任务结构是构成学校每天上课的各种活动的混合。"[26]

任务结构之一的教学组织形式，包括全班教学、分组教学（又分为同质分组和异质分组）和个人自学[27]。从任务结构角度看，合作学习是以分组教学作为主要的教学形式，但分组的观念不同于以往能力分组中所强调的同质性[27]，是把学生按照学业成绩、性别比例、个性特征、能力水平等进行合理搭配，组成异质小组，强调成员间的异质性，以便在小组交流时发挥彼此互补作用。

从奖励结构方面看，奖励结构的对象包括面向全班、面向小组和个人。在面向全班或小组的集体奖励中又分为竞争性奖励和合作性奖励[8]。合作学习采用合作性奖励机制，摒弃了以往表面上面向全体，而实际上鼓励个人间竞争的竞争性奖励机制，合作性奖励能更好地激励学生之间的互赖关系和维持彼此间的学习活动，这也是合作学习能发挥其功能的关键。

权威结构主要是指在课堂这一社会系统中，教师或学生控制教学活动的程度。任何社会都必须有社会控制，这样才能维持社会秩序并满足社会需要，课堂这一社会系统也是如此。在课堂中，控制者可能由教师个人、学校行政人员、学生自己、同伴团体、班长等来承担。在传统的教学体系中，通常是由教师个人以奖惩和分数来控制学生的学习及各种行为表现的。学生的努力和用功只是为了避免教师的处罚并为自己赢得某种利益，这是无法满足开放社会要求的，也无法使学生真正地尽己之性，获得最佳发展。合作教学则不同，它要求学生利用自己的内在动机及同伴的激励来控制自己的行为，去努力进行学习，最大限度地获得学习上的成功[27]。

从表面上看，合作教学似乎只是改变了课堂内的社会群体结构，但实际上，课堂上的任务结构、奖励结构和权威结构也都发生了很大的变化，这是值得注意的。在以上三种课堂结构中，合作教学首先将任务结构中的教学方式方法从传统意义上师生之间的单向交流或双向交流，拓展为各教学动态因素之间的多向交流；其次，合作教学还将分组教学作为教学的基本组织形式确定下来。分组的观念一改以往能力分组中所强调的同质性，而是主张将小组成员按学业成绩、能力水平、个性特征、性别比例、家庭社会背景等因素合理搭配，形成一个微型的合作性异质学习团体。在奖励结构中，合作教学把以往表面上面向全体学生，实际上鼓励人际竞争的奖励形式改变为面向小组全体成员的合作性奖励。在权威结构中，合作教学强调的是学生自我控制活动为主，教师指导协助为辅，用约翰逊的话来讲，就是"从旁指导"（Guide on the side）[28]。

教学工学理论告诉我们：合作学习中教师合理地划分异质小组，能够更加充分地发挥小组内每个成员各自的作用，促使彼此能力、智力互补的学生在相互作用过程中，在教师合作性的奖励机制的激励下，积极互赖、协同认知，最终实现对知识的全面认识和理解。

（三）发展理论

合作学习的发展理论是从认知角度出发的，它的基本假设是：儿童围绕适宜的任务所进行的相互作用能促进他们对重要概念的掌握。发展理论（Developmental theories）的基本假定是：儿童围绕适宜的任务所进行的相互作用能促进他们对重要概念的掌握；儿童认知发展和社会性发展是通过同伴相互作用和交往发展起来的。苏联著名心理学家维果茨基（Vygotsky，1978）将儿童的最近发展区界定为："由独立解决问题所决定的实际发展水平与通过成人的指导或与能力更强的伙伴合作解决问题所确定的潜在发展水平之间的距离"[29]。

维果茨基指出:"教学的最重要特征是教学创造着最近发展区这一事实,也就是教学引起与推动儿童一系列内部的发展过程,这些内部的发展过程现在对儿童来说只有在与周围人的相互关系以及与同伴们的共同活动的范围内才是可能的,但是由于经过了内部发展进程后来才成为儿童自身的内部财富。"在"最近发展区"这一概念中,维果茨基强调它是儿童独立解决问题的实际发展水平与在成人指导下或能力较强的同伴合作之下决定的潜在发展水平之间的差距。所以,教学创造着最近发展区不仅体现在教师的教学之中,同样也体现在与较强同伴的合作之中[30]。通过小组内部的争论、磋商、讨论、协调等方式,小组达成某个问题的共同意见与解决办法,这是心理发展的社会关系的渊源。维果茨基对最近发展区的定义使后来的学者们从两个方面探讨同伴交往的认知功能:一是同伴互教,即由更有能力的同学充当导生的角色;二是同伴协作,即同学之间平等地进行交流,开展协作。维果茨基的学生列文那指出,导生给同伴以口头的指导有助于其内部语言的发展,用语言表述学习内容的活动促进内化机制的实现。对被教的学生而言,导生提供了类似教师的社会性榜样和指导作用,而且更容易创设有利于认知成长的"最近发展区"。在教学过程中,导生的角色是可以轮换的。同伴协作通常也体现与同伴互教相类似的机制,这是通过同伴在共同解决问题的过程中充当独立的同时又是相互协作的角色来实现的。通常由一名学生承担观察、指导和批评的角色,而由另一名学生承担操作任务的角色,而且在不断尝试的过程中,这两种角色是相互依存的,从而促使双方对问题解决的全过程予以观察、分析并选择最有效的策略。问题解决策略首先以社会交往的形式出现,再逐步内化为个体的认知技能的发挥,协同学习的过程往往可以成为一种发现的过程:儿童面对学习任务,尝试着采用各种策略以实现目标,在尝试中相互反馈,不断修正,直到达成对学习情境的新认识,从而最终解决问题[31]。

维果茨基的思想强调知识蕴含在社会情境之中,更重视学习的社会性。他认为学生与他人共享知识要优胜于自己独立完成。合作学习对儿童发展的水平及速度起着决定性作用;同时由于两种水平的动态差距,又能在教学中帮助儿童掌握知识。因此教学还可以创造学生的最近发展区,促使儿童达到潜在的发展水平。维果茨基指出:"教学创造最近发展区是不争的事实,更是教学的本质特性;教学能够激发儿童与周围的伙伴(或其他相互关系)发生一系列培养内在因素发展的活动。"[32]也就是说在合作中同伴之间的互助关系、交流讨论等更有利于学生最近发展区内的生成,从而在原有认知基础上挖掘潜能,达到更高水平。

（四）学习金字塔理论

学习金字塔原理是研究学生的认识特征，即不同的教学方式使知识在学生大脑中的保持率各不相同，通过百分比的方式呈现知识的保持率，形成金字塔的形式。1946年由美国学者、著名的学习专家爱德加·戴尔最先提出该理论（Cone of learning），后来美国缅因州的国家训练实验室做过类似的研究，其研究的结果与戴尔的结论相差不大，内容如图7-1所示：

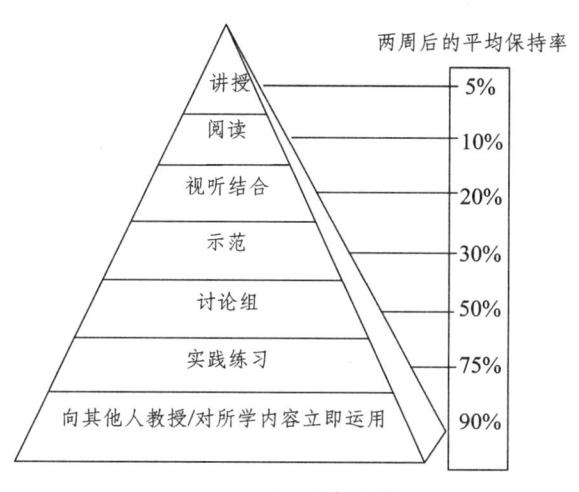

图7-1 学习金字塔

第一种方式，通过"听讲"方式学到的内容，两周后只能保留5%，学习效果是最低的；

第二种方式，采用"阅读"方式获得的内容，两周后能保留10%；

第三种方式，通过"声音、图片"方式学到的内容，可以保留20%；

第四种方式，"示范、演示"，两周后可以记住30%；

第五种方式，通过"小组讨论、合作探究"，保持率可达到50%；

第六种方式，通过"做中学"，保持率可达到75%；

最后一种方式，"教别人"，可以记住90%的学习内容。

综上可知，学习金字塔理论揭示了主动学习和被动学习之间的差异，即学习效率的不同。

教师要学会调整甚至改变教学方式，因为传统的讲授式的学习方式，学生的参与度是最低的，学习的效果取决于教师教授的水平，如果老师思路清楚，语言感染力强，学生学习效果会好些；如果老师讲授缺乏吸引力和感染力，甚至像老和尚念经，学生只能昏昏欲睡，教学效果最差。学生要努力转变学习方法要由被动听转到主动学,要多种器官综合使用,要耳、眼、脑、口、手并用。如果学生有机会把上课内容立即运用,或是让学生有机会当同学的小老师,效果可高达90%。当学生转教别人时,要对所转教的内容熟悉、理解,通过思维内化为自己的知识体系之后再以其他人能懂的语言表达出来,学生由被动听转变为主动讲,由原来个体学习转变为小组集体学习,调动了学生学习的积极性,使学生的多种能力得到锻炼和发展。

所以在教学中要大力提倡小组合作学习;小组成员间要相互讨论;在班级组织小老师开展同学辅导同学等活动。通过这样的方式,同学们在参与中掌握了知识,生成了能力,从而真正实现了从知识到能力的转化,使学生们真正将老师传授的知识记得多、记得准、记得牢。

(五)正面管教理论

正面管教理论源自现代心理学之父阿尔佛雷德·阿德勒的个体心理学。阿德勒认为:人在5岁左右,生活风格构成基本形成,这种生活风格直接影响人在儿童时期是否可以形成成熟的社会兴趣以及生活方式。阿德勒非常重视家庭对人的影响,认为父母良好的教养方式对孩子至关重要。聂娟通过对阿德勒的理论研究发现,在教育过程之中,父母应该给予孩子适度的爱,建立和谐融洽的亲子关系[33]。刘红通过对阿德勒的理论进行研究发现:4~5岁的时候,个人的生活风格就已经固定下来,并且对个人乃至此后的身心发展起着至关重要的作用。父母在教育孩子的过程中必须运用适当的方法,建立融洽的亲子关系、培养孩子积极乐观的生活风格[34]。

正面管教紧扣阿德勒的核心理念,强调不骄纵、不惩罚,在和善、坚定之下,培养孩子自律、责任感、合作以及独立解决问题的能力[35]。阿德勒的理念在正面管教中具体表现在以下八大观点:① 孩子的行为被所处的环境所决定;② 目的决定行为,行为是以个体身心发展想要达到的目的为方针;③ 价值感和归属感是孩子的首要追寻目标;④ 行为不当意味着丧失信心;⑤ 社会责任感对孩子身心发展很重要;⑥ 强调平等;⑦ 犯错误是学习的好机会;⑧ 把爱的信息传递给孩子[36]。阿德勒的上述基本概念为研究者提供了理论基础,有助于我们了解正面管教的基本态度和方法,学会正确的态度和技巧,帮助孩子建立积极乐观的心态[37]。

在合作学习开展的过程中,会碰到各种各样的困难,如有的学生不喜欢发言,只喜欢自己做自己的,这里还包括了成绩比较好的学生;有的学生过于积极,总喜欢打断别人的话,不喜欢倾听;还有的学生总喜欢拖合作小组的后腿，或捣乱课堂纪律。面对着这些情况，老师们的沟通方式就显得尤为重要，有些老师会有过激的语言表示，如"你好自私，只顾自己成绩好，不管别的同学""就你话多，你就不能多听一下别人讲的内容吗？""一颗老鼠屎坏一锅汤，你就不能多为你的小组考虑一下吗？"等质疑的声音。这样的沟通方式无疑会妨碍合作学习的正常开展。正面管教以相互尊重与合作为基础，把和善与坚定融为一体，以启发为策略、以鼓励为引领，尊重人性，关照生命成长，在学生自我控制的基础上，培养学生的各项能力。正面管教是一种思维模式的转变，让学生积极参与问题的解决，而不是成为惩罚和奖励的被动接受者。

正面管教在合作学习中实施的基本路径有：

1. 学会倾听与包容

在正面管教过程中，一方面要做到"会听"，在师生互动交流中，教师要主动获取学生的信任，真正走进学生的内心世界，了解其内心活动；另一方面要做到"听懂"，通过与学生交流，及时发现学生行为问题背后的深层次原因，全面、细致了解学生反映的信息，及时对学生的诉求做出反应，了解他们的所思所想，积极体验他们的心理感受，用敏锐的眼光察觉学生的问题，特别是对于成绩较差的学生，他们常遭受鄙视，内心非常敏感，尤其需要被温暖对待。引导学生行走在正确的道路上让他们感到自己是被理解、被认同的。

2. 学会鼓励与启发

在合作学习中，当学生回答正确时，有的老师会微笑地回应"你真棒！"，这样的表扬很常见，但更好的做法是鼓励。鼓励并非一味地表扬，并非没有原则地夸奖，而是一种适可而止的引导、恰如其分的点拨。教师可以运用鼓励的方法，无形中让学生明白自己的不足之处，感受教师对他们的良苦用心和殷切期望。表扬是有条件的，鼓励是无条件的，鼓励能让学生知道"他们做了什么"，与"他们是怎样的人"不是一回事，他们会因为自己的独特之处而受到不加评判的珍惜，所以我们可以说"你刚才说的（做的、画的）……比上一次……的……更好了，看得出你这段时间也付出了不少！"等诸如此类的话。鼓励能够帮助学生发展能力、发掘潜力。

在合作学习中，当随机抽查到小组代表回答时，并不是每一个人都能表达完整，有些同学由于知识缺陷，答非所问；有些同学性格内向，还没回答就开始脸红，半天说不出一句话等。这时，如果老师对这些偶然事件报以无所谓的态度，如一句"你先坐下，我请另一位同学回答"，学生会怎么想呢？可能下一次，他连站起来的勇气都没有了。这时，教师要学会启发学生，用一句简单的话语、一个微小的动作去感染学生，让他们在潜移默化中自我成长。典型的启发式问题包括：你当时想要表达什么？你对发生的事情有什么感觉？你认为是什么原因导致了事情的发生？你从这件事中学到了什么？你现在对解决这一问题有什么想法？启发式问题要求教师：① 不要预设答案。如果对学生的回答预设了答案，让他们做选择题，就无法走进他们的内心世界。② 心平气和地解决。如果教师和学生中有任何一方心绪烦躁，则不能提问，要等双方情绪稳定再平心静气地解决问题。③ 发自内心地提问。启发式问题要由衷而问，走进学生的内心世界，并且要表达出同情和接纳[38]。有意识地向学生传递"我能行"的理念，不"僭越"他们的成长，相信每个学生都会朝着积极、成功的方向发展，坚定学生的信念，并以此作为赏识学生的出发点和根本点。

在上述理论中，群体动力理论、社会凝聚力理论和社会互赖理论强调学生在学习上的积极互动，从而形成有效的合作；马斯洛的需要层次理论和社会学习理论强调关注和满足学生的各种需要；认知冲突理论、认知精制理论突出小组成员的异质性，分配给小组成员学习任务，让小组成员承担责任并向他人解释材料，使学生通过合作互教活动受益，提高成绩；建构主义理论、教学工学理论、发展理论和学习金字塔理论重视师生间、学生间的双向沟通，重构师生关系和生生关系。这些理论互相联系、相互影响，为合作学习实践提供了理论指导，为合作学习向纵深发展打下了坚实的基础。

第八章 合作学习的实施策略

一、了解国际国内教育动态，更新教育教学理念

1. 时代需要培养学生的合作能力

在科技日益飞速发展的今天，我们可以看到，任何大的科学研究和试验、任何大的工程建设，都不可能由一个人独立去完成，它需要集体的智慧与合作，合作精神和能力的培养正日益受到广大教育工作者的重视，如何探索一条适合学生发展，有利于学生创新精神、实践能力和合作品质培养的教学路子，成为新时期教育工作者不得不面对的新课题。1996—2003 年，联合国教科文组织提出五大学习支柱：学会求知（Learning to know）、学会做事（Learning to do）、学会共处（Learning to live together）、学会发展（Learning to be）、学会改变（Learning to change）。这是 21 世纪社会公民必备的基本素质，也被世界各国公认为公民应该具备的核心素养，学会合作就是其中的一项，足见中小学开展合作学习对于培养学生的合作技能的重要性。

2. 基础教育课程改革倡导合作学习

2017 年，我国高中物理课程标准提出了核心理念，明确了合作学习的地位和重要性。党的十九大明确提出，要全面贯彻党的教育方针，落实立德树人根本任务，发展素质教育，推进教育公平，培养德智体美全面发展的社会主义建设者和接班人。课程标准提出普通高中培养的目标是：进一步提升学生的综合素质，着力发展核心素养，使学生具有理想信念和社会责任感，具有科学文化素养和终身学习能力，具有自主发展能力和沟通合作能力；培养学生敢于批判质疑，探索解决问题，勤于动手，善于思考，具有一定的创新精神和实践能力；具有强烈好奇心，积极的学习态度和浓厚的学习兴趣，能够自主学习，独立思考，形成良好的学习习惯和适合自身的学习方法，学会获取、判断和处理信息，具备信息化时代的学习与发展能力；大力推进教学改革，关注学生学习过程，创设与生活关联的、任务导向的真实情境，促进

学生自主、合作和探究地学习，注重对学生学习过程评价，推进信息技术在教学中的合理应用，提高课程实施水平。

随着2018年新课改的全面推行，"核心素养"将优化并逐步取代"三维目标"，如何实现核心素养目标的培养是各家争鸣的焦点，而合作学习在培养学生的核心素养方面独树一帜。引入我国20多年来的合作学习将会迎来新的契机。

3. 传统式教学现状需要教学改革

由于我国应试教育的主导作用，当前课堂教学的情况基本仍停留在"知识本位、教师中心"的模式上，其表现是重知识传授，轻能力培养；重学习结果，轻学习过程；重教师的讲授，轻学生的探索；重考试成绩，忽视个体素质的发展等。中小学和幼儿园的教学严重缺乏学科间、师生间、生生间的教学沟通。在教学时，往往内容单一，方法单调，评价简单，要求一刀切。显然，这对于培养新时代高素质人才是不利的。合作学习是对现行以知识本位、教师中心和传授、灌输为主要特征的课堂教学模式进行改造，使教学过程真正建立在学生自主活动、主动探索的基础上，通过学生全面、多样的主体实践活动，促进他们主体精神、实践能力和多方面素质的专题发展；与此同时，实现对传统课堂教学过程的根本性变革，以焕发出课堂教学的真正活力。良好的人际关系能促进学生的认知、情感和行为三种不同层次的学习心理状态的提高。合作学习为学生创设了一个能在课堂上积极交往的机会，对于学生形成良好的人际关系及在交往中养成良好的合作意识，培养合作能力等方面都是有极大作用的。

4. 合作学习可以提高课堂效率

合作学习能够充分调动学生学习的积极性。在合作学习中，学生是学习的主体，学生在多方面进行参与，不再是知识的被动接受者，而是新知识新思想的构建者和创造者，是与他人合作交流的贡献者和分享者，能充分体验学习的愉悦，从而对学习产生浓厚的兴趣，也就产生了学习的动力，把以往那种"要我学"的课堂模式，变成现在"我要学"或"我想学"的模式。

5. 合作学习可以促进学生综合素质的发展

合作学习有助于提高学生的交往能力。人际交往是人一生赖以生存的能力，这是学生的宝贵财富。因此，学校教育必须注重学生交往能力的培养，在合作中学习,在学习中合作,通过与他人交流思想,加强与他人的联系与合作,从而提高人际交往技能。

合作学习有助于学生合作精神和团队精神的培养。学会合作是现代教育的重要价值取向。合作学习是培养合作精神的重要途径。我们知道,现在的学生大多是独生子女,是父母的掌上明珠,从小养尊处优,唯我独尊。在合作学习中,小组成员为了完成共同的任务,要求有明确的责任分工,每个学生同其他伙伴配合,积极主动完成自己负责的部分,又要融入小组的整体工作,支持他人,协同完成任务。这样相互支持,相互信任,相互配合,相互理解,面对同一个目标,大家齐心协力,以积极的态度共同参与,达到共同提高。

合作学习面向全体学生,有利于促进每个学生的发展。传统教学模式是教师讲学生听,满堂灌,学生听着乏味。合作学习的方式,使每个学生都有参与的机会,每个学生都有发言的机会,每个学生都有表现的机会,师生之间,生生之间进行更多的交流与评价,使每个学生都有不同程度的进步。

二、认真学习合作学习理论,促进合作意识形成

没有学习过理论就开展合作学习是一件非常危险的事。大部分老师认为合作学习不就是把几个人编排在一起,编写一份导学案,课前让学生独立学习,然后在课堂上坐在一起讨论交流,找个代表陈述观点,全班师生互动,还用学什么合作学习理论。老师们在重要场合下一般都会使用小组合作学习,教学效果表面上看着很热闹,很容易赢得同行肯定与赞誉,然而他们并不知道合作学习的理论精髓,这种合作学习易导致虚假的合作学习,失败的可能性极大。

合作不是让学生坐在一起互相交谈,却各完成各的任务;合作不是给小组每位同学布置相同的任务,而只派一个代表汇报他本人的结果;合作不是给小组布置一份任务,而只有某个好学生完成来替代小组的合作成果;合作不是组内几个人完成任务而其他人坐享其成;合作不是让学生在教师的指导下去单独完成一个任务,然后让完成快的学生去指导帮助做得慢的同学;合作也不仅仅是与其他同学在位置上的靠近、与其他同学讨论材料、帮助其他同学分析材料、在同学间分享材料等。尽管这每一样在合作学习中都很重要,但它们仍然不是合作学习[39]。

目前，国内关于合作学习的专著不太多，能够购买到的书籍只有30多种，我们团队几乎都认真拜读了这些书籍，感觉以下书籍的理论水平较高，值得我们去学习，如刘春红和孙海法编译的约翰逊兄弟的《合作学习原理与技巧》，伍新春、郑秋和张洁编译的约翰逊兄弟的《合作学习》，伍新春和管琳著的《合作学习与课堂教学》，盛群力和郑淑贞著的《合作学习设计》，马兰编著的《合作学习》，马兰和盛群力合著的《多彩合作学习》，林晶晶和马兰编译的乔治·M.雅各布斯等的《合作学习》，王坦著的《合作学习：原理与策略》，靳玉乐著的《合作学习》，郑杰著的《为了合作的学习》等。这些书都对合作学习的来龙去脉、内涵与外延、基本要素、理论依据、小组建设、合作策略、课堂教学、评价评估、合作学习中存在的问题及其应对策略等做了详尽的介绍和分析。我们应该学习一整套完整的合作学习理论后才去开展合作学习教学，不能凭空想象，认为学生坐在一起讨论问题、一起学习就是合作学习，这样会误人子弟，误入歧途，适得其反。我们应该从书本中把握合作学习的概念，知道合作学习的目的与作用，了解小组建设的基本方法，掌握一些常用的合作学习策略与技巧，学会设计合作学习任务，预见合作学习课堂的问题，学会一些评价与评估的办法，学会一些合作技能及其应用。由于我国应试教育根深蒂固，合作学习自20世纪80年代引入我国至今，仍没有在国内大面积普及，虽然2011年国家课程标准最早尝试"自主、合作、探究"学习方法，很多学校和老师也在自觉践行合作学习课程标准，实施或多或少的课程教学改革，但是基于合作学习理论背景下开展合作学习教学的老师少而又少，很多老师都是凭感觉开展轰轰烈烈的合作学习，这是很危险的一种教学改革。我们团队很多老师最初也是这样，凭感觉跟风课改，没有学习过任何合作学习理论，却开展了多年的合作学习课堂教学改革，自我感觉良好，直到接触并深入学习合作学习理论后，才深刻知道合作学习的精髓是什么，才醒悟教学改革需要理论知识作为支撑，才如饥似渴地学习合作学习理论，才设计出基于合作学习基本要素的合作学习任务清单，才在教学中得心应手。在我们研究团队开展合作学习几年来，认为以下一些核心理论对于设计合作学习教学、开展合作学习课堂教学至关重要。

三、认真学习相关理论，拓展合作学习思路

学习进阶是对学生在一个时间跨度内学习和探究某一主题时依次进阶、逐级深化的思维方式的描述[40]。在目标协同结构法和切块拼接法中，小组内

1~4号同学自主学习、完成合作学习任务、评价与评估合作学习都要求逐级提升。每一号同学通过自主学习、专家组合作学习、小组内互教互学和师生互动等一系列活动先独立掌握了自己负责的那一号问题后,在此基础上就可以掌握其他号问题,这样可依次解决1~4号问题,这就是利用学习进阶理论结构化设计合作学习任务,能使学生思维逐级提升。

根据学习金字塔理论可知,参与学习两周后,听讲只能保留所学知识的5%,马上应用或教别人则可保留90%[41]。在合作学习中可以大张旗鼓地实施马上应用、互相教授的教学策略,组内同学轮流把所学到的知识教给其他成员,从而更好地学会了核心知识,掌握了核心方法,经历了科学思维过程,形成了关于物质观、运动与相互作用观、能量观等物理观念,培养了学生的科学态度与责任。

在两年多的实践中,这种基于学习进阶和学习金字塔理论结构化设计合作学习任务的做法得到团队很多老师的认同,其教学效果显著,能很好地体现合作学习的基本要素,能使全班学生学习达到最优化。

四、转变教师角色,主导合作学习课堂教学

传统的教师角色是知识的传授者,只有教师对学生的单向交流,教师的主导地位毋庸置疑,教师在课堂中是绝对的权威,通过"讲授式""满堂灌""填鸭式"等教育传授知识,更关注传授什么知识,中规中矩地进行教学设计和执行,对学生原有认知、怎么学的、学到什么程度,有何问题等关注度很少,教和学都很单一。

合作学习中教师角色是"组织者""引导者""合作者"。教师与学生间原有的"权威—服从"关系逐渐转变成"指导—参与"的关系。合作学习一方面强调教师对合作学习指导、促进的功能,另一方面又关注学生在合作学习中的主体参与状况。合作学习中教师的教学行为主要表现在以下几个方面。

(1) 明晰目标、梳理脉络。作为合作学习课堂教学的组织者,教师要梳理出该堂课教学的知识特征、认知特征和情感特征,根据学生实际、教学内容实际,确定教学目标,合理设计整节课的教学方案。

(2) 创设情景、搭建平台。教师梳理清楚教学脉络后,就要根据学生的实际生活经验、学生的思维特点创设情景。所创设的情景既要能够承载学科教学问题,又要符合我们创设情景的目的。同样一个物理情景,不同的学生

可能会注意到它的不同的侧面。教师在创设情景的同时，也要想好情景的呈现方式。

（3）引导点拨、形成共识。当各小组进行全班交流时，如果有的小组出现的错误比较浅显，学生自己就能够在虚心听取其他小组看法的过程中改正错误，与全班达成一致。如果学生面对的情况比较复杂，很有可能出现通过小组交流不能解决全部疑问的情况。这时，老师的作用就显得特别重要。当学生在交流中存在分歧时，教师要抓住学生形成矛盾的地方，设计出相应的问题情境以启发学生的思维，激发学生的潜能，促使全班学生达成共识[42]。

在合作学习课堂中，教师要学会评价评估学生学习过程。通过评价与评估来调节课堂学习效果，控制合作学习节奏，肯定学生成就和纠正学生问题，而不是讲完课就万事大吉。

教师也要加强教学研究，由"教书匠"向"研究性教师"转变，由"讲师"向"导师"转变。去除"功利性"教育思想，不仅要研究教什么，还要研究怎么教、教的怎么样等。教师要明白专业水平是教学案科学设计的核心，要深刻领会国家课程标准，熟练把握教材精髓，不断研究高考动态，着手学习专业理论，多和学生交流，把握好学情，只有这样，才能落实"立德树人"的国家教育大计。

教师还要善于与人合作，教师间的合作是开展合作学习一系列活动的重要一环。对于我国大班额教学背景下，教师的工作量非常大，要面对上百人的教学工作，从早忙到晚，光靠一个人单枪匹马难搞定教学设计，更别说小组建设和管理、评价评估等的监控。因此，教师间的密切合作有利于合理利用资源，发挥集体思维力量，高效高质量完成教学设计。

第九章　合作学习的小组建设

　　小组合作学习是以"组"为基本单元，科学地利用教学中动态因素之间的互动，促进组内学生之间的知识学习和交流，且以团体成绩为评价标准，共同达成教学目标的教学活动。虽然合作学习已经体现了它的先进性和创新性，但很多教师对于合作学习小组的建设并不重视，对于合作学习小组的认识就是由坐在相邻位置的四个同学组成，教师在教学上说一句"这个问题小组合作讨论"，好像此时进行的就是合作学习了……这样的合作小组只能算得上随机小组！在这类合作小组中，小组成员虽互通信息，但大家很难互相帮助与分享，"搭便车"现象时有发生。因此，那些最努力的学生会觉得自己单干可能会更好。所以合作小组中知识水平各有差异的学生之间的和谐相处都存在问题，怎么能期待他们可以同心协力一起学习呢？

　　真正的合作学习强调在小组内形成良好的人际关系，为学生提供和谐的教育环境。合作学习小组有 5 个重要特征：① 有共同的小组目标，同伴之间荣辱与共，休戚相关。② 在达成共同目标中人人都有责任，都要尽力。③ 小组面对面共同完成学习任务，通过彼此帮助、分享、解释、鼓励、协同等手段共同取得成功。④ 教给小组成员各种社会交往技能，小组全体成员都要承担一定的职责。⑤ 小组经常分析达标的效能及其成员相处得如何，追求集体的力量大于追求个人[7]。

一、合作学习小组分组方法

（一）异质分组、互相协调

　　大量的研究证实了同质小组存在着诸多问题。在同质小组中，学习困难的学习者所取得的进步水平会受到压制。事实上，这些研究人员还发现，当小组构成比例是一位学习能力强的学生对应两位学习能力相对弱的学生时，他们之间会进行更多的有效交流。

　　所谓异质分组，是指在传统的课堂教学中，将学生按能力、性别、个性特点、家庭社会背景等混合编组，在小组成员间形成最大程度的差异[43]。

把全班学生分成异质小组的一个基本方法，是拿着全班学生的名册按照我们认为最重要的因素把学生分布到各个组中。如有研究人员按照学生的学习成绩分组，如第一组由成绩最好的学生、成绩最差的学生和两个成绩中等的学生分在一起，第二组则由成绩第 2 名、倒数第 2 名和两个成绩中等的学生组成，依此类推，但这个成绩排位尽可能不要让学生知道，以免学生觉得自己被贴了标签。还要注意的是，不要使四个同学的性别相同，也不要使某一性别的学生成为小组中单独的一个人，教师要尽可能地把各组中的男女生数据搭配均匀。异质分组是合作学习的基本分组原则。

根据教学任务的不同，合作学习小组的组成还可以有随机小组、自我选择小组、同质小组。随机小组就是由教师随机取 4 名学生组成一个小组，如在物理习题教学中，根据题目中的几个小问题（最好分成 4 个小问题），让异质小组讨论完后，可随机选取班上 4 个不同合作小组中的一名同学，让这 4 名同学上讲台完成习题中的几个小问题，根据完成情况对问题进行评价，所得的分可取平均值加到这 4 名同学所在的合作小组中。自我选择小组即学生自主选择与自己喜欢的同学组成一个组，如在进行校本研究时，可采用这一方法进行。同质小组即根据某一标准对学生进行分类，如在物理教学中进行切块拼接法时，合作小组根据自己的基础选择不同题目，如题目中有 1~4 问，此时，教师可让选择 1 号的同学聚集在一起交流，2 号的同学聚集在一起交流，依此类推。

合作小组的规模越小，学生就越容易彼此之间进行分享与学习，也容易查明谁在小组中不善于与人合作或不肯与人合作。在大班额实际教学中，最佳规模是 4 人一组，因为大家可以各抒己见，发挥各有所长的优势，且社交方面可以得到一定的缓冲，最终产出高质量的任务成果。

组成后的小组在专家的引领下，选出一名责任心强、交际能力强的同学做组长，用于分配任务，协调关系。这样可以保证组内各成员之间的差异性和互补性，保证组间竞争的合理性、公平性。但也存在的一个问题就是学生选出的组长有时靠的是感觉，并不一定有理性的分析。所以建议学生自选的组长要签一份责任书，若没达到相关条件，就要在本组内换人，这样就大大增强了组长的责任感。对于学科教学而言，为了顺利在课堂上完成合作学习任务，科任老师可选择组内该科较好的学生做学科组长。

而对于不同的学习任务，合作学习小组维持的时间不同，有的可以只持续几分钟乃至一堂课，有的可维持一学期甚至一学年。

（二）合理排座，便于合作学习

在常规的教学班中，很多教室的排列是全体学生面向同一个方向，后排的学生只能看到前排学生的后脑勺。师生之间、生生之间只能进行有限的交流互动。这似乎在向学生传递着这样一个信息，那就是不要相互讲话，眼睛看着老师，只有老师才是你学习的源泉……。

这种排座方式无法满足合作学习的要求，它对学生的要求更多地体现在专心致志地听讲，跟随教师的教学进度进行思考。对此有研究人员提出了咖啡馆模式、宴会厅模式之类的课桌排列方法，但由于国内大多数教室人数众多，空间有限，这两种模式在国内的班级中极难实施。常见的是"左右面对面4人模式"（图9-1），但长时间侧对讲台，学生容易脖子酸痛。

所以在大班额的教学班中，最好的是"前后面对面4人模式"（图9-2）排座方法：A和B是平时的配对合作伙伴，当开展4人合作小组学习时，前排的同学转过身来，就可以共同学习了。这种学习小组的划分是将班级行政小组和学科学习小组合二为一，形成"一体化小组"。笔者在教学实践中提出了"T形台4人模式"座法（图9-3）。为了扩大同学之间的交往面，可以定于每周一令A同学顺时针调换座位或B同学逆时针调换座位，以此扩大同学之间的交往面。

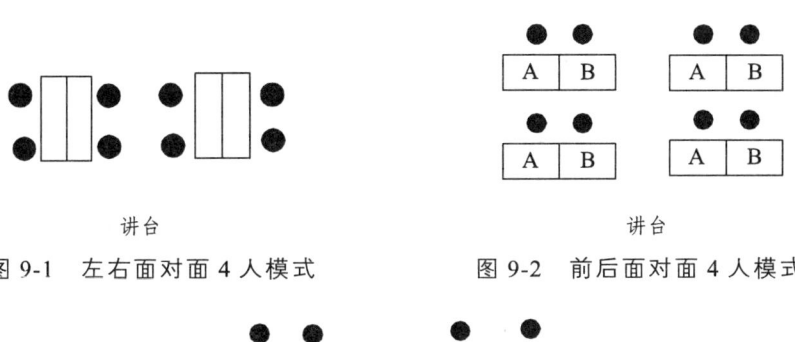

图 9-1　左右面对面 4 人模式　　图 9-2　前后面对面 4 人模式

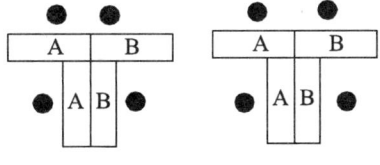

图 9-3　T 形台 4 人模式

（三）合作交流，增强集体荣誉感

为了提高小组的凝聚力，不妨尝试以下活动：

① 在小组内提出一个普通的个人问题（如：目前我喜欢听哪种音乐？这个假期，我碰到哪些有趣的事？），小组成员围绕该问题交换意见，从而增进对彼此的了解。

② 我最在行的是什么？每个组员就该问题写下有关自己的一个或若干要点。随后把这些信息收集起来，从中发展出小组的名称、徽章、口号等。

③ 每个组员各取一张 A4 纸并在中央写上自己的名字，把纸传给其他组员，后者在纸上写下前者的一个优点。继续传递，直至集齐所有组员的观点。

④ 组内学生相互交流，目的在于与每个组员之间都找到一个共同点（比如喜爱的食物、音乐、颜色、家庭中兄弟姐妹的数目等）[43]。

这些活动绝非浪费时间，当小组在学习初始阶段就花时间去增强组员间的同属感并创造良好的工作氛围时，能够帮助学生进行更有效的合作学习。让学生为自己的小组取名，设计组徽、标记、队旗等标志时对增强小组集体荣誉感有着积极的影响作用。此外，在小组活动中坚持用组名称呼他们，而并非特意点名表扬或者批评某个学生。

此外，课堂教学中还需要有"合作学习规章制度"（表 9-1），如怎样在小组中请求发言，怎样在小组中寻求帮助等，学生不但应该弄懂这些规则的含义，还应该尽可能高效地运用这些规则。

表 9-1　合作学习的规章制度

※别人发言时应认真听，不打断对方的发言。
※支持每一个人参与教学活动，容纳每一种观点和想法。
※我们向他人求助，也给予他人支持。
※我们重视彬彬有礼、得体的交流方式。
※尊重每一个人，不论他的学习成绩是否优异，也不论他是否是我的小组同伴。
※表达自己的观点前，应提及前一位发言者的发言内容。
※准时参加学习，始终牢记我们有共同的目标。

如果这些观点、制度成为学生思想认识的一个组成部分，那么合作小组的形成就是一个水到渠成的事情了。

二、合作学习小组建设策略

合作学习诸代表人物在合作学习基本概念的阐释上各有特性，在具体的实施的策略上亦主张有别。但在不同的理论和策略中一定蕴涵着相同的教育思想。如从倡导合作学习的最具有影响力的合作学习专家斯莱文、卡干和约翰逊兄弟所主张的基本要素来看，"建立互赖关系，聚焦小组目标；明确个体责任，确保人人参与；掌握社交技能，直面积极互动；鼓励平等参与，实现机会均等"是合作学习不同流派的共同内核，也是合作学习的核心要素[44]。

（一）建立小组成员积极的相互依存关系

"众人拾柴火焰高"。若一旦形成积极的相互依存关系，学生便会认识到，他们个人的成功与小组其他成员的成功是密不可分的。而当小组任务难度达到了仅靠分割任务而独立工作无法完成时，学生才能真正领悟到这一点。卡干明确指出，要实现积极互赖，学生就必须回答这样的问题："我所获得的是否同其他小组同伴所获得的联系在一起，是否必须通过互助合作？"

他说："积极互赖要求小组同伴荣辱与共，不可能一个独赢。"

在教学中，可以创建不同的学习体验来建立小组成员积极的相互依存关系，确保每位小组成员都能做出独一无二的、有价值的贡献。一个有效的办法就是给每个人分派不同的任务：

案例 1

在高二上半学期，为了激发学生学习物理的热情，安排了对物理科学家的调查与研究这一活动。首先在班里展示了高中物理涉及的物理科学家的发现及其贡献，让每一个小组去选择其中一名科学家生平事迹进行调查，要求小组成员分工合作，有的收集资料，有的制作课件，还有的要进行讲解，还要求各小组把科学家的感人事迹中个别场景进行表演，并分工完成表格填写（表9-2）。

表 9-2　分工合作表格

组号	物理学家	调查成员	组长	分工	姓名
				搜集资料（1人）	
				制作 PPT（1人）	
				讲解人（1~2人）	
				场景表演（多人）	

因为小组里的每位成员都有着另一个人不具备的信息，所以要想完成任务，他们必须针对发生的事件进行实质性的对话。在小组活动进行的过程中，老师会给出指导性的建议，同时搜集了评估材料。当然，若想成果汇报变得有趣，可以鼓励各组选择与众不同的汇报形式，如：

◆ 情景表演、采访、舞台剧、照片等（触动人的情感，唤醒某种感情）；
◆ 想象之旅、构建学习景观、戏剧（触及多种感觉）；
◆ 脱口秀、知识竞赛、正反方辩论[刺激互动和交流（也包括正反对立的讨论）][39]。

相互依存关系的建立对于社会也有着不可估量的长远益处。课堂上和成人世界的工作场合一样，当所有成员共同寻求解决方案时，合作学习提升了个人的专业技能，也增强了相互依存的关系。

（二）增加学生面对面的互动

学生进行面对面的互动，才有机会在学业上和个人发展上为彼此提供帮助。当学生积极地投入并帮助组员学习时，他们也练习了实现有效学习小组所具备的部分技巧。当人与人之间的互助与学业上的互助结合起来时，我们称之为"交互式促进"。虽然老师们也帮助学生学习，但学生小组之间的互动能够深化学生对于自身的理解。比如，我们可以采用速写笔记这一方法培养学生面对面的互动来促进思维结构的建立。

这种简短的写作活动，一般持续 1~5 min，却能给学习者时间，让他们整理思路，并在和同学讨论之前构建较为成熟的想法。速写笔记要写哪些内容？相关的问题可以具体到所学到的内容，也可以很宽泛。如在让学生小组讨论总结一天或一周所学的知识时，常用的提示性问题如下：

- 你今天学到的最有价值的东西是什么？
- 今天的课，有什么你不明白的吗？
- 你今天是如何自学的？
- 今天当……时，我很为自己骄傲。
- 我这个星期的目标是……

如在班会课上，希望同学们针对一些现象如班上的一些违纪现象制订班规时，可以提示如下：在随后的……时间里，当你听到……时，写下所有你能想到的想法或建议。

在物理课上，教师在开始新一单元的学习时，可以提示：关于这个话题你都知道哪些内容？在进行习题教学时，可以引导学生思考：当读到……时，我很困惑，因为……。

在课前、课上和课后都可以用速写提示的方法。在学习过程中穿插一些简短的笔记，可以让学生创建和模拟一系列证据，证明自己思考和学习的过程。当然，同伴讨论、角色扮演与情景模拟也是培养学生面对面互动的一种较好的做法。

（三）明确个人与小组的责任

在高效小组活动中应该建立两个层面的责任制：个人责任制和团队责任制。其意义在于：个人必须为共同的任务做出贡献（比如我是否做了应该做的事，该什么时做）。同时，全体小组成员也必须对整个任务的完成效果负责（我们是否做了应该做的事，该什么时做）。

不管合作学习任务的标准有多么严格，持续时间有多久，都要求每位学生清楚地了解并快速进入自己的角色，以保证这个小组应该产出或完成的任务能够达标。学生还需要知道教师的评定标准是什么，需要从哪个层面收到反馈……卡干曾给"责任到人"下过这样的定义："每个人都必须有看得见的行为表现，这种行为表现是全体小组成员所必需的。"这就是说，在小组活动中，每一个人都不应该当观众，至少要让小组同伴看到，在说、写、画等一系列活动中，都参与在其中。

现在我们介绍几种个人与小组责任制的实施方法，以及这一体系如何能够辅助小组活动，确保小组活动对所有成员都行之有效。

1. 个体编号法

在个体编号法中，学生被分成4人一组，每个个体都有一个编号。老师随后向各小组提出问题，并希望他们通过深度的互相讨论来得出答案，小组组长必须保证每个人都能理解答案的由来，因为老师随机挑选的某个人要代表本组对问题进行分析和解释。此外，也可以采用配对交流法，如在高一物理摩擦力的教学中。

案例2

在高一物理摩擦力的教学中，采用配对交流法促进个人责任意识。

（1）教师向全班提出问题：运动的物体一定有滑动摩擦力吗？静止的物体一定没有滑动摩擦力吗？

（2）A、B两人组合。两人先独立思考约 2 min；

（3）A 向 B 阐述自己想法，B 倾听并理解、记录；

（4）交换，B 向 A 阐述自己的想法，A 倾听并理解、记录；

（5）交流结束后，教师抽取 A、B 任意一位同学抽查，抽查的方式是："对这个问题，你的同桌是怎样说的？"

这种方法对所有实质性信息的学习都很有效，对于复习概念性知识尤其有效。

2. 共同创造成果

以单一成果为目标的小组在完成任务的过程中很可能出现工作量分配不均的情况：有的成员会多做，有的会少做，甚至不做……这样就很容易出现搭顺风车的现象。因此，在小组的基础上建立个体责任机制就可以有效地避免这些问题。

案例 3

比如在高二上半学期期末考试复习时，笔者要求学生画出四个单元的思维导图，给每个小组提供了一张 A3 大纸，并提出以下合作要求：

本组物理专家负责给出每一单元的思维导图框架（注，对本单元易出的考题类型也要纳入思维导图范围内），安排组员中每人负责一部分（但每一部分完成时需两人帮忙）

（1）配对中的同伴 1（思考者）看着第一个部分并进行"出声想"，同伴 2 帮助画。

（2）角色交换，2 号同伴成为思考者，1 号同伴成为帮助者。研究第二个问题。

依此类推，讨论完之后，每对同伴要相互致谢。每一单元结束后，小组长集合本组全部同学互相检查反馈与评价（作品如图 9-4）。

评价样表（表 9-3）说明：本学期要考核 4 个单元，每一单元满分 10 分，有知识点错漏一处扣 1 分，色彩分布合理（得 3 分），知识点关键词齐全（得 3 分），有图形及公式表达（得 4 分），有特别出彩的酌情加 1~5 分，要求小组全部成员参与（否则当零分处理），每一单元开头写上每一部分负责同学的名字，负责同学要在相关部分签名。

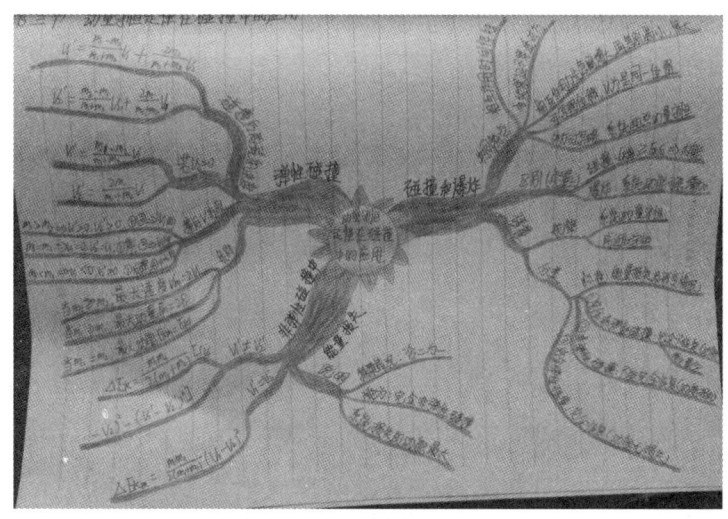

图 9-4　学生作品

表 9-3　思维导图评价表

高二（　　）思维导图评价表							
小组＼单元	动量	电场	电路	磁场	评分组号	评价得分	评价组签名
第一组	得分：	得分：	得分：	得分：			
	原因：	原因：	原因：	原因：			
第二组	得分：	得分：	得分：	得分：			
	原因：	原因：	原因：	原因：			
第三组	得分：	得分：	得分：	得分：			
	原因：	原因：	原因：	原因：			

　　各组把学习结果记录在学习的海报上（如思维导图），然后挂到公告栏或黑板上（图 9-5）。像在博物馆参观似地浏览各组海报后，所有学生获得了大致全面的了解。这时的成果汇报若由小组自行决定由谁来介绍团队合作的学习成果，有时会导致不愉快的争论，因为有时因没人自愿承担这项任务，于是最后就指定一个"牺牲者"。其实要让所有成员参与汇报，我们可以采用以下方法：

　　◆ 双人汇报：两人一组进行汇报，或平等分工，或分为主要汇报人和助理。

图 9-5　学生展品

◆ 接力汇报：组员在黑板或公告前排成半圆形，依次介绍各自负责的那一部分。在黑板上贴上事先准备好的提示卡片，汇集成一个"完整画面"。

◆ 参观博物馆/画廊漫步：每组各派一名"专家"在本组的"展览作品"前进行解说与介绍。其余学生参观各个"展品"，到了规定时间更换"专家"。

通过制订相关的合作学习要求，让每位学生的贡献对个人、小组和老师来说都是显而易见的。为了确保小组成员更加了解其他组员所写的内容，教师还可以设计出针对合作项目展示的课堂测试，要求小组成员必须把自己负责的那部分的细节教给其他成员，然后对整个小组的测试负起责任[43]。

（四）培养人际与小组沟通技巧

思路清晰，沟通明确，主动倾听，给出反馈和多角度思考对小组的合作学习非常重要。帮助学生建立必要的社交技巧，学会协调复杂世界中纷繁各异的文化、语言和价值观，也是教师的一部分职责。所以在这一部分，我们将根据有关研究人员介绍的几种指导方法，帮助学生在小组互动中学会各种技巧，从明确沟通到彼此倾听并做出回应，再到接受不同的观点，全盘分析，择优而定。

1. 思路清晰、沟通明确

老师们常常看到学生不知所措，既想要和别人互动，又害怕那样做。所以在向他人讲述自己的想法之前，学生必须有能力组织和打磨自己的想法。而思维导图是帮助学生在向他人展示想法之前整理思路的有效工具。大量的研究表明，思维导图之所以能够帮助学生理解知识，是因为这些图谱为学习者提供了手头资料的立体视觉架构表象。同时，在学生进行分类整理、评估以明确核心信息的过程中，这些视觉工具通常会要求学生对内容进行思考，还能帮助学生明确信息源中各概念和思想之间的关联。

假设在高一新生入学时，通过思维导图，以"我的介绍"为中心词，引导学生在中心词旁边的线条上写下要介绍的关键词，如你的家乡在哪里？在班级生活中，你喜欢什么？讨厌什么？你擅长的事情有哪些（如手工艺、体育、唱歌、舞蹈）？你的格言是什么？等等。通过这一思维导图的梳理，学生在介绍时思路清晰了很多。常用的可以帮助学生理清思维的还有维恩图解、网状图、序列图或流程图、表格、十字分类图等，教师有必要让所有的学生都应该知道如何使用这些图谱，学会自己去选择应用。

2. 遵守规则、发展交际能力

如果我们打算把学生培养成合作学习中平等相待的伙伴，就必须及时尽早地培养他们的交际能力。这不可能一蹴而就，但可以经过长期的针对性训练来达到一种能力平衡。在这种情况下有必要制订师生共同遵守的谈话规则。其中包括：

- ◆ 我们认真倾听对方说话；
- ◆ 耐心等待对方把话说完，不打断对方发言；
- ◆ 容纳每一种观点和想法；
- ◆ 不嘲笑他人；
- ◆ 我们重视彬彬有礼、得体的交流方式；
- ◆ 我们向他人求助，也给予他人支持；
- ◆ 表达自己的观点前，应提及前一位发言者的发言内容（比如：张三说得没错，但……我同意你的建议，但在此基础上还想做下列补充；我不能理解你为什么反对，因为……）。

如果学生围坐成马蹄形或围成圈，可以充分锻炼良好交际的基本方面。在倾听别人发言时，注意力集中，眼睛注视着发言的同学，直到自己获得发言的权力后才发言[43]。为了避免有些同学不断地发言，而有些同学一言不发的现象，可以使用发言卡，小组同学面对面，每人手中有一张发言卡，当小组成员需要发言时，发卡片放在桌面上，要等到所有同学的发言卡都放在桌面上时，第二轮的发言才能开始，这样就可以促使大家参与到交流活动中。

合作学习所需要培养的社交技能还有很多，如接受点赞、积极倾听、赞同、求助、提出问题、达成共识、澄清观点、辅导、达成共识、恰当表异议、鼓励他人等等。这些技能的培养需要老师自身的不断学习与思考、实践，才能将这些社交技能嵌到日常教学中，使学生自然而然地习得社交技能。

3. 角色演练、强化沟通技巧

沟通技巧的培养若单单只靠物理课堂的合作学习培养是不够的，特别是刚实施合作学习的班级，合作氛围还没有完全形成，而物理课堂上由于教学进度的限制，学生对于合作学习带给自己的好处体会不深，会出现不配合甚至抵触的现象。较好的解决办法是与班主任商议合作，利用班会课或学生空闲的时间进行角色演练。平时需要给小组成员安排好各自的角色，每个角色有相应的任务。在高中物理教学中，常见的可分配的角色有组长、专家、鼓励员/点赞员、记录员、反思员、音量控制员。他们对应的社会交往技能培养也是不同的，如表 9-4 所示。

表 9-4 合作角色及对应的社会交往技能

合作角色	社会交往技能
组长	领导力的培养，统筹管理小组作业收发、材料发放，角色人员分配
专家	帮助与支持，使学员聚焦在学习任务上
鼓励员/点赞员	鼓励、激励/表扬、点赞
记录员	记录观点
反思员	反思小组进度
音量控制员	提醒小组保持低音量

不建议设置发言员或总结员，在教学实践中，我们发现当设置了这一角色时，小组中很多同学出现了懈怠现象，因为他们心里想着"等下就他（她）汇报了，老师也不会叫我，我可以偷下懒。"这就违背了合作学习中的积极互赖原则。6 个角色如何分配，需要多少个角色，需要任课教师根据自己设计的合作学习任务进行安排，对简单随机合作就不需要安排角色。

为了在合作学习中，每个人都能扮演好自己的角色，进行正确的范例引导是有必要的。较好的做法可以从"说什么""做什么"和"感受到什么"进行练习。如练习小组低音量讨论时，可以说"声音再小点就更好了"或"用食指与中指并起，放在嘴边，发出'嘘'的声音"；可以做"头对头，低声交流"或"把一只手掌对着桌面做下压的动作"；可以感受"关心、眼神接触"等。为了让练习更加有趣味性，可以把任务分配下去，先从"说什么""做什么"开始。如一个组讨论扮演专家时，面对寻求帮助的同学说"这么简单，我来讲给你听"，还是说"你把你的想法说一下，我们来讨论一下"，哪一种更好呢？面对寻求帮助的同学时，专家头也不抬，还是微笑面对他更好，当他（她）表达了自己对这道题的看法时，专家又该做什么动作较好呢？诸如此类的问题，让一个组负责一个角色扮演时，对于说与做的不同表达方式中进行感受和交流，找到适合的说与做方式，再在全班中进行交流与分享。通过这些活动，除了确保角色真正地发挥作用，让每个人认识到自己对合作学习任务顺利完成做出了特别的贡献，还能让学生感受到交流技巧所带来的好处。

在班级活动中，可以进行角色扮演这一自然的学习模式，老师创建角色扮演情景，若能结合班级最近发生的事件，如某某同学与班上其他同学发生矛盾、班级管理中出现的难题等，可以让小组成员尝试找到解决问题的方法。在这个角色扮演中，要给学生指明基本原则，有助于学生找到积极的解决方案。

卡干的《合作学习》这一本书中提出了三条积极指导方针是：

（1）双赢：寻求所有参与者都有积极成果的解决方案。

（2）提出问题："如果每个人都这样做，会是什么样子？"

（3）提出问题："我用自己最喜欢的方式对待他人了吗？"

学生以小组为单位，根据角色模拟方式练习期望的行为，教师要观察小组，对模拟小组进行观察反馈，让班上的学生对积极社交行为与社交技能有个直观的印象。随着技能的学习，学生自己慢慢会内化所学到的社交技能。

（五）引导学生总结合作后的学习经验

当谈到构建学生从事高效小组活动的技巧时，至关重要的是让学生在完成任务后有机会思考其从中获得的经验。教师应该定时与学生讨论班级内各小组运作的情况，利用多种手段，如图表、专栏、板报、班会等来加强小组建设并完善其自治能力。小组组长也应花些时间去审视自己做了哪些贡献，以及自己的组员做了哪些贡献；谁对活动的贡献大，谁在哪些地方最值得改进，谁能够经常鼓励别人，有哪些最有助于达成小组目标的措施[44]？当学生讨论与评价他们之间的互动时，为了实现目标所取得的进展而去检查哪些方法有用，哪些没用，并能继续研究将来会做哪些改变的时候，小组的整体性能才能得到提升。

可采用自我监控问卷来帮助小组成员加工经验。

自我监控问卷

自我监控问卷,有时被称为自我管理,包括制订目标与评估进展,辨别解决问题的技巧和描述促进或阻碍他们学习的行为。自我监控还与从一种情景转换到另一种情景所做出的技巧转换相关联,这也是执行功能的部分内容。

虽然这些监控行为听起来似乎复杂,但是为了适合学生的发展阶段,可以对其进行简化。对于高中生,可以用李克特量表(Liker Scale)来评估他们的进步(表9-5)[45]。

表9-5 李克特量表(Liker Scale)

```
对于年长的学生
1. 我今天制订了学习目标并且实现了这个目标
   (还未实现)1    2    3    4    5(已实现)
2. 每当我知道一个答案或者有一个想法时,我都会和小组成员共享
   (还未实现)1    2    3    4    5(已实现)
3. 当我的答案和同伴有异时,我试图搞清楚"为什么"
   (还未实现)1    2    3    4    5(已实现)
4. 当同伴有搞不懂的问题时,我设法帮助他理解
   (还未实现)1    2    3    4    5(已实现)
5. 我试图使小组同伴有一种受尊重的感觉
   (还未实现)1    2    3    4    5(已实现)
6. 我已经为下一次测验做好了学习计划
   (还未实现)1    2    3    4    5(已实现)
```

在进行总结时,请给学生时间,事先让他们再次安静地温习学习过程中诞生的笔记和评价,在学生给别人反馈前,先让他们评价自己的行为表现和个人的学习成就,对此可提出此类问题:

◆ 在小组学习过程中你越来越擅长什么事?

◆ 你还记得因为自己的好点子帮助小组顺利完成目标的情形吗?

学生的这些自我评价最好能通过一名或多名小组成员的外部评价加以补充[43]。

通过这些合作学习小组建设的策略实施,可在课堂教学中,从自我调节、心理安全、积极互赖、多方参与、彼此分享等多角度出发,创建一个既充满合作精神,又体现竞争意识的学习氛围。当然合作学习小组建设的策略有很

多，每个小组的特点、优势都不一样，这就要求教师具有敏锐的观察力，对教纲的知识要求与小组合作学习环节实施有较强的协作能力，能在课堂中进行有效的合作学习小组建设。而合作学习小组的合理建设，会使得其在教学中改善师生的不平等、不协调的处境，从而突出学生的主体地位，符合新课改的教学理念的要求，很好地贯彻了新课改的实践和参与交流学习的方式，为学生的自主学习和全面发展奠定了基础。教师要在小组合作学习中，不断总结经验，提高学生的学习技能，通过合作学习小组建设实现优质、高效地实施小组合作学习活动。

第十章　合作学习的结构方法

一、国内外合作学习的分类

合作学习自 20 世纪 70 年代初兴起以来，方法可谓多种多样，按照合作策略类型主要分为三大类：正式的大合作学习、非正式的小合作学习和基于小组的合作学习。

（一）正式的大合作学习

正式的合作学习小组持续的时间从一节课到几个星期不等。你可以利用正式的合作学习组织任何的学习任务或课程。正式的合作学习小组，可以保证学生积极参与到材料的组织、解释、总结中，并将其整合到已有的认知结构中[12]。正式的小组合作学习方法主要有以下类型。

1. 切块拼接法（Jigs）[46]

切块拼接法是阿伦逊（Aronsnoetal，1978）及其同事创设的。在这一方法中，首先将学生安排在由 6 人构成的异质小组中，学习事先就已经分割成片段的学习材料，然后，各个小组中学习相同内容的学生组成"专家组"（Expert group），在一起共同讨论他们所要学习的那部分内容直至掌握。接着这些学生分别返回各自的小组，轮流教其组员学习那部分内容。因为除了自己掌握的那部分内容外，学生们要想掌握其他的内容，唯一的途径就是认真倾听小组成员的讲解，因而他们具有支持彼此的动机，并表现出对彼此学习内容的兴趣。后来，斯莱文博士对切块拼接法进行了改良，形成了它的修正型，称作 Jigswan。组员学习后要各自参加测验，依据 SATD 的计分方法来计算小组得分。

2. 结构法（SA）[8]

卡干（Kagan），这位 20 世纪 60 年代末以来一直热衷于倡导合作学习方法的心理学专家和师资培训官员，近年来提出了独具特色的结构法

（Structural approach），使合作学习的推广工作呈现出新的局面。结构法的得名源于该方法是由一系列简单的合作学习结构（如三步谈话、配对检查等）组成的。不同的合作结构有不同的功能，因而其适用范围也是不同的。

卡干列举了两种较为简单的合作学习方法——小组讨论（Group discussion）和"三步谈话"（Three-Step interview）之间的不同结构差异。

3. 合作性冲突法（CC）[8]

合作性冲突法也是约翰逊兄弟携手开发的合作学习方法之一。实施这教学方法首先得设计好任务，任务必须是合作性的，同时又是能引起冲突的，然后把任务分配给学生。给学生指定相应的立场，然后让学生可以到图书馆收集资料，制作资料卡片，提炼观点，预先进行试讲等。开展辩论的时候先由一方向另一方陈述他们被指定的立场，然后换另一方陈述。在陈述中，各方成员都应该积极参与。当一方陈述时，另一方应积极倾听，并做记录。

接下来交换双方立场，那些先为正方的学生现在要作为反方出现，反方学生则成为正方，陈述相反的观点。整个小组力争就这一问题达成一致意见。在整个过程中，要强调冲突始终是在合作性的氛围中进行。合作性冲突法与传统辩论的区别在于后者的目标是击败对手，而不是力争与他们达成一致。

4. FeL 方法

这是近 20 年来发展起来的一种合作学习方法。由教师选取一个特定主题，让学生自由分组，各组学生自由从此主题中找出一个子题，并展开研究。经过一段时间的各自研究，如查阅书籍、计算机咨询、请教专家之后，再聚在一起，通过相互教学、拼图、测验等方式，将各自所学的知识传达给其他各组同学。最终目的是希望全班同学均能对此主题有一深入了解，培养学生主动参与、自我觉知和深刻反省的能力。

（二）非正式的小组合作学习

非正式的合作学习小组是特别的小组，其持续的时间从几分钟到一节课。你可以在直接教学（演讲、演示、电影、录像）的过程中使用它们，以便把学生的注意力吸引到他们将要学习的材料上面，创造一个有利于学习的状态，帮助学生建立对课程所涉及内容的期待，保证学生能对你要教的材料进行认知加工，并有效结束教学过程。非正式的小组合作学习方法主要有以下类型[12]。

1. 协作法[7]

协作法（Collaborative approach）又叫协作学习，是在语言学和学习理论的基础上发展起来的一种合作学习方式，由布雷顿（James Britton）和巴恩斯（Douglas Barnes）研究开发。协作学习的意图在于，通过对话和讨论，促进学生对作品独特而又令人信服的创造性理解。协作学习实施主要分五个步骤：

（1）明确任务。教师向全班学生提出一个观点或讨论的问题，以此作为小组活动的基础。

（2）研究探索。学生分成合作小组对问题进行初步的讨论。

（3）重组信息。学生在合作小组中对有关资料信息进行重组加工，如澄清、精细加工、练习等。

（4）陈述结果。打破原有合作小组的限制，将学生重新组合成成果分享小组。在分享小组中，学生介绍各自的发现，并对同伴的陈述提出质疑。

（5）反思回顾。

2. 小组游戏竞赛法（Teams-games-tournaments，TGT）[4]

TGT 是约翰斯·霍普金斯大学的 Devrids 和 Slavin（1978）所创设的合作学习方法中最早的一种。它也运用于和 SATD 相近的教师讲授和小组活动中，不同的是它以每周一次的竞赛代替测验。在竞赛中，学生们同来自其他小组的成员进行竞争，以便为他们自己的小组赢得分数。学生们在 3 人组成的"竞赛桌"旁进行竞赛，竞争对手是过去的学业成绩方面有相似记录的同学。这种方法有一个"不断调整"的程序，它依据每次竞赛中学生的成绩对学生竞赛桌的安排每周进行一次调整，使之趋于公平。每个竞赛桌的优胜者都为其所在小组赢得相同分数，而不管他是在哪一桌。这就意味着学习速度慢的学生（同其他学习速度慢的学生进行竞争）和学习速度快的学生（同其他学习速度快的学生进行竞争）都有均等的成功机会。与 STAD 法相同，成绩优异的小组获得认可或其他形式的奖励。

3. 两人互助法（Dyads）[8]

10 多年来，德克萨斯基督教大学（Texas Christian University）在唐纳德·丹瑟雷（Donald Dansereau）的带领下，以精细加工理论为基础探索两人组的合作学习。该方法认为，在学习复杂的书本材料时，两人胜过一人，因为回忆、检查、详细阐明和复习等精加工步骤有助于加深学生对课文的理解。其实施分四个步骤，分别是：① 异质分组；② 默读理解；③ 回忆检查；④ 总结复习。

4. 综合教学法（CI）

综合教学法（Complex instruction，CI）是由柯恩和她的同事（1986）为解决异质群体中的身份地位问题而开发的一种合作学习方法。实施该合作方法首先要进行异质分组，再分配任务，做到每个小组的任务不同，但任务之间有很大的关联性。开展活动的时候每个小组成员互相帮助，让每个成员都有贡献自己力量的机会。最后以小组为单位向全班汇报成果。

（三）基于小组的合作学习

基于合作的小组是长期的（持续一年以上）异质的小组，这种小组具有稳定的关系，其首要目标是使成员之间彼此支持、帮助、鼓励，并对有需要的人提供援助，使其获得学业的进步。基于合作的小组给学生提供了长期的、忠诚的人际关系[12]。

1. 共学法（Learning together，LT）

共学法是由明尼苏达大学的约翰逊兄弟（1978）等人研究开发的一种合作学习方法。它要求学生在 4~5 人的异质小组中学习指定的作业单（Assignment sheet）。小组共交一份作业单，通过小组进行活动、讨论，成员们被指定扮演特定的角色，共同促进小组取得高分。

2. 小组调研法（Group investigation，GI）

小组调研法是由以色列特拉维夫大学的莎伦（1976）夫妇创设的。在这一方法中，学生们组成 2~6 人小组。各小组从整个班级都学习的单元中选择一个子课题，再将子课题分割成个人任务，落实到每个学生身上，学生在小组中运用合作性探究、小组讨论和合作性设计展开学习活动，准备小组报告。每个小组做一次介绍或展览，向全班交流他们的发现，最后，教师和学生一起对个人、小组和全班的学习进行评价。

3. 小组辅助个体学习法（Team assisted individualization，TAI）[46]

TAI 是由斯莱文等（Slavin，Leavey，Madden，1986）设计的，通过测验，按能力分组，每组 4 人。各小组以他们自己的进度学习不同的单元，小组成员彼此帮助并检查学习情况。最后一个单元的测试是在没有小组帮助的情况下进行的，由学生班长评分，根据标准分和单元测试通过的人数来颁发小组奖。

4. 学生小组成绩分阵法（Students team-achievement division，STAD）[47]

STAD 是当代合作学习研究的主要代表人物斯莱文博士创设的一种合作学习方法。在 STAD 中，学生被分成 4~5 人的学习小组，要求小组成员在学业成绩、性别、性格特征、民族等方面具有异质性。教学程序是先由教师集体授课，然后学生在他们各自的小组中进行共同学习，一起进行讨论、练习，已掌握了学习内容的学生要帮助学习进展慢的同伴，小组对每个成员的学习负有责任，使所有小组成员掌握所教内容。最后，所有的学生都就所学内容参加个人测验。此时，不允许他们互相帮助。学生的测验得分用来与自己以往测验的平均分相比，根据学生们达到或超过自己先前成绩的程度来计分（斯莱文称为提高分/进步分计分制）。在此基础上将小组成员的个人分数相加构成小组分数，达到一定标准的小组可以获得认可或得到其他形式的奖励。小组每隔 5~6 周改编一次，可为每个学生提供与其他学生合作学习的机会，也给成绩不理想的小组成员提供新的机会。

二、关于卡干结构法的学习与拓展

目前，在世界范围内最流行的结构法合作学习就是卡干合作学习结构法，是美国加州大学的卡干（S. Kagan）博士创立的一种合作学习。卡干认为，合作学习中的课堂交往互动的一系列教学策略和方法必须被"结构化"，提出了一个著名的公式：结构＋内容＝活动，"结构"是卡干与其他合作学习理论倡导者的差异所在，简单来说，结构就是一种教学策略，它描绘学生如何与教师、同伴和内容之间的相互作用[48]。这就是说，教师只要将特定的教学内容镶嵌到合作学习结构中去，就能有效开展合作学习。以"结构"作为合作教学的最小单位，教师不仅可以将合作学习灵活运用到日常教学中，同时利用结构法，教师可以帮助学生练习和掌握众多的学习技能，如培养思维能力、与他人分享信息等。"互动"（尤其是同时互动）是结构法的显著特征[3]。卡干认为，所有的结构互动学习法都是精心设计的，用以体现合作学习的四项基本原理就是 PIES。其中 P 指积极互赖（Positive interdependence），I 指责任到人（Individual accountability），E 指平等参与（Equal participation），S 指同时互动（Simultaneous interaction）[2]。根据我们团队近 4 年来高强度的研究与实践，发现卡干结构法特别适合于我国大班额下的合作学习课堂教学，然而我国只有为数很少的专家和学者接触和研究卡干合作学习的理论。

（一）创建目标协同结构法

当教师理解了卡干合作学习结构法的精髓后，在教学中可以根据自己的实际进行设计。我们团队基于卡干合作学习结构法的基本要素，结合我国大班额学生的多层次性，提出了自己的创新方法，创建了"目标协同结构法"这一合作学习结构法，它成为我们整个研究团队进行正式合作探究教学设计时常用的方法。"协同"是指各方互相配合，协同作战；"目标"是教师针对本节课教学目标提出的，如本文合作学习任务设计中的"研究感应电流的方向"就是本节课的目标。在合作学习任务设计中，一定要保证每个学生的学习目标是一致的，经历的学习过程和方法基本是一样的，学习材料的类型是不同的、分层进阶的，然后组内学生之间相互教授，协同完成教学任务，实现同一个教学目标。

"目标协同结构法"主要流程是：组建基组→分配任务→独立研究→同号组建专家组交流→重回基组交流→汇报合作成果→评估与评价。具体来讲，就是教师把学生分为小组（基组），每组4人最好，组内有1个物理成绩优秀的，2个中等的，1个差一些，性格和性别均衡搭配。然后，教师按目标相同原则设置研究过程几乎相同的4种不同类型的研究问题，若小组有6人，则可以分成3种类型。每个小组成员先自己独立阅读和研究他所分到的材料（也可让学生根据自己的基础进行选择），几分钟后到专家组共同研究学习同一号问题，然后回到基组向同组成员轮流讲解自己负责的那一号问题，其他成员认真听讲、学习、交流讨论，学生必须在指定时间内完成任务，最后教师随机挑选一组或几组汇报，全班交流互动完成学习任务。在这个过程中，每个学生扮演多个角色，即小组成员、专家组成员、研究者、学习者、讲授者等。可见，"目标协同结构法"学习任务设计中，充分体现了积极互赖、责任到人、平等参与、同时互动等卡干合作学习结构法核心要素。

（二）我们团队还常用到的卡干结构法

实际上合作学习的具体方法远远不止这些，据卡干称，仅切块拼接法就至少有六七种变式。卡干合作学习已经是一门完善的理论，卡干及其同事设计开发出200多种步骤明确并简单易学的合作结构。在合作学习研究者的努力下，除了不断修正完善已有的合作学习方法外，新的合作学习方式正源源不断地被创造出来，使合作学习的推广工作呈现出新的局面。

1. 三人走，一人留法

"三人走，一人留"法能快速、协同式解决问题。每位同学都必须在小组交流时尽责地掌握本小组负责的任务，才能在参与其他小组互动时教给别人。"三人走"可快速地组成新的小组，而且每一个成员都可以发言，体现了平等参与。

主要步骤：确定分组→共同完成本小组任务→三人走一人留组成新小组交流→离开其他小组，然后回到原来基组→汇报合作学习成果→评价与总结。

2. 四角站立法

四角站立法是一种协同式的合作学习策略，有助于学生从多角度去思考问题，接受并尊重其他人的想法。主要适用于：① 需要发表自己观点的开放性学习活动；② 需要对自己观点进行修正的学习活动；③ 需要打破小组进行更大范围合作的学习活动。

主要步骤：思考立场→相同立场的构成谈话角→主持人收集论据→主持人阐述解法→总结与反思。

3. 合作辩论会

合作辩论会适用于价值观层面的讨论和探究性的学习活动。学生通过查找资料、搜索、统筹分析等，既要研究自己的观点，也要研究对方的观点，可以让学生开动脑筋，从多方面去考虑问题，发散思维。通过小组的团结协助，自圆其说地辩论，满足了同学们自由发挥的愿望，也符合学生自我表现的心理。能帮助学生尊重来自他人不同意见的合作结构，又能让学生站在别人的立场进行换位思考。

主要步骤：课前调查，确定分组→开展辩论会→评估与评价。

4. 思考—配对—分享

"思考—配对—分享法"是合作学习最著名的技术之一，是"配对—交流法"的变式。它是比较简单的两人合作学习方式，对形成合作伙伴的责任感极为有利，也可帮助学生掌握最简单的社会交往技能——表达和倾听，适用于解决需要学生思考的问题。配对的两人不仅要清楚自己和伙伴的想法，还要将两人的想法进行整合，全班分享。

主要步骤：独立思考→配对交流→全班分享。

5. 体验—配对—分享

"体验—配对—分享法"也是"配对—交流法"的变式之一。跟"思考—配对—分享法"类似，只是从体验开始。

主要步骤：体验→配对交流→全班分享。

6. 观察—配对—分享

"观察—配对—分享法"也是"配对—交流法"的变式之一。

主要步骤：观察→独立思考→配对交流→分享。

7. 说记—配对—基组—分享结构法

"说记—配对—基组—分享结构法"也是"配对—交流法"的变式之一。

主要步骤：独立思考→配对交流→分享。

8. 小组—配对—个人法

"小组—配对—个人法"适用于解决难度比较大的问题。教师提出的问题是个人力不能及的，但可从小组其他人那获得帮助，但帮助的力度会越来越小。随后，配对交流，只能从搭档那获得帮助，最后自己独立解决问题。既让学生明白每个组员对小组都是同等重要的、缺一不可的，又让学生明白当碰到凭一己之力无法完成任务时，除了选择放弃外，还有其他更好的选择——向同伴求助。学生在同伴的帮助下，目标更加坚定，自信心也会增强，面对挫折会更从容。

基本步骤：团队合作→配对合作→个人独立完成→测试。

9. 配对—操作—整合

"配对—操作—整合法"与配对—交流—整合类似。适用于技能的训练，如学生合作实验。通过学习任务的明确分工，由于需要两人轮流操作，有效避免了学生在实验中大包大揽或充当看客的现象。体现了责任到人、平等参与，机会均等。

基本步骤：合理分组→配对轮流操作→共同整合交流结果→评价。

10. 配对复习

"配对复习法"也是"配对—交流法"的变式之一。

主要步骤：独立思考→配对交流→分享。

11. 人形矩阵法

人形矩阵法适用于价值观层面的讨论或在深入思考之前激发思考、激活思维。通过独立思考、讨论交流、倾听双方的阐述等以确定自己的立场，从而习得知识。

主要步骤：选定站位→证明自己的观点→阐述观点→可改变站位→反思、总结。

12. 思维联动法

思维联动图是一种借助词语网、概念图或者思维导图来反映事物相互关系的方法。本方法通过绘画、语词来反映概念之间的关系。小组成员需轮流用不同颜色的彩笔增添与主题相关的、能反映自己见解的语词、图画，以此来实现平等参与、人人尽责。适用于概念的学习，课堂小结、章节复习等。

基本步骤：写出中心议题→小组成员轮流增添语词、图画→全班分享。

13. 循环写作圈

循环写作圈是一种简便易行而又富于变化的合作学习方法，有"同时写"和"轮流写"两种不同的方式。这种方法可以在4人学习小组中使用，也可以两人配对使用。在循环写作圈中每个人都必须依次写些内容，体现了平等参与和人人尽责。

14. 小组陈述法

小组陈述法通过两次讨论综合各种观点，使小组达成意见一致，体现每一个小组成员的贡献。适用于较为简单的讨论题。

基本步骤：独立思考→配对分享和交换看法，综合两人意见→组内两对搭档交流，综合形成小组意见。

15. 头脑风暴——对唱

头脑风暴法鼓励学生从不同的视角去认识世界，这样以后思考问题不会局限于某一点，而是从多个不同角度去思考问题。一次又一次的思想火花碰撞，让人切身感受到头脑风暴的强大力量。而通过正方和反向的对唱，从不同的角度、全方位地思考，主动积极融入课堂讨论中。

基本步骤：老师提出一个主题→学生小组讨论→A组代表正方发言，B组代表反向发言→B组代表正方发言→A组代表正方发言→评价。

16. 组际评价法

组际评价法具有小组竞赛的性质，主要注重小组间的交流与评价。由于每个人都有可能代表小组接受提问，组内的交流与互助至关重要，能促进小组的积极互赖。学生直接参与评价是它的突出特点。适用于：① 全班交流和组际竞争；② 知识记忆、理解和应用；③ 知识的总结和复习。

基本步骤：独立研究→小组交流→组间轮流提问与评价→小组奖励。

17. 双框归纳法

双框归纳法通过教师举例和学生寻找规律，培养学生处理信息的能力，即对有用的信息进行归纳、分析，应用已有信息，提出解决问题的办法。

基本步骤：找出规律→检验规律→全班检测。

18. 滚雪球法

滚雪球法是卡干小组合作学习的重要策略，主要通过不停地增加交流的次数和人数，收集越来越多的学习结果和反馈，打开学生学习思路，最终完成学习目标。本方法适用于仅有一个任务但难度稍大的情况。

主要步骤是：教师设置任务，每一个组员单独写出对策清单→两两配对，说明内容，并在此基础上进行整合，形成新的清单→四人小组交流，重新列出一份兼有 4 人全部观点的清单→全班反馈与分享。

19. 摊牌法

摊牌法是一种以小组为单位的自主学习方式，适合习题复习课或新课讲授后的习题训练课。该方法主要是在组长的主持下，同学们围绕着问题积极讨论交流，排除错误，提取正确观点，依靠团队的力量使所有人都完成学习目标。

主要步骤是：抽取一张写有题目的卡片，每人看完后独立完成→4 人做完后，同时展示核对交流→继续以上过程，直至做完所有卡片上的题目→所有题目做完，小组庆祝，全班汇报学习，并进行课堂习题挑战。

20. 记忆通行证法

记忆通行证法需要学生能够准确复述前一位同学的发言，从而获得自己发言的通行证。这种方法让学生学会认真倾听，关注他人的发言，从而学会一项重要的社交技能——理解他人。此方法适用于记忆内容较多的任务。

基本步骤：确立主题→学生分享→复述与确认→发放通行证。

21. 聚焦法

聚焦法通过从个人到配对到小组的层层交流，将问题的解决方案不断聚焦，最终集合了小组成员的所有看法，达成一致意见。此方法适用于解决学生有较多疑惑的内容，经过多次交流，可拨云见日。

基本步骤：独立研究→配对讨论并综合意见→小组交流达成一致→全班分享。

22. 小组出题—邻组做题—评题—分享法

本方法适用于某知识点、某章节或整本书的复习巩固。

基本步骤：教师发放任务清单，提出出题要求→小组出题→思维导图总结知识→邻组互做题→邻组互评分，互讲解→议题→总结、评价。

23. 个人出题—配对互考互评—总结法

本方法适用于某知识点、某章节或整本书的复习巩固。

基本步骤：教师发放任务清单，提出出题要求→学生全面复习，独自出题→两人配对互做题，互评分，互讲解→教师总结重要知识点、题型、出题方向及同学们的互出题互做题的情况。

24. 同质互助—异质帮扶配对法

"同质互助—异质帮扶配对法"通过同质配对互助和强帮弱的异质帮扶对考试试卷进行分析。

主要步骤：确定分组→找出不懂的题→同质两人互助→调换位置，进行异质帮扶→全班大部分同学不懂的题由老师统一讲解→教师根据合作交流情况，出一套针对性试卷进行检测。

第十一章　合作学习的教学设计

　　不是谁想开展合作学习就能为之的，也不是都能开展好合作学习的，开展了合作学习并不一定能见效。很多学校和老师尽管采用了合作学习模式，但虚假的合作学习小组随处可见。一些学校和老师理念传统陈旧，没有系统地学习过合作学习理论，也没经历过正规的培训，凭感觉把学生分成几组，排坐在一起，做一个导学案，就开展起轰轰烈烈的合作学习，课堂上掌声不断，表面上看似很热闹，实际上组内很多组员"滥竽充数""搭顺风车"，与真正的合作学习基本要素相差甚远。开展真正的合作学习教学需要一定的条件，不是想搞合作学习就能如愿以偿的，需要更新观念，深入学习相关理论，需要参加一些培训，需要掌握一些合作学习策略，需要科学建设好合作学习小组，需要精心设计合作学习任务，需要在课堂中不断实践与反思，需要评估与评价等。

　　真正的合作学习追求的是合作成员学习效益的最大化，很多老师把学生排坐在一起，做一个导学案，把教材上的知识点编成填空题和问答题，冠名合作学习，没有任何合作学习步骤，任由学生交流与讨论，组内派个代表讲解，这样的合作学习是虚假的。真正的合作学习需要满足一些基本要素，如积极互赖、责任到人、平等参与和同时互动等，设计出能体现合作学习基本要素的任务成为顺利开展合作学习的关键，这就需要我们澄清一些相关问题。

　　合作学习的目的是使大家通过共同工作来促进自己和他人学习效果的最大化[1]。并不是随便选择一个内容，组建一个小组，要求学生合作学习，学生就知道怎么合作，学生就愿意合作，合作学习的效果就最大化。因此，合作学习任务设计就成为达成合作学习目标，高效开展合作学习课堂教学最重要的准备工作。

　　合作学习任务是指在合作学习过程中能够帮助学习者加强合作意识和能力、提高学习和应用能力的各种任务。在合作学习中，任务的设计是支持教学中学术性目标和合作性目标的均衡达成，同时它也是下一阶段——合作性学习方法和策略具体展开的载体[8]。合理的合作学习任务设计有别于传统学习任务设计，它以"合作"作为设计思路的出发点，其目的是达成小组成员间学习的共赢，实现高效课堂，培养学科核心素养，培养合作型人才，提供操作性较强的合作学习任务。

　　合作学习任务设计是科学实施合作学习的重要保证，是个精细活儿，是合作学习成败的重要一环。合作学习任务设计一定要体现合作学习的基本要素（积极互赖、责任到人、平等参与和同时互动等）[8]。很多老师对合作学习并不陌生，合作学习的教学价值也是有目共睹的，也很想开展合作学习的教学。但绝大部分老师基本都是虎头蛇尾，半途而废，难以持续开展下去。究其原因，主要障碍不是应试教育和传统教学，而是设计合作学习任务有很大挑战性，需要耗时耗力，需要教师绞尽脑汁自己想象、创新、创造。采用合作学习的模式来开展课堂教学，看起来简单，其实是一种技术含量较高的课堂教学模式，其课堂教学的设计是有相当大的难度，不仅仅是落实学术目标有难度，而且落实社会技能目标更有挑战性，尤其是设计能体现合作学习基本要素的学习任务更难，这就需要我们精心挑选适合合作学习的任务，仔细斟酌合作学习的策略和活动步骤。只有这样，才能有效开展合作学习课堂教学，下面就从以下几个方面谈谈如何有效设计合作学习任务。

一、什么是合作学习任务

　　学生在完成任务的过程中进行合作，什么是"任务"呢？"任务"是另一种当今教育界新兴教学方法——"任务教学法"的核心概念。"任务"的定义范围很广，从简单一般的到复杂专有的任务，包括"真实世界"（Real world）中的日常任务到课堂里进行的教学任务。许多学者都对任务下过定义，Willis（1996）认为：任务就是活动。学习者以交际为目的，通过使用目标语来达到某个结果（Tasks are activities where target language is used by the learner for a communicative purpose in order to achieve an outcome.）。而 Nunan（1989）更是明确地指出：任务就是在课堂上使用目的语做的一件事。它涉及对语言的理解、操作、运用和学生之间的互动。学生的注意力主要集中在意义的表达上，而不是在形式上（A task is a piece of classroom work which involves the learners in comprehending, manipulating, producing or interpreting in the target language while the attention is particularly focused on meaning rather than form.）。这些定义虽然表达各异，但都强调语言学习是在解决交际问题的过程中达到的，都强调交际的真实性和互动性，是真正以学生为主的[49]。

　　合作学习任务是指在合作学习过程中能够帮助学习者加强合作意识和能力、提高学习和应用能力的各种任务。在合作学习中，任务的设计是支持教学中学术性目标和合作性目标的均衡达成，同时它也是下一阶段——合作性学习方法和策略具体展开的载体[8]。首先，合作学习中理论学习与实践是开展合作学习的前提，当然也是合作学习任务设计的前提。其次，教师在设计合作学习的任务时，应对教学内容和课程标准进行整体分析，从横向与纵向两个维度对合作学习内容进行前端分析。只有这样，教师才能很好地掌控教学，选择好合作学习内容，制订好合作学习策略，设计好合作学习步骤，并在实际教学中达到心中有数、游刃有余的境界。再次，我们还要规划好合作学习任务设计的框架和步骤，形成规范化的合作学习任务。最后，要对合作学习任务设计进行教学假设与教学变量分析，确保合作学习任务的科学性。

二、合作学习任务设计的目的

合作学习是一种全新而有效的学习方式，它一般以小组为基础，系统利用教学动态因素之间的互动，师生在互动中共同达成教学目标。合理的合作学习任务设计有别于传统学习任务设计，它以"合作"作为设计思路的出发点，其目的是：

1. 达成小组成员间学习的共赢

合作学习就是大家通过共同工作来促进自己和他人学习效果最大化的一种教学方式。所以合作学习任务设计的目的也要促进小组成员之间学习的共赢。共赢不仅仅表现在每位学生都学会知识与技能上，更重要的是通过合作学习使每位学生都能提升，都有比独立学习更大的收获。这种收获不仅仅是知识与技能的收获，更难得的是情感与价值上的收获。

合作学习任务设计要确保小组成员间积极互赖，这可以培养学生的合作精神，集体观念。设计的学习任务对每个成员学习机会是均等的，有价值的，能使大家有认同感，存在感。合作学习任务设计要确保个人责任明确，可以避免冲突，约束偷懒和争抢资源的行为，促使团队和谐发展。合作学习任务设计要达到同时互动，可以是大家有归属感，促进小组成员间的友谊，激发学生的学习兴趣，提高学生主动参与活动的积极性，产生群体效应。

2. 实现高效课堂

精心设计的合作学习任务可以促进学生经历碰撞不同思维、犯错、质疑、反思、学习他人等体验式学习过程，以使知识与技能内化，记忆深刻，学有成效，实现高效课堂。

3. 培养学科核心素养

我们在设计中以物理核心素养为合作学习目标的学术性目标，这是我们高中物理合作学习任务设计的根本目标，和传统课堂以及其他高中物理课堂的教学目标一样，只是学习方式不同。所以，在设计合作学习任务时一定不能忘本，每一个活动、每一个步骤都要以实现学科核心素养为目标。

4. 培养合作型人才

通过环环相扣的合作无形中把学生锻炼成了合作型人才。他们之间博采众长、相互包容、相互谦让，既要正确、客观地认识自己的同时还要尊重他人的选择与想法。而这样的人才具有的技能正是现代社会中解决实际问题的必需能力。我们的合作学习任务设计以卡干合作结构法为理论基础，建立与传统学习不同的学习环境。传统的学习设计主要存在两种学习方式，主动与被动，而合作学习任务设计的学习方式是互动。特殊的人员构成在特殊的环境中，通过对学习任务和帮扶制度的执行达成互动。在互动中掌握学习方法、学习技巧及思维方式，无形中也掌握了相应的知识，最终达成全班共赢，形成一个高度凝聚、积极向上的班集体。在这样的合作性小组和合作性班集体中，学生自然而然地成为合作型人才。

5. 提供操作性较强的合作学习任务设计案例

每一个学习任务设计都是我们多位一线的任课教师多次实践的结晶，再经过反复的修改与讨论，最终修订成册。它的实用性和可操作性极强，给其他一线教师提供不可多得的可行模板，可掌握的合作学习技巧，为开展合作学习课堂起到推波助澜的作用。

三、合作学习任务设计的思路和框架

1. 合作学习任务设计的思路

整体上来讲，我们是以知识为载体，以体现合作学习基本要素为目标，以培养学生的核心素养为宗旨，精雕细琢，追求创新性高效教学。几年来，我们都是先学习相关理论后才设计合作学习任务，然后进入课堂进行实践，通过观课议课等一系列教科研活动，提出改进意见，进行新的实践，新的研讨，新的改进，很多内容已经经历了10多次大的修改，3次以上大的实践，在不断设计、实践、改进的过程中,我们也提炼了自己的理论体系。我们团队经过高频率合作学习任务设计,从虚假的合作学习走向了真正的合作学习教学设计。我们团队开展合作学习任务设计的宏观思路如图 11-1 所示。

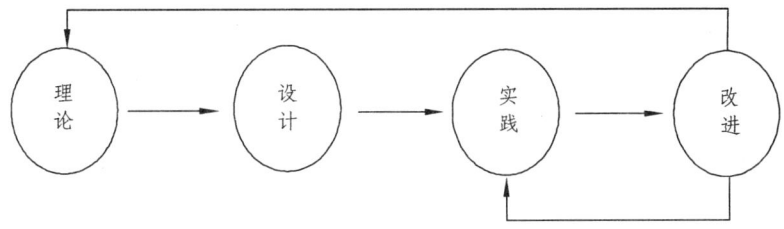

图 11-1　合作学习任务设计宏观思路

2. 合作学习任务设计的基本框架

在认真研究合作学习基本原理的基础上,参考盛群力和郑淑贞编著的《合作学习设计》一书,经过反复设计与实践,我们基本上确立了以下合作学习任务设计的基本框架,如图 11-2 所示。我们根据这一框架编写合作学习任务清单,在实际教学中效果良好,老师们能得心应手地应用这一框架设计合作学习任务。

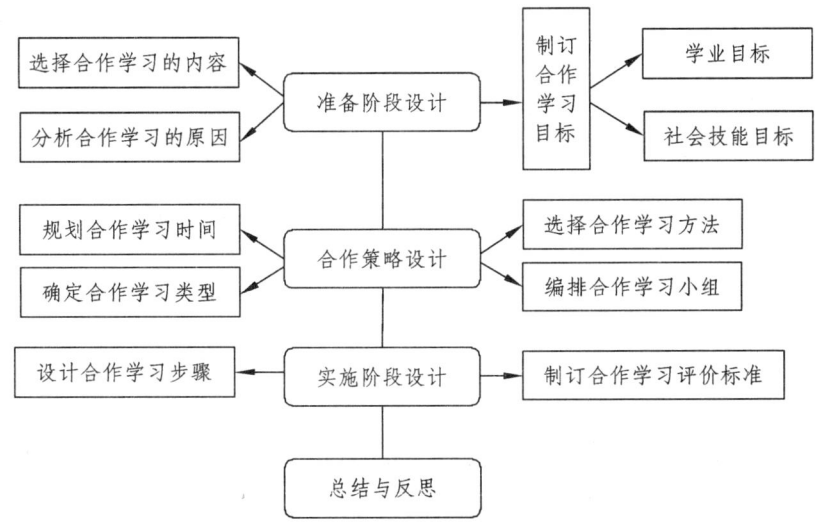

图 11-2　合作学习任务设计的基本框架

整个合作学习任务设计分为四个阶段，分别为准备阶段、合作策略设计阶段、实施阶段、总结与反思阶段。准备阶段需要精心选择合作学习任务，分析合作学习原因，确保合作学习的合理性、充分性和可行性，然后根据核心素养目标从学业和社会技能两个维度制订合作学习目标。准备工作做好后就开始选择合作学习策略，规划好合作学习时间，确定好合作学习类型（大合作、小合作还是随机合作，评价性还是非评价性等），同时选择合作方法（如成绩分阵法、卡干结构法等），据合作学习策略编排好合作学习小组。之后就可以设计合作学习的实施步骤和评价方案，可以依据合作学习内容的认知过程和思维过程设计合作学习步骤，并在值得评价和评估的地方设计评估与评价标准。

四、选择合作学习内容

设计合作学习任务时，首先要选择好合作学习内容。内容选择不好，合作起来就会牵强附会，有名无实。并不是所有的教学内容和知识点的学习都适合合作学习，合作学习的内容要经过教师的精心选择，选择标准为：① 学生难以自学、易出现误解和重要知识等材料作为合作学习的内容，通过讨论与交流、辩论、研究和探究等教学方法让学生充分学习、理解和掌握知识；② 对于一些有争议的问题，让学生分组讨论与交流，得出正确的结论，根除由于凭感觉而产生的错误认识；③ 对于有较大难度的问题由老师引导学生探究；④ 合作应针对教学中重点和难点设计合作与探究的情景，给学生充足时间进行探究，促进学生充分消化知识，并精选一些好题引导学生应用知识解决问题，达到完全掌握核心知识的目的，切忌"水过地皮湿"的不良教学现象；⑤ 合作学习的内容应具有一定的探究价值和难度，应该是学生通过自主学习无法完成或完成得不好，而合作学习小组通过相互配合、帮助、讨论、交流能够完成好的任务；⑥ 学习任务具有可分解的特征，即每个合作成员有明确任务、承担明确责任的学习任务比较适合采用合作学习的方式，学生通过互相学习，取长补短，达到共同提高。要想学生有效地合作学习，必须进行合理的分工，让学生明确合作学习的任务，使他们具有方向感、责任感。每个学习小组应当有明确的小组任务，合作学习小组内部应当根据小组任务进行适当的分工，每个成员承担一定的任务、扮演一定的角色，也就是让小组成员明确自己的个体责任。

经过几年的实践研究，我们认为从以下几个方面选择合作学习内容较为合适，即探究性任务、讨论性任务、交际性任务、辩论性任务、挑战性任务、开放性任务、层次性任务、有争议性任务、目标协同性任务、多样性任务、互动性任务、复杂性任务、归纳总结性任务、一题多解任务等。

以牛顿运动定律为例（下同），在学完牛顿运动定律之后，我们认为"用牛顿运动定律解决问题"这节课内容具有探究性、讨论性、交际性、辩论性、挑战性、开放性、层次性、目标协同性、多样性、复杂性、归纳总结性等特点，很适合设计成合作学习任务。

五、分析合作学习原因

合作学习原因的分析能使合作学习理性化、合理化和充分化，使我们的合作学习不至于形式化。我们主要从课程标准、教学内容、学情和教学方法等四个方面进行分析，对教材中能形成物理观念，培养科学思维和科学探究能力，体现科学态度与责任的内容都要深入分析，采用何种教学策略最有效、最高效、最容易达成核心素养目标，最能培养学生的能力。若采用合作学习最有效，就选择并设计成合作学习任务清单。

"用牛顿运动定律解决问题"这节课是在学完《必修1》整本书之后的一次总结、应用，目的是建构起力与运动的知识体系，应用力与运动知识解决实际问题，最终能形成物质观和相互作用观。学生已经具备了力与运动的一些零散知识与技能，期盼通过这节课能系统地归纳总结、构建清晰的相关知识网络。传统的讲授式能帮学生系统地梳理知识与技能网络，但教学效果较差，学生容易忘掉教师教授的知识与技能。而合作学习有效促进学生查找资料、归纳、总结、建构、思考、提问、质疑、合作、交流、操练、评价与评估等方面学习能力的锻炼与提升，使学生在整节课中有说有笑、有动有静、有起有落。甚至可以随意走动，便于和多个同学交流辩论，并充当多种角色（学习者、独立者、合作者、专家、教师、监督员、计时员、记录员等），使学生自始至终不会感觉课堂乏味。通过编题能很好地培养学生自主学习能力，促使学生网络化思考力与运动的关系及其规律，并构建起清晰的力与运动的知识网络。通过同号、异号合作交流能高效地掌握牛顿运动定律及其应用，并能使学生接触到各种模型、题型、解法、多种错误思维，有效激发每一个学生的学习积极性，培养学生主人翁的学习意识、个人责任意识，从而培养学生善于合作、寻求帮助、接受帮助、发现问题、提出问题和解决问题的好习惯，培养学生一些基本的社会交际技能。

六、确立合作学习的目标

合作学习是教学中的一个学习过程，合作学习目标也是教学目标的一部分而已，主要分为学业目标和合作技能目标，学业目标也称学术性目标，社会技能目标也称为合作性技能目标。学业目标就是我们平时所说的学科认知性目标，主要是形成学生的学科核心素养。社会技能包括：与他人交往的行为，如接受权威、谈话技巧、合作行为；与自我有关的行为，如情感表达、道德行为、对自我的积极态度；与任务有关的行为：参与行为、任务的完成、遵循指导等。在合作学习中就要有意设计任务来培养各种主要的社会技能。事实上，任何一次合作学习都潜移默化地在培养学生的社会技能，这种教育价值是隐形的。下面是"用牛顿运动定律解决问题"这节课具体的合作学习目标，仅供参考。

1. 学业目标（学术目标）

（1）通过课前归纳总结力与运动的知识，建构牛顿运动学知识体系，为解决实际问题建立理论网络化知识体系。

（2）用常用的水平面、斜面、竖直面和其他模型自主编写关于力的平衡与力的不平衡问题。

（3）通过全班互相做题，学题、议题、讲题、教题和评题，熟练掌握牛顿运动定律及其应用。

（4）培养学生构建模型、科学推理、科学论证和质疑创新的科学思维。

2. 社会技能目标（合作性目标）

（1）通过独立编题、学题和讲题，培养学生个人责任意识和自主学习能力。出题时要想着对方，不能难倒对方，不能让对方失去做题的激情，学题时要想着给团队其他学生讲题、教题，培养责任感。

（2）通过合作交流培养学生相互帮助，取长补短、相互尊重、相互信任、相互鼓励、相互学习的品质。

（3）通过群体合作与交流培养学生学会倾听、学会提问、学会解决问题、学会欣赏等的素养。

七、挑选合作学习的策略

1. 挑选好合作的类型和方法

我们在大量的实践基础上，总结出了一些常用合作学习类型，如正式的大合作和非正式的小合作；评价性合作与非评价性合作；生生合作与师生合作；全班合作与配对合作等。教师要根据不同的合作学习任务选择合适的合作学习类型。对于需要全班性互动且评价的，一般设计成大合作。对于不需要很长时间和评价的，一般设计成小合作，只是同桌或前后随机互动即可。对于共性的、思辨性较强的、有一定难度的问题或任务，一般设计成全班互动型合作学习。对于个性的、简单的问题或任务一般设计成配对型互动合作学习。"用牛顿运动定律解决问题"这节课应该选择评价性大合作，具体操作流程见下面的合作步骤。

合作方法的选择要根据合作学习任务而定，目前卡干公司已经开发出200多种方法，我们既可以选用卡干的结构法，也可以根据自己的设计需要自己开发结构法。合作学习方法的选择不是一蹴而就的功夫，需要长期研究与实践。好的合作学习策略能使合作学习任务顺利完成。本节课选用"目标协同结构法"，其基本流程见合作步骤。

2. 安排好合作的时间

合作有课前合作、课中合作和课后合作。一般来讲，要根据合作的材料、合作目标和合作策略等决定合作时间。如"用牛顿运动定律解决问题"这节课的合作时间是这样安排的：① 课前合作：提前一周布置前置性合作学习；② 课堂合作：45 min；③ 课后合作：20 min（完成小组总结与反思）。

3. 编排好合作小组的座位

不同的合作学习任务编组不同，教师不应该统一使用基组，应该根据合作学习任务研究编组，使学生易于合作交流，易于走动，易于表演。如在开展"用牛顿运动定律解决问题"这节课合作学习时，我们重新设计编组格式，如图11-3。全班60人，按异质编为16小组，每小组4人，上课时学生重新按这个编排坐好。

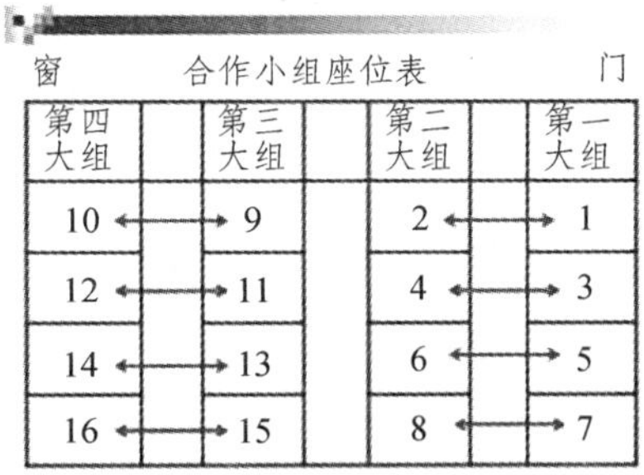

窗	合作小组座位表						门
第四大组		第三大组		第二大组		第一大组	
10	→	← 9		2	→	← 1	
12	→	← 11		4	→	← 3	
14	→	← 13		6	→	← 5	
16	→	← 15		8	→	← 7	

图 11-3　合作学习座位表

八、设计合作学习的步骤

合作活动的步骤设计是合作学习成败的关键，依据我们此前提出的 7 个考虑因素，我们设计了"用牛顿运动定律解决问题"这节课的合作学习步骤，仅供参考。

第一步　课前构建力与运动、牛顿运动定律知识体系（一周）

组内 4 人同时自主构建力与运动、牛顿运动定律知识体系，画出知识结构网络图或思维导图，然后组长组织本组成员交流合作，完成小组的知识网络结构图或思维导图，并对每位组员进行评价。最后教师对每一个学习小组进行评价和评估，并在全班加以展示，全班分享交流，从而形成力与运动的基本观念。

第二步　课前编题（一周）

（1）全班按列分为 4 大组，如图 11-3 所示，1、3 大组编制平衡问题（主要用共点力平衡条件求解），2、4 大组编制不平衡问题（主要用力和运动的知识求解）。

（2）把每一小组内 4 人编号为 1、2、3、4，1 号同学利用水平面模型出题，2 号同学利用斜面模型出题，3 号同学用竖直面模型出题，4 号同学用其他模型出题（自选），要求另附答案和评分标准（满分 5 分）。题量要保证在 5 min 左右，题的难度要适中，不宜太简单，也不宜太难，尽量原创，题和答案都要规范，字迹工整，图形规范，描述简洁明了，每道题后面留有足够解题空间，写清楚出题号和出题人姓名。

（3）组长负责组合，并一式 4 份，让每一位组员做一遍，然后进行组内交流，保证每位成员都掌握 4 道题。

（4）正式上课前一天早晨上交老师审核，教师将依据出题质量加以评分，对不符合要求的题目提出修改意见。

第三步　组间交互做题（6 min）

在课堂上用 6 min 做题，就近组同号交换试题做题，在规定时间内完成。

第四步　组间评分交流（6 min）

做完题后就近组同号同学站起来交换所做试题，同时给对方解题过程评价，打分（每题的满分是 5 分），并在试卷上说明扣分原因，同时展开交流，保证双方都掌握该号试题，最后准备回到基组教其他同学。

第五步　组内合作学习（16 min）

组内每位同学学会后回到原来基组，头对头低声向组内其他组员汇报，讲解自己所学到的知识，其他同学倾听、理解、记录，该过程轮流进行。汇报讲解时要求简洁明了，不要说与问题无关的话题，直到全组成员都理解你的讲解为止。同时，组内归纳总结出用牛顿运动定律解决问题的基本思路或方法，记录员记录，形成简洁明了的报告，准备到黑板上写下本组的合作结果。

第六步　班内合作交流、归纳总结（5 min）

抽查某一组某一号同学汇报另一号题的解题思路。汇报结束后，每一组派记录员到指定位置写出本组的合作结果。

第十二章 合作学习的评价

设计好合作学习任务后,就进入实施阶段,按合作学习任务设计步骤开展合作学习的教学活动。合作学习任务的实施、评价、总结与反思是检验与改进合作学习任务设计科学性的主要途径。在实施合作学习任务的过程中,我们要不停地监控每一组的进程,引导每一组的有效合作,教授大家合作技能,评价时不仅要评价每一小组的合作学习情况,还要评价师生关系等以促进合作学习的顺利、高效进行,有效地培养学生的合作技能。

一、合作学习评价的概念

评价就是评定价值的意思[50]。查阅资料可知,是指对一件事或人物进行判断、分析后的结论。教学评价是以教学目标为依据,按照科学的标准,运用一切有效的技术手段,对教学过程及结果进行测量,并给予价值判断的过程。教学评价:是对教学工作质量所做的测量、分析和评定。它包括:对学生学业成绩的评价,对教师教学质量的评价和进行课程评价[51]。教学评价是研究教师的教和学生的学的价值的过程。教学评价一般包括对教学过程中教师、学生、教学内容、教学方法手段、教学环境、教学管理诸因素的评价,但主要是对学生学习效果的评价和教师教学工作过程的评价。教学评价的两个核心环节:对教师教学工作(教学设计、组织、实施等)的评价——教师教学评估(课堂、课外)、对学生学习效果的评价——即考试与测验。评价的方法主要有量化评价和质性评价。合作学习评价是一种教学评价,就是评价学生在合作学习过程中对知识的获取、理解和保持程度。传统教学中注重选拔性和淘汰性评价,而合作学习的评价注重发展性评价。合作学习的评价不只是学习过程结束时分出胜负、辨别优劣、筛选学生的功能,而更应该是促进学生全面发展的有效手段[6]。据大量文献查阅,合作学习评价与评估的目的指向性基本一致,并无明显的界限。

二、合作学习评价的目的与作用

合作学习把"不求人人成功,但求人人进步"作为教学追求的一种境界,同时也将之作为合作学习评价的最终目标和尺度[6]。

评价,不仅针对个人、小组,还需要对班级以及老师进行评价,如果缺少合作学习的评价,就相当于合作学习没有得到认可。为了建立评价系统,我们建立了一个系统的指导思想,并将个人评价、集体评价、老师评价等各个方面进行了细化。各种评价共同构建成评价系统。合作学习过程中的大量评价数据就是合作学习成效的指标,显示合作学习的意义,展现学生参与的情况。同时这些数据也会指导合作学习任务设计的改进,如果任务太难或者不符合学情,学生学起来会很吃力,数据也会反映出来。在对老师评价的过程中,可能会出现很多情况。例如老师的态度决定合作学习能否进行得顺利,以及进行的深度。那么对老师的评价,要影响到他对学生潜力的把握以及是否能进一步激发学生自主地学习;有说服力的数据可让老师转变看法,从开始的不接受到接受认可。在合作学习过程中,学生可能会产生种种疑虑,如学这些东西有什么用?我跟别人交流有什么用?如果别人不同意或者嘲笑我的想法,我该怎么办?为什么我不敢上讲台?等等。这些学生的心理情况收集正是我们进行合作学习评价的核心。它让老师们更加了解学生的情况,以便在实施过程中,有针对性地给予学生展现的机会,或者适当降低梯度,或者让学生建立信心。班级评价能反映学生的成长情况和教师的教学态度,直观的数据更有利于学校了解教师进行合作学习的目的,以及学生参与的一个情况,从而获取学校的支持。

在学习大量理论基础上,结合我们平时开展合作学习的大量实践经验,我们团队也涉及了一些评价标准,在具体的实践中得到了很好的应用,效果良好。当然,并不是所有的合作学习都要采用这些评价量表,大家可以根据需要选择不同的评价量表进行评价。

三、评价的主体与内容

根据我们团队多年来的研究与实践,制订了常用的评价主体与评价内容,见表 12-1。

表 12-1　合作学习评价的主题与内容

评价主体	评价内容
学生	是否满足积极互赖、责任到人、平等参与、同时互动；交流时是否头对头低声说；能否分享、倾听、尊重、鼓励、表扬他人；能否积极质疑问题、发现问题、提出问题、解决问题和分享问题；在小组中是否有成就感、认同感和归属感等；是否对小组有贡献等。
小组	是否满足积极互赖、责任到人、平等参与、同时互动；交流时是否头对头低声轮流说；组员间能否倾听、尊重、鼓励、表扬他人；组内每位成员都能否积极质疑问题、发现问题、提出问题、共同解决和分享问题；小组每位成员是否都有成就感、认同感和归属感；组内有没有达到共赢；小组能否向其他小组学习；小组的每一位同学是否都有进步等。
教师	是否喜欢合作学习；是否经常开展合作学习理论与实践研究；能否认真设计合作学习任务清单；能否做到引导、倾听、尊重、鼓励、表扬、接纳、爱护学生；能否给学生更多机会和平台展示合作过程与成果；能否及时教授学生合作技能；能否激发学生合作的欲望；能否总结与反思合作学习；是否具有幸福感等。
班级	是否建立 3~5 人小组；是否具有合作学习文化氛围；是否认同合作学习教学；同学们是否具有归属感和自豪感；是否期盼合作学习；教师是否经常开展合作学习等。
家长	是否和孩子分享合作学习感受；是否认同和支持合作学习；是否感受到合作学习给孩子带来一些变化。

四、评价的形式及其方法

（一）自　评

自评就是自我评价。对自己的一些合作学习行为进行评价，可以促进自我反思，自我成长。自评中能发现一些闪光点，增强自信心和成就感；可以找出一些缺点和不足，及时改正；也可以促使学生积极、主动地与他人合作，培养合作技能。下表就是小组成员自评调查量表，供大家参考。

表 12-2 是教师和学生均掌握了较好的合作技能基础上采用的学生自我评价量表。

表 12-2　合作自评量表班组

评价项目	评价标准（分四个档次：4分、3分、2分和1分）	自评
积极参与	积极参与各种活动4分——自娱自乐1分	
平等参与	有平等机会参与各种活动4分——没有机会参与1分	
使用合作技能	有明显的合作技能4分——随意合作1分	
个人学习成效	完全学会或完成任务4分——基本不会1分	
教他人学习成效	热心帮助他人4分——基本没有帮助他人1分	
得分	评价满分：20分	

表12-3是教师和学生在合作学习初期采用的学生自我评价量表。

表 12-3　小组成员自评调查表

请阅读下列有关小组合作学习现状的描述，结合自己的表现，在你最认可的选项上打"√"。谢谢你的协助。

序号	内　　容	从不	偶尔	有时	经常	总是
1	我在小组中感到了认同感、自豪感和归属感。	1	2	3	4	5
2	我在小组内有自己的责任。	1	2	3	4	5
3	我在小组内有均等的机会表现。	1	2	3	4	5
4	我在交流时头对头低声说。	1	2	3	4	5
5	我能分享、倾听、尊重、鼓励、表扬他人。	1	2	3	4	5
6	我能积极质疑问题、发现问题、提出问题、解决问题和分享问题。	1	2	3	4	5
7	我的讨论脱离主题。	1	2	3	4	5
8	我理解讨论的主题。	1	2	3	4	5
9	我能带着我的问题，跟其他成员来分享。	1	2	3	4	5
10	我有和成员发生冲突。	1	2	3	4	5
11	我想办法解决或者帮伙伴解决冲突。	1	2	3	4	5
12	我对小组有贡献。	1	2	3	4	5
13	我在小组合作学习中收获很大。	1	2	3	4	5
14	我教他人学会知识。					

注：满分70分，教师可根据学生的自评分数评定其合作技能。56～70表明你的合作技能良好，42～56表明你的合作技能中等，28～42分表明你的合作技能有待提高，28分以下表明你的合作技能很差，严重影响学习效果。

（二）组　评

组评包括组长对组员的评价和组内成员间互评。组长对成员的评价有利于小组的管理与成长，可以告知组内成员怎么做是好的，怎么做是不好的，好的程度是如何的，不好的程度是如何的。组内成员间互评有利于增进同学间的了解与理解，可以互帮互学，可以互相约束，可以增强小组认同感和归属感。表 12-4 是在老师和学生都掌握了一定的合作技能基础上采用的一种评价量表，表 12-5 是组长对每位成员的成绩情况的评价量表，表 12-7 是基组合作学习记录表，表 12-8 是各个小组合作学习课后作业完成情况统计表。

表 12-4　组评量表

班　　　组

评价项目	评价标准（分四个档次：4分、3分、2分和1分）	组评
积极参与	积极参与各种活动 4 分——自娱自乐 1 分	
平等参与	有平等机会参与各种活动 4 分——没有机会参与 1 分	
使用合作技能	有明显的合作技能 4 分——随意合作 1 分	
个人学习成效	完全学会或完成任务 4 分——基本不会 1 分	
教他人学习成效	热心帮助他人 4 分——基本没有帮助他人 1 分	
得分	评价满分：20 分	

组评是组长对每位成员进行评价。

表 12-5　成绩分阵法评价表

班级小组名称：＿＿＿＿＿＿＿＿＿＿＿＿＿

小组成员	测试题 1	测试题 2	测试题 3	测试题 4	总分	基线分	提高分
1 号							
2 号							
3 号							
4 号							
小组总分							
小组平均分							
小组奖励							

备注：表格中基线分是根据最近前 3 次测试的原始分之和后的平均分，例如，某生的最近三次单元测验（总分 100 分）成绩分别为：68、53、62，那么，该生在 100 分制中的基线分数为（68＋53＋62）÷3＝61；如果测试不是 100 分制，就按比例把 61 分换算为该次测试的基线分，如总分为 30 分，换算后的基线分数 $=30\times\dfrac{61}{100}=18$。测试总分与提高分的换算方法见表 12-6。

表 12-6　测试总分与提高分的换算

测验分数（100 分制）	提高分
低于基线分 10 分以上	0
低于基线分 1～10 分	10
等于基线分或超出 10 分以内	20
超出基线分 10 分以上	30
答卷出色（不论基线分多少）	30

点评：这种评价方法的特点是，它关注的是学生的进步而不是最高分，因此后进生也有可能对小组做出突出贡献，能极大地增强他们的自信心。

表 12-7　基组合作学习记录表

班　　　组　　　周　　　　　年　　月　　日到　　　年　　月　　日

姓名	表现	发言次数	课堂发言得分	作业得分	作业奖励	问题与解答得分	（　）得分	小组合作奖励分	总分
1									
2									
3									
4									
本组存在的问题									

本表由组长记录，统计好组内每位同学一周的情况后，于每周五晚修交课代表，课代表输入计算机后上传到老师邮箱里，并把纸质稿交给老师，不得虚报数据。"表现"填"积极""一般"和"不积极"。"小组合作奖励分"由课代表填写。

表 12-8　　班小组合作学习课后作业完成情况统计表

评价方法：每做对一道选择题加 1 分，每做对一道大题加 2~5 分，以组为单位，把小组得分记录到积分表格中。

组	日　　　期									
1										
2										
3										
4										
……										

（三）教师对小组评价

教师对小组的评价也特别重要，能促使小组加强合作技能的养成，能促使小组合作学习更高效，能使师生关系更和谐，激发学生热爱学习和生活。教师可以据表 12-9 在课堂教学中对各个小组进行评价。

表 12-9　教师对小组合作的评价标准（满分 20 分）

班　　　组

评价项目	评价标准 （分四个档次：4 分、3 分、2 分和 1 分）	合作分	合作总分
积极互赖	同舟共济 4 分——一盘散沙 1 分		
平等参与	平等参与 4 分——各干各的 1 分		
个人责任	明显的个人责任 4 分——几乎没有个人责任 1 分		
小组合作技能	有明显的合作技能 4 分——随意合作 1 分		
小组学习成效	组内每个同学都完成任务 4 分——都没有完成任务 1 分		

教师可以利用表 12-10 对合作学习进行阶段性评价结果总结，得分较高的组要表扬，得分较低的组要召开总结与反思，指导学生学会合作技巧。

表 12-10 班小组合作学习记分总表

第　　周　　　　　　　月　　日到　　月　　日

组	课堂	作业	问题	测试	考试进步	其他奖励	总分
1							
2							
3							
……							

（四）对教师的评价

对教师的评价也是特别重要的，可以起到肯定、鼓励、表扬、成长和督促等的作用。我们经过认真研究，认为表 12-11 可以真实反映教学开展合作学习的情况。

表 12-11 对教师开展合作学习情况评价调查表

序号	内　容	从不	偶尔	有时	经常	总是
1	是否喜欢合作学习	1	2	3	4	5
2	是否经常开展合作学习理论与实践研究	1	2	3	4	5
3	能否认真设计合作学习任务清单	1	2	3	4	5
4	能否做到引导、倾听、尊重、鼓励、表扬、接纳、爱护学生	1	2	3	4	5
5	能否给学生更多机会和平台展示合作过程与成果	1	2	3	4	5
6	能否及时教授学生合作技能					
7	能否激发学生合作的欲望	1	2	3	4	5
8	能否总结与反思合作学习	1	2	3	4	5
9	是否具有幸福感等	1	2	3	4	5

注：满分 45 分，36～45 表明您可以熟练开展合作学习教学了，27～36 表明您已经步入合作学习研究之路，18～27 分表明您正在合作学习与传统教学之间徘徊，18 分以下表明您现在还需努力才能开展合作学习课堂教学。

（五）对班级的评价

我们评判一个班是否具有合作学习氛围，可以从表 12-12 所示调查表得知。

表 12-12　对班级合作学习氛围调查表

序号	内　容	评价方法
1	是否建立 3~5 人小组	询问学生或观察
2	是否具有合作学习文化氛围	询问学生或观察
3	是否认同合作学习教学	让全班学生举手表决决定认同度
4	同学们是否具有归属感和自豪感	让全班学生举手表决
5	是否期盼合作学习	让全班学生举手表决
6	教师是否经常开展合作学习	询问学生

（六）对家长的评价

有时候我们需要了解家长对合作学习的感受，需要获得家长的认同和支持，就要及时了解家长的态度，就要设置调查量表，见表 12-13。

表 12-13　家长对合作学习认同调查量表

序号	内　容	从不	偶尔	有时	经常	总是
1	是否和孩子分享合作学习感受	1	2	3	4	5
2	是否认同和支持合作学习	1	2	3	4	5
3	是否感受到合作学习给孩子带来一些变化	1	2	3	4	5

第十三章　合作学习的总结反思

一、小组总结与反思

（一）对小组总结与反思的理解

小组总结与反思不仅有助于合作学习小组的建设，也有助于合作学习任务设计的改进。所以，组织好小组总结与反思具有重要的意义。一般情况下，由于应试教育的压力，学生是没有充足时间来总结与反思的，学生宁愿多做几个题，也不想耗费时间和精力来总结与反思。另外，即使学生愿意总结与反思，他们有时候也不知道总结什么、反思什么，为什么要总结与反思，总结与反思对于学习有何用处，怎么总结、怎么反思。所以，大部分总结与反思是应付性的，其教育价值不大，几乎不能作为小组建设和合作学习任务设计改进的主要依据。因此，让学生用心完成小组总结与反思是件不容易的事，教师要掌握一些技巧指导小组进行有效的总结与反思。

查阅资料可知，总结是社会团体、企业单位和个人在自身的某一时期、某一项目或某些工作告一段落或者全部完成后进行回顾检查、分析评价，从而肯定成绩，得到经验，找出差距，得出教训和一些规律性认识的一种书面材料。反思就是"回头、反过来思考的意思"，是近代西方哲学中广泛使用的概念之一，又译为反省、反映，原意指光的反射，作为哲学概念是借用光反射的间接性意义，指不同于直接认识的间接认识。我们认为，小组总结与反思就是小组成员一起对合作学习的方方面面进行归纳、再认识、再思考，并以此来总结经验教训，提炼新的观点。总结与反思不仅仅是经验总结和优缺点罗列，更重要的是通过总结与反思对合作学习过程与结果进行评估与评价，对合作学习情况进行深度提炼，对合作学习过程中不当做法进行改进。

（二）小组总结与反思的意义

合作学习小组总结与反思可以肯定小组合作学习优势，改进小组合作学习劣势，可以增加小组凝聚力、认同感和归属感，可以有效培养学生的合作技能，对小组建设起到至关重要的作用，大大提高了小组的效能，是高效合作学习的必备一环。

（三）小组总结与反思的策略

一般来讲，每一次大型的合作学习都应该进行总结与反思，或每个周进行一次总结与反思。对于平时的非正式小合作一般不进行小组总结与反思。在小组总结与反思时要求组员都要参与，不能只是组长写一份总结与反思稿交差而已。各小组完成总结与反思需要时间和空间，但在今天的应试教育背景下，学生们很难找到时间和空间来完成一项与刷题无关的非功利性活动。所以，教师可以利用课堂时间、晚修值班时间组织学生在规定时间内充分讨论，完成小组总结与反思，也可以建议各小组在周五晚修或周末时间选择合适的场所灵活完成总结与反思任务。如果教师能够利用信息技术，让各小组利用微信功能在周末完成总结与反思也是不错的选择。

教师应该设计一些总结与反思表格让学生填写，可以规范学生总结与反思内容。例如，表 13-1 就是我们研究团队设计并常用的一种表格。

表 13-1　小组总结与反思表

合作内容		时间	班　组
成员	合作中学到了什么	合作优点	合作存在的问题及改进
1			
2			
3			
4			

教师在收集好合作学习总结与反思表后，及时整理，归纳，对突出的问题要指导学生及时改进，必要时教师要分析原因，研究对策，采取措施。

二、教师总结与反思

教学反思是教学研究、教学相长的重要一环。很多老师懒于总结、反思，上课就是一种职业，上完课就万事大吉，没觉得有什么要总结反思的，所以很多老师就是个教书匠，一辈子就是教书。

所谓教学反思，是指教师对教育教学实践的再认识、再思考，并以此来总结经验教训，进一步提高教育教学水平。教学反思一直以来是教师提高个人业务水平的一种有效手段，教育上有成就的名师一直非常重视。现在很多教师会从自己的教育实践中来反观自己的得失，通过教育案例、教育故事、或教育心得等来提高教学反思的质量。

教师组织学生开展合作学习的课堂改革中，教学反思显得尤为重要，为深入研究合作学习提供了理论原材料，为优化设计合作学习任务提供了可靠的实践经验。表13-2是我们团队通用的教师反思表，有时候老师们觉得填表受限制，就写出一段话或一篇文章（参见案例1、2、3）。

表 13-2 合作学习教学反思登记表

学校：

姓名		任教年级		章节	
课题					
反思内容	一、学生前置性学习情况					
	二、课堂教学情况					
	三、课后作业情况					
	四、教学检测分析					
	五、学生存在的问题					
	六、教学不足之处及改进策略					

注：本表由袁勇合作学习研究团队制。

案例1 合作学习教学反思登记表

表 13-3 合作学习教学反思登记表示例

学校：湛江市第二中学

姓名	袁勇	任教年级	高一	章节	3.3
班	参考人数	满分	平均分	达标分	达标率
16	62	10	7.6	7.0	73.2%
17	50	10	9.1	7.0	95%
21	61	10	7.5	7.0	72.9%

四、教学检测分析

班	参考人数	满分	平均分	达标分	达标率
16	62	10	7.6	7.0	73.2%
17	50	10	9.1	7.0	95%
21	61	10	7.5	7.0	72.9%

五、学生存在的问题
　　学生不够主动构建知识，思考问题，对与考题无关的物理实验分析、物理事实和物理科学不感兴趣，功利性极强，在课堂上动作特别慢，干什么都慢腾腾的，保持听课的惯性特别大。

六、教学不足之处及改进策略
　　课前课后作业监管和评价不够到位，致使学生课前准备工作不到位，课堂容量较大，培养学生多方位能力与核心素养太多，要精简。

案例2 廉江一中冼景连老师"静摩擦力"的教学反思。

（1）这样上课，老师课前很辛苦，要用心设计好教学案，准备实验仪器等，然而上课很轻松，但要善于评价、鼓励学生。学生上课很快乐，尽管感觉学得慢，学得少，学得乱，但用心感受过程，而且学了就教别人，印象深刻，记得牢。为了避免学生不知道一节课学了什么，学案上一定要写清学习目标，上课结束前要注意总结！总结知识、规律、方法等。

（2）由于以前很少上这种课，学生拿到仪器后，不知道要做什么，要怎么做，动手能力有待提高。

（3）很多学生课后反映：懂得怎么做，但不会写出来，不会说出来。语言表达能力有待提高。

（4）教师要把控教学节奏与教学时间，不宜拓展太多，太深。教师要善于评估与评价，不能占用学生太多时间来评分、评估。

（5）教师要督促、检查学生的课前合作与自主学习，让学生做好充分准备，告知学生合作的一些技巧与课堂汇报学习结果的技能，如学会尊重别人、学会承担个人与小组责任、学会倾听、学会鼓励别人、学会分享、学会帮助别人、学会忍让等，让学生快速跑到讲台、言简意赅地讲解汇报学习结果。

（6）课后要收合作学习材料，据合作的情况评价和评估。合理的评价能促使学生学习。

案例3 袁勇老师"用牛顿运动定律解决实际问题"的教学总结与反思

一、教学设计的网络化促成了合作学习的网络化

（1）知识网络化。力与运动，合成与分解，静止、匀速与变速，平衡与不平衡，二力、三力与多力，牛顿三定律，整体法与隔离法，水平面、斜面、竖直面与其他模型等交互出现和使用，构建牛顿运动定律知识网络，以使学生加深理解、易于辨析、牢固记忆。

（2）学习任务和合作网络化：编题、互做、互学、互教、互评、互议横纵交错，为合作学习网络化奠定基础，利于各类层次的学生交互学习，互相帮助，分享不同观点和情感，充分发挥学生的主动性和能动性，调动学生学习的积极性，培养学生学习的兴趣，使学生学有起伏度、思有深度、见有广度、合作有兴奋度、经历有强度。

二、学生学习热情一浪高过一浪

从开始做题，学生就充满了期待，期望自己能获得满分。同号就近组成专家组交互评分时，每位学生表现很激动。自己编题，让别人做，由自己评分，这事儿从没有经历过，评分后还要相互交流解释评分标准，说服对方接受评分标准，指出对方解题存在的问题，相互学习，每位同学必须向对方学会所做题的解法，否则难以在下一环节教授组内其他三位组员，该过程其乐无穷。每号同学学会自己负责的题后，回到基组教授其他三位同学，自信而自豪地充当老师，经历传道、授业、被质疑、解惑、分享等一系列教学过程，其他同学必须记录、提问、理解、学会每一道题，否则在汇报中不能准确讲解出任何一道题，汇报时任何一号同学都不能汇报自己负责的题，这样促使每位学生都要弄明白任何一道题，从而可以很好地保证合作学习的四要素：积极互赖、个人责任、平等参与和同时互动，也很好地杜绝"滥竽充数""搭顺风车"的现象。

三、编题过程一波三折

前一周布置任务，授课前一天早晨发现只有 20% 的学生出了题，80% 的学生没有完成任务。我只好找两节课专门让学生编题，效果很好，学生基本能完成编题任务，但还有一些同学想得太复杂，未能完成任务。上课前发现大部分组还没有轮流做题，没有很好地进行组内交流。原因在于长期以来学生适应了"逼学"，其学习主动性较差，如何培养学生自主学习的能力是一大难题。上课前一天晚上，我和助手曹老师进班检查修改学生编的题，足足用了 3 个多小时，才整体上把好编题关。

四、有不足才有改进

本节课也存在以下一些不足之处：① 本节课应该提前一周让学生画出力与运动、牛顿运动定律的思维导图，然后教师归纳总结学生的思维导图，展示给学生，其教学效果或许会更好。② 本节课应该多展示几个小组的学习结果，让更多的错误思维和不良习惯公之于众，警示其他学生，同时将更多的正确思维和创新解法分享给每一个学生。③ 本节课还有 3~5 位学生没有完全掌握学习任务，教师应该多花时间来辅导这几个学生，提前设置学习假设和学习变量，采取积极的教学措施，使这几个学生在老师或同学的帮助下学会相应知识。④ 本节课应该延长至 60 min，让学生能够更好地评价、评估、总结与反思。

五、教学效果显著

我设置了调查问卷，对实验班高一（16）班全体学生发放问卷 60 份，收回 58 分，并对部分有代表性的学生进行了访谈，本文选取部分有针对性的调查结果和访谈结果来说明教学效果，数据处理结果如下：

① 学生在这节课的收获比较大，认为特别大的占 10.5%，较大的占 64.9%，一般的占 22.8%，不大的占 1.8%。② 学生喜欢这节课的教学方式，非常喜欢的占 17.5%，喜欢的占 66.7%，无所谓的占 10.5%，不喜欢的占 5.3%；③ 学生学会了老师布置的大部分任务，学会 90% 以上的占 40.4%，学会 80% 左右的占 19.3%，学会 70% 左右的占 19.3%，学会 60% 左右的占 14%，学会 50% 以下的占 3.5%；④ 学生喜欢和同学合作交流，非常喜欢的占 35%，喜欢的占 57.9%，无所谓和不喜欢的占 7.1%；⑤ 学生最渴望、最喜欢自主合作探究学习和讲练结合教学方式，占比达到 77.2%，喜欢讲授式的占比仅为 12.3%；⑥ 学生认为讲授式课堂最沉闷，占比 59.7%，而自主合作探究学习方式只占 7%。

从学生的调查问卷和访谈结果可知，学生非常不喜欢传统的讲授式课堂，其教学效果较差。相比之下，学生喜欢以自主合作探究为主的讲练结合式、

（2）两张完全相同的纸片，将其中一张揉成一团后从同一高度同时释放，可以观察到谁下落得快？

（3）一块面积较大的硬纸板和一张小纸团（纸板比纸团重），从同一高度同时释放它们，可以观察到谁下落得快？

（教师演示牛顿管实验：演示牛顿管中羽毛和铁片的下落）

（一）自由落体运动

（教学策略：让一个小组上黑板分享研究成果）

实际运动：

运动抽象：

自由落体运动定义：

自由落体运动特点：

【针对训练1】 自由落体运动的判断：

1. 枫叶从树上飘落到地上（   ）
2. 跳伞运动员从高空降落到地面（   ）
3. 小球在光滑的斜面上由静止滚下（   ）
4. 水龙头漏出的水滴落到盆中（   ）

实验探究

按照教材图（图14-1）装置做实验，将一系有纸带的重物从一定的高度自由下落，利用打点计时器记录重物的下落过程。对纸带进行数据处理（填入表14-1），图像法求物体运动的加速度（在图14-2坐标中绘制）。

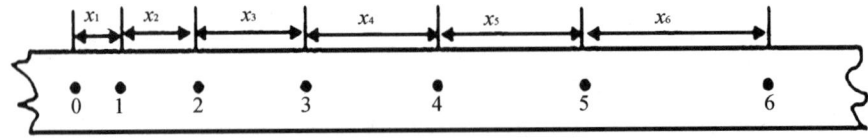

图 14-1　自由落体实验装置

表 14-1　自由落体运动数据处理

位置	0	1	2	3	4	5	6
t/s	0						
v/m·s^{-1}							

根据匀变速直线运动的一个推论：在一段时间 t 内的平均速度等于这段时间中间时刻的瞬时速度，有 $v_1 = (x_1+x_2)/2T$，$v_2 = (x_2+x_3)/2T$，…求出

第十四章　合作学习的实践案例

2015年9月份第一次设计自主合作探究教学以来，共经历过4次大的变化，由最初的缺乏理论、基于经验感觉设计的教学案，到基于自主合作探究基本理论的教学案，再到基于卡干结构法合作学习基本理论的教学设计，最后到基于核心素养与合作学习基本理论的教学案。每一次教学案设计的巨变基本上都是学习了更高层次的理论后变化的，都是在理论背景下设计教学的，并经过团队众多成员反复实践、反思、研讨，发现新的问题后进行理论学习、提升，再修改，再设计的。以下就以"自由落体运动""摩擦力""洛伦兹力"和"油膜法测分子的直径"这四节课的自主合作探究教学案设计的变迁为例，说明整个高中物理每一节课教学设计的变迁情况，以供大家参考。

一、基于经验的合作学习实践案例（2015—2016年间的合作学习）

2015—2016年之间，我们一直根据自己看到的合作学习课堂教学或别人发表的论文中所介绍的一些零星的、不够系统的合作学习方法开展合作学习，而且是在三维目标的基础上设置了"自主学习""合作探究"两个栏目，更多的是"挂羊头卖狗肉"，并没有真正体现合作学习的基本要素，并没有告知学生怎么合作，责任也不明确，学生也不知道怎么合作，同学间的交流与合作也是非常随意的，不能体现合作学习最核心的要素——积极互赖。不过，教学中设计了很多学生自主学习、交流讨论、探究研究、独立思考等学生活动，课堂活跃度明显提升，学生的学习积极性特别强，上课很少有学生犯困，学生特别喜欢上我们的课。在我们的课上有说有笑，各种观点和创新点满屋飞，师生关系特别融洽。我们经历了合作前总动员、小组建设、合作技能培训、课堂教学等，但合作学习的形式主要是同桌间的"交流与讨论"，偶尔抽查同学汇报交流的结果，合作学习的方法较为单一、随意，选取合作学习的时机较为随意，小组建设缺乏科学的技能培训和评价，教学设计更多的是凭经验、

体验式、参与式、合作式的课堂，其教学效果可达 80%左右。精心设计的合作学习能让学生在物理学习的道路上体会到更多的乐趣；能提高学生的自主、合作和探究学习能力；能更好地暴露出学生的错误思维，培养学生的科学思维，不断增强学生构建模型、发现问题、提出问题、解决问题和归纳推理等的能力；能使每个学生都平等参与课堂活动，承担个人责任；能有效提高差生的学习成绩；能打破传统教学过程中学生各自为营的局面，增进同学间的交流与情感；能使课堂气氛不再沉闷，变得活泼、轻松、自由、民主，充分培养学生的自信心。

三、教学难点

最大静摩擦力的理解。

四、学情分析

（1）本节内容是初中摩擦力知识基础上的延伸和拓展，与弹力地位等同，是本章的重点、难点，所以需要引起高度的重视，放在一个较高的教学层面上对待。

（2）由于摩擦力问题的复杂性，在具体问题中又表现出"动中有静，静中有动"，尤其静摩擦力在许多情形下似乎又是"若有若无，方向不定"，因此对于初学者来说不易理解，学生往往判断错误，感到十分困惑，从本节课开始对物理学习逐渐失去信心。

五、教学策略和方法

（1）通过学生的探究实验和教师的演示实验，激发学生学习的兴趣，使学生充分参与到探究的过程中。让学生结合演示实验和分组实验，亲自探究出三种不同的摩擦力的性质特点。

（2）与传统教材相比，本节教材在处理摩擦力的教学内容上有所调整，从静摩擦力入手，然后介绍滑动摩擦力。这样处理是从学生的认识规律和实验现象发生的先后顺序考虑的。

（3）让学生尝试自己观察、描述实验现象、分析概括并得出结论，使学生在获取知识的过程中，领略物理学的研究方法，受到科学思维方法训练以及协作精神、探索精神等情感、态度和价值观的教育。

教学准备：

（1）学生提前完成自主学习任务；（2）实验器材；（3）多媒体教学平台。

六、教学过程

（一）引入新课并提出问题（学生课前自主完成）

（1）小游戏：分开交叉叠放的两本书。

（2）举出生活中常见的摩擦现象的例子。

（3）摩擦力是怎么产生的？_____。

（4）需要的条件是什么？_____；_____；_____。

（5）摩擦力的方向：_____。

（二）静摩擦力

本节课程对静摩擦力的要求不高，不仅不讲影响静摩擦力的因素，也不

各计数点的瞬时速度后,由加速度的定义:$a = \Delta v/\Delta t$ 计算出该物体做匀变速直线运动的加速度。

所测重力加速度 $g=$ _____

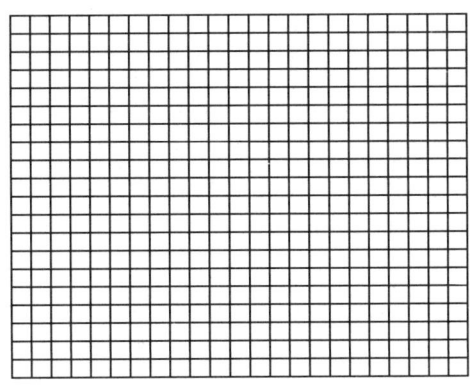

图 14-2　图像法处理数据

对纸带进行数据处理可知:自由落体运动是_____运动。

(二)自由落体运动加速度

1. 定义:

2. 大小:

3. 方向:

4. 决定因素:

(三)自由落体运动所有规律(写出规律)

【针对训练 2】 利用自由落体运动规律测量反应时间。

秀兰同学在做教材 P48 迷你实验时,从看到尺子开始下落到捏住尺子过程中,直尺共下落 5 cm,求她的反应时间(取 $g=10$ m/s²)。(0.1 s)

【针对训练 3】 利用自由落体运动规律测量高度。

悬崖跳水赛被称为世界上最惊险的体育项目,有一位参赛选手在希腊比赛时不慎从悬崖跌入水中,从静止开始下落到跌至水面共用时 2.0 s,求悬崖距水面的高度。(20 m)

四、课后基础与巩固练习（略）

五、本节课学习过程中存在的问题

点评：本节课充其量算一个导学案，其合作学习任务基本上是有名无实，自主合作探究学习流于形式，没有领会自主学习的精髓：自我管理、主动的学习，没有明确告知学生怎么合作，即没有具体分工也没有合作学习技能的指导，学生并不知道怎么合作和合作内容，是虚假的合作学习，易导致小组内成员滥竽充数，开小差，坐享别人的成果。个别学生可能因为没有参与学习，也没有老师的详细讲解，一节课可能没什么收获。课堂效率可能比传统讲授式课堂差。

案例 2　摩擦力

设计者：裴姗姗，袁勇　　湛江市第二中学

2015 年 11 月

班		组		组长		秘书		专家	

一、教学目标

1. 知识与技能

（1）通过实验认识静摩擦力的规律，知道最大静摩擦力。

（2）知道滑动摩擦力概念及产生的条件，会判断滑动摩擦力的方向。

（3）会运用公式 $F = \mu F_N$ 计算滑动摩擦力的大小和方向。

（4）会用二力平衡条件判断静摩擦力的大小和方向。

2. 过程与方法

（1）通过知识教学，渗透科学方法教育（在具体的现象和实验中进行比较归纳；在研究摩擦力时，运用控制变量法；在判断静摩擦力方向时，运用实验和假设方法）。

（2）通过自己动手实验，培养学生分析问题和解决问题的能力。

3. 情感态度与价值观

知道生产和生活中增大摩擦和减小摩擦的实例，有将物理知识应用于生产和生活的意识。

二、教学重点

（1）滑动摩擦力大小的计算以及方向的判断。

（2）有无静摩擦力的判断以及静摩擦力方向的判断。

凭想象设计，随意性较大，基本上没有合作学习的理论支持，团队成员间的研讨极为有限，相互反思较少，自认为教学设计较为完美、创新。以下是2015—2016年间团队的合作学习原版教学设计，在这里和大家分享的主要目的是告知大家，没有理论的合作学习教学设计是何等的缺乏科学性和艺术性，以引起大家的注意和重视，因为我们在观摩众多合作学习教学设计和课堂教学实践的时候，发现很多老师也是这样设计的。

案例1 自由落体运动

设计者：吴岱槟，付民　　湛江市第二中学

2015年10月

班		组		组长		秘书		专家		监督员	

一、学习目标

（1）知道影响物体下落快慢的因素，理解自由落体运动是在理想条件下的运动。

（2）能用打点计时器或其他实验仪器得到相关的运动轨迹并能自主进行分析。

（3）知道什么是自由落体的加速度，知道在地球上的不同地方，重力加速度大小不同。

二、学习重点与难点

重点：自由落体运动的概念及探究自由落体运动的过程。

难点：能用打点计时器或其他实验仪器得到相关的运动轨迹并能自主进行分析。

三、自主合作探究学习

取两枚相同的硬币和两张与硬币表面面积相同的纸片，把其中一张纸片揉成纸团，在下述几种情况下，都让它们从同一高度自由下落，观察下落快慢情况。

讨论与交流：

（1）同一高度同时释放一枚硬币和一个与硬币面积相同的纸片，可以观察到谁下落得快？

要求会用公式计算最大静摩擦力，但要求学生理解相对静止的两个接触面之间也可以产生摩擦力，这里要强调"相对静止"的物理意义，并不是大家通常理解的相对地面静止，老师可以通过以下实验帮助学生认识静摩擦力，尝试利用"二力平衡"解决问题。

【实验1】 学生举出受到静摩擦力的例子并进行实验研究与分析

老师提出问题，小组讨论：如何产生了摩擦力，摩擦力的方向如何……

【实验2】 用力拉放在桌面上的毛刷但没有拉动，观察毛刷的变化，分析静摩擦力的方向

老师提出问题，小组讨论：如何产生了摩擦力，摩擦力的方向如何……

【实验3】 如图14-3所示，用力拉物体 B，会发现 A 随 B 一起缓慢向右移动，弹簧秤示数会发生变化，在 F 增大到一定值前，A 相对 B 无运动，分析 A、B 所受的摩擦力；继续增大 F，A 相对 B 滑动，但弹簧秤的示数不再增加，分析 A、B 所受的摩擦力。

（本实验可以探究静摩擦力会随外力而发生变化，又可以说明相对静止的问题）

结论：静摩擦力（通过实验，小组合作学习得出结论）

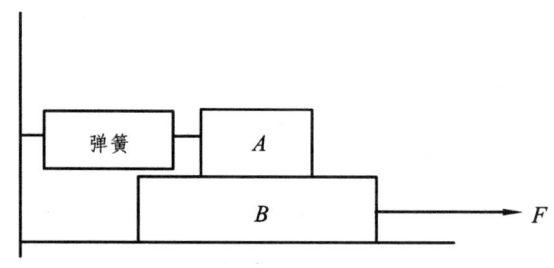

图 14-3　实验 3 示意图

（1）定义：_____
（2）产生条件：_____
（3）大小：_____
（4）方向：_____
（5）作用效果：_____
（6）你对相对静止如何理解？_____
_____

练习1：下列关于摩擦力的说法中错误的是（　　）

A. 两个相对静止物体间一定有静摩擦力作用

B. 受静摩擦力作用的物体一定是静止的

C. 静摩擦力对物体总是阻力

D. 有摩擦力一定有弹力

练习2：如图14-4，水平地面上的木块受到水平向右的拉力F_1和水平向左的拉力F_2，处于静止状态，$F_1=6\,\mathrm{N}$，$F_2=2\,\mathrm{N}$，求木块受到的摩擦力的大小和方向；撤掉F_1后，摩擦力如何？

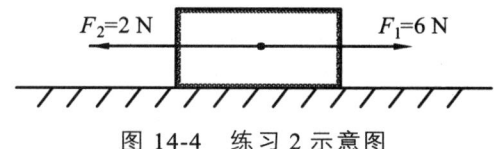

图14-4　练习2示意图

（三）滑动摩擦力

（重复实验3，增大F后A、B发生相对滑动，思考如何产生滑动摩擦力，满足什么条件？）

【**实验4**】探究滑动摩擦力大小的影响因素，合理设计和开展实验，得出结论（各成员分工合作）。

（1）猜想：滑动摩擦力的大小与哪些因素有关？

①_____　②_____　③_____　④_____

（2）分组讨论，设计探究实验的方案，并将实验方案记录在下面空白处：

利用_____和_____法

（3）实验过程：（小组合作完成实验方案，记录实验过程及测量数据）

① 探究结果（填入表14-2）：

表14-2　滑动摩擦力实验探究结果

只改变的因素				
探究结论				

② 摩擦力大小与正压力的关系（数据处理填入表14-3，图像绘制在图14-5坐标中）：

表 14-3　滑动摩擦力与正压力的关系数据处理

正压力 F_N / N	摩擦力 f / N

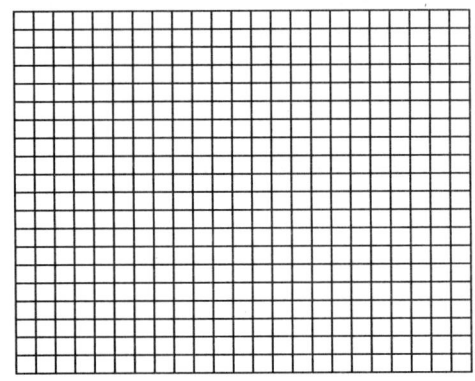

图 14-5　图像法处理数据

（4）结论：滑动摩擦力

① 定义：_____

② 产生条件：_____

③ 大小：_____

④ 方向：_____

⑤ 作用效果：_____

⑥ 你对相对滑动如何理解？

_____

_____

练习3：关于滑动摩擦力，下列说法正确的是：（　　　）

A. 物体在支持面上的滑动速度越大，滑动摩擦力也一定越大

B. 滑动摩擦力的方向一定与物体相对支持面的滑动方向相反

C. 接触面的滑动摩擦系数越大，滑动摩擦力也越大

D. 滑动摩擦力的方向与物体运动方向相反

练习4：下列说法中不正确的是（　　　）

A. 物体越重，使它滑动时的摩擦力越大，所以摩擦力与物重成正比

B. 由 $\mu = F/F_N$ 可知，动摩擦因数与滑动摩擦力成正比，与正压力成反比

C. 摩擦力的方向总是与物体的运动方向相反

D. 摩擦力总是对物体的运动起阻碍作用

练习5：如图14-6所示，物体 A 和 B 的质量均为 1 kg。物体 A 与物体 B 之间、物体 B 与地面之间的动摩擦因数均为0.2。用细绳系住物体 A，匀速拉出物体 B，求 A 和 B 分别受到几个摩擦力作用，大小和方向如何？

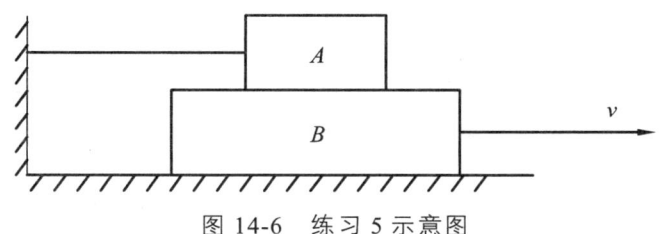

图14-6　练习5示意图

七、【讨论与交流】假如我们的生活中没有摩擦力

八、课后练习（略）

【点评】

本节课的自主学习设计以问题为导向，以任务驱动为抓手，能有效促进学生的思考和操作，通过开放性任务，促进学生学会思考、学会表达。而合作与探究中主要是以老师提出问题，小组讨论为主，仍然没有明确责任，难以实现积极互赖、平等参与、同时互动。有了内容，但缺乏结构化，合作将失去意义。

本节课堂容量太大，要完成的任务太多，这样会导致不舍得留时间让学生讨论、合作探究等，所谓的合作学习只是匆匆走过场。并不是所有的学习内容都适合合作学习，教师设计合作学习任务时应精选适合学习的内容。

案例 3　洛伦兹力

设计者：喻鹏鹏，袁勇　　湛江二中

2016 年 12 月 1 日

| 班 | | 组 | | 组长 | | 秘书 | | 专家 | | 监督员 | |

一、自主学习

1. 知识回顾

（1）磁场对通电导线的作用力的大小如何计算？方向如何判断？

_____

（2）电流是如何形成的？

_____

（3）电流的方向：电流方向与正电荷运动方向_____，与负电荷运动方向_____。

二、探究与合作——探究磁场对运动电荷的作用

（1）提出问题：磁场对电流有安培力的作用，而电流是由电荷的定向移动形成的，那么磁场对"运动电荷"是否也有力的作用？

（2）猜想假设：如图 14-7，电子束水平向右从小磁针上方飞过，"运动的电荷"可等效成"电流"，且等效电流方向与正电荷运动方向相同，与负电荷运动方向相反，等效电流可在周围产生磁场，所以小磁针会发生偏转。

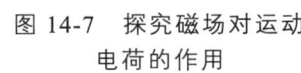

图 14-7　探究磁场对运动电荷的作用

（3）设计方案，进行实验（多媒体演示）（图 14-8）。

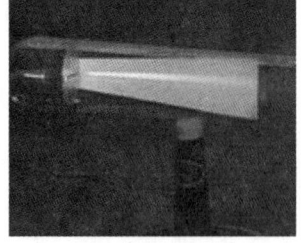
不加磁场时

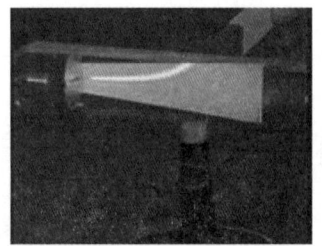
拿一条形磁铁靠近玻璃管

图 14-8　多媒体演示磁场对运动电荷的作用实验

（4）得出结论：磁场对运动电荷有力的作用。

（5）荷兰物理学家洛伦兹首先提出：运动电荷能产生磁场；磁场对运动电荷有力的作用。物理学上把磁场对运动电荷的作用力称为<u>洛伦兹力</u>。

（6）通电导线所受到的安培力实际上是作用在运动电荷上的洛伦兹力的<u>宏观表现</u>。

1. 洛伦兹力的方向

（1）左手定则

伸开左手，使大拇指跟其余四个手指垂直，且处于同一平面内，把手放入磁场中让磁感线垂直穿入手心，四指指向为<u>正电荷</u>运动的方向，那么<u>拇指</u>所指的方向就是<u>正电荷所受洛伦兹力的方向</u>。

运动的负电荷在磁场中所受的洛伦兹力的方向跟沿相同方向运动的正电荷所受的力的方向<u>相反</u>。

（2）洛伦兹力的方向总是既垂直于_____又垂直于_____，即总是垂直于_____所决定的平面。

【例1】 如图14-9所示，表示磁场磁感应强度 B、正电荷运动方向 v 和磁场对电荷洛伦兹力 F 的相互关系，其中正确的是（B、v、F 两两垂直）（　　）

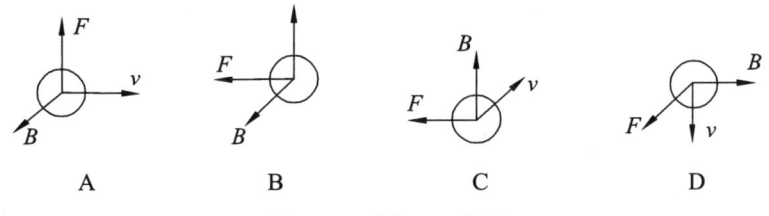

图 14-9　例1示意图

解析：选 D。根据左手定则可判断：A 中电荷受力应为向下；B 中电荷受力应为向右；C 中电荷受力应为向右；D 中电荷受力正确。

【例2】 试判断图14-10中各带电粒子所受洛伦兹力的方向或带电粒子的带电情况。

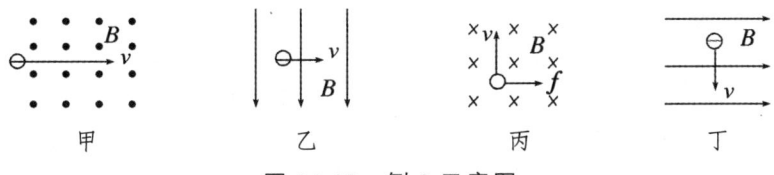

图 14-10　例2示意图

答案：甲：竖直向上，乙：垂直纸面向外；丙：粒子带负电荷；丁：垂直纸面向里。

【例3】 判断图14-11中各带电粒子所受洛伦兹力的方向（甲、乙、丙均为正电荷，丁为负电荷）。

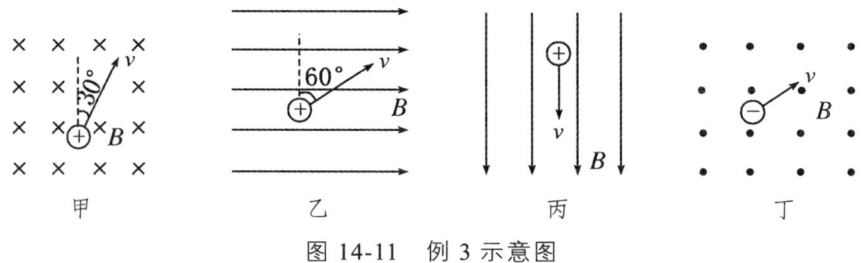

图14-11 例3示意图

【例4】 判断图14-12中带电粒子所受洛伦兹力的方向。

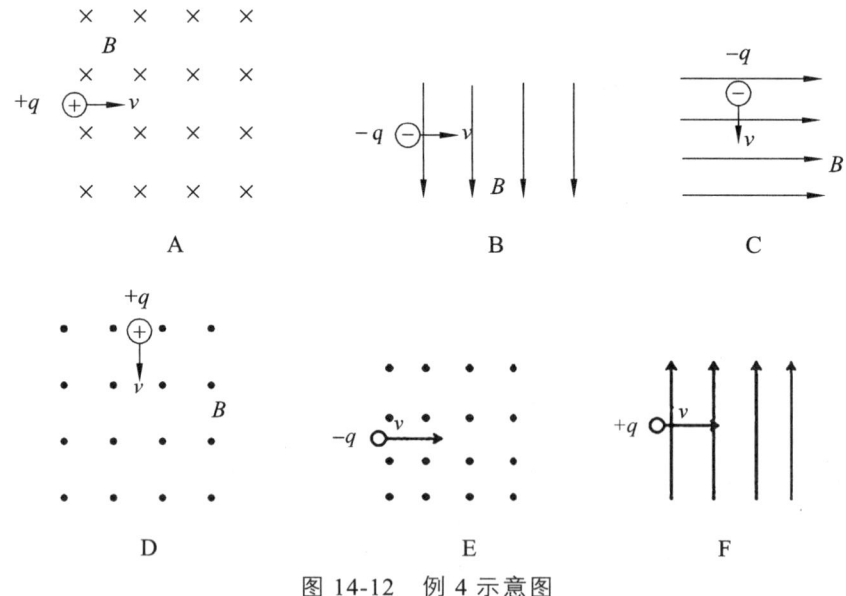

图14-12 例4示意图

【规律总结】

（1）洛伦兹力的方向由左手定则判断，必须注意运动电荷是正电荷，v的方向就是电荷运动方向，如果是负电荷，v的方向跟电荷运动方向相反。

（2）应用左手定则时适用于判断力（安培力和洛伦兹力）的方向；应用右手定则时适用于判断感应电流的方向（电磁感应部分将会学到）。

为了避免混淆，总结规律如下：
"力"的笔画中最后一笔"丿"，向左写，所以用左手。
"电"的笔画中最后一笔"乚"，向右写，所以用右手。

2. 洛伦兹力的特点

洛伦兹力的方向随电荷运动方向的变化而变化。但无论怎样变化，洛伦兹力都与运动方向垂直，故洛伦兹力<u>不做功</u>，它只改变电荷的速度方向，不改变电荷的速度大小。

3. 洛伦兹力的大小

（1）洛伦兹力与安培力的关系

安培力是大量运动电荷所受洛伦兹力的<u>宏观表现</u>，洛伦兹力则是安培力的微观反应。

【例5】 推导：当电荷在垂直于磁场的方向上运动时，磁场对运动电荷的洛伦兹力 <u>$f=qvB$</u>。

解析：设通电导线长度为 L 的，横截面积为 S，单位体积内含有的自由电荷数为 n，每个自由电荷的电荷量为 q，定向移动的平均速度为 v，则导线中的电流为 $I=nqvS$，将通电直导线垂直于磁场方向放入磁感应强度为 B 的匀强磁场中，导线所受安培力 $F_安=BIL=\underline{BnqvSL}$，这段导线中含有的运动电荷数为 nLS，所以 $f=\dfrac{F_安}{nLS}=qvB$。

（2）洛伦兹力的计算

① 当 v 和 B 平行时，洛伦兹力 $f=0$；
② 当 v 和 B 垂直时，洛伦兹力最大为 $f=Bqv$；
③ 当 v 和 B 的夹角为 θ 时，把速度 v 分解为沿与 B 平行的分量 $v_{\parallel}$ 和与 B 垂直的分量 $v_{\perp}$，$f=Bqv_{\perp}=Bqv\sin\theta$。

【例6】 下列各图中（图14-13），匀强磁场的磁感应强度均为 B，带电粒子的速率均为 v，带电荷量均为 q。试求出图中带电粒子所受洛伦兹力的大小。

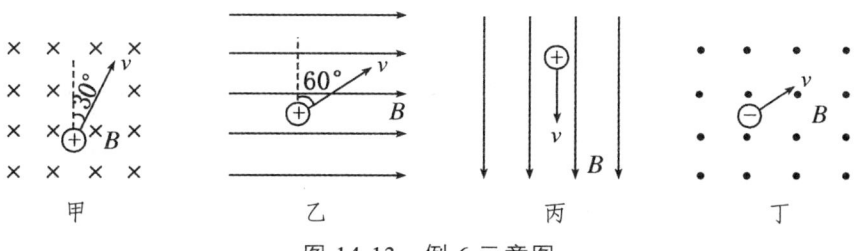

图14-13 例6示意图

解析：甲：因 v 与 B 垂直，所以 $f=qvB$，方向与 v 垂直斜向上。

乙：v 与 B 的夹角为 $30°$，$f=qvB\sin30°=qvB/2$，方向垂直纸面向里。

丙：由于 v 与 B 平行，所以不受洛伦兹力。

丁：因 v 与 B 垂直，$f=qvB$，洛伦兹力方向与 v 垂直斜向上。

【例7】 如图 14-4 所示，在阴极射线管正下方平行放置一根通有足够强直流电流的长直导线，且导线中电流方向水平向右，则阴极射线将会（　　）

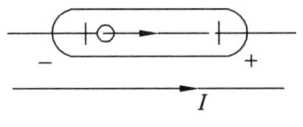

图 14-14　例 7 示意图

A. 向上偏转　　　　　　　　　B. 向下偏转

C. 向纸内偏转　　　　　　　　D. 向纸外偏转

解析：阴极射线是电子流，电子带负电。判断运动的负电荷在磁场中所受洛伦兹力可用以下两种思路分析：①根据左手定则判断出假设为正电荷的受力方向，而负电荷与正电荷受力方向相反；②应用左手定则将四指指向负电荷运动相反的方向，则拇指的指向即为负电荷的受力方向。故选 A。

【例8】 一初速度为零的质子，质量 m，电荷量 q，经过电压为 U 的电场加速后，垂直进入磁感应强度为 B 的匀强磁场中，质子所受的洛伦兹力是多大？

【例9】 在匀强磁场中，一带电粒子沿着垂直磁感应强度的方向运动。现将该磁场的磁感应强度增大为原来的 2 倍，则该带电粒子受到的洛伦兹力（　　）

A. 变为原来的 $\dfrac{1}{4}$　　　　　　B. 增大为原来的 4 倍

C. 减小为原来的 $\dfrac{1}{2}$　　　　　　D. 增大为原来的 2 倍

解析：选 D。由公式 $f=qBv$ 可知，当 B 变为原来的 2 倍时，洛伦兹力增大为原来的 2 倍，选项 D 正确。

【例10】 如图 14-15 所示，表面粗糙的斜面固定于地面上，并处于方向垂直纸面向外、强度为 B 的匀强磁场中。质量为 m、带电量为 $+Q$ 的小滑块从

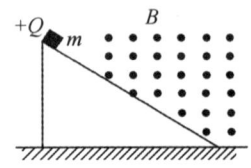

图 14-15　例 10 示意图

斜面顶端由静止下滑，在滑块下滑的过程中，下列判断正确的是（　　）

A．滑块受到的摩擦力不变
B．滑块到达地面时的动能与 B 的大小无关
C．滑块受到的洛伦兹力方向垂直斜面向下
D．B 很大时，滑块可能静止于斜面上

答案：C。滑块受力如图 14-16 所示。由左手定则首先容易判断洛伦兹力的方向为垂直斜面向下，C 正确；由 $f_{洛}=QvB$，当速度发生变化时，洛伦兹力变化，由 $F_N=f_{洛}+mg\cos\theta$，支持力也随之变化，由 $f=\mu F_N$ 知摩擦力也随之变化，A 错误；磁场 B 的大小最终影响摩擦力的大小，影响滑块到达地面的过程中摩擦力做功的大小，滑块到达地面时的动能与 B 的大小有关，B 错误；滑块从斜面顶端由静止下滑，所以中间不可能静止在斜面上，D 错误。

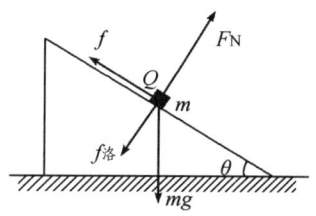

图 14-16　滑块受力分析

【规律总结】　带电粒子在洛伦兹力作用下运动问题的分析方法和思路：

（1）正确进行受力分析，受力分析时应注意重力是否考虑，电子、质子等一般不计重力，带电小球、尘埃、液滴等带电物体一般要考虑重力。

（2）由受力情况分析带电物体的运动情况。

（3）当带电粒子在复合场中做匀速直线运动时，粒子受力必然平衡，由平衡条件列方程求解。

【例 11】　（多选）如图 14-17 所示，匀强磁场的方向竖直向下，磁场中有光滑的水平桌面，在桌面上平放着内壁光滑、底部有带电小球的试管。在水平拉力 F 作用下，试管向右匀速运动，带电小球能从试管口处飞出，则（　　）

A．小球带负电
B．小球的运动轨迹是一条抛物线
C．洛伦兹力对小球做正功
D．维持试管匀速运动的拉力 F 应逐渐增大

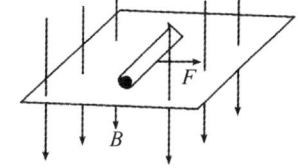

图 14-17　例 11 示意图

解析：选 BD。由左手定则可判断小球带正电，A 错；洛伦兹力与速度方向垂直，洛伦兹力对小球不做功，C 错；洛伦兹力在 F 反方向上的分量逐渐增大，故维持试管匀速运动的拉力 F 应逐渐增大，D 正确；沿试管方向洛伦兹力的分量不变，小球沿试管匀加速运动，小球向右匀速运动的同时沿试管匀加速运动，轨迹为抛物线，B 也正确。

三、课后巩固与能力提升（略，共 12 题）

点评：本节课的设计缺乏教学目标、学情分析、教材分析和教学流程图等，并没有根据课程标准和学生学情分析来设计导学案，基本上挂了"合作学习"名，却把教辅资料上的内容照搬到这里，既浪费学生的时间，又浪费学生的金钱，没有一处显示出合作学习的基本要素，这种教学设计难以践行合作学习的价值，教学效果不言而喻。今天回过头来反思，才知道这样的教学设计多么糟糕，没有理论指导的教学设计确实会伤到学生，那时候学生和科组老师的质疑是无可厚非的，言之有理。

案例 4　油膜法测分子的直径

设计者：蔡霞，魏玮　　　湛江四中
　　　　袁勇　　　　　　湛江二中

2016 年 4 月

班	组	组长	秘书	专家	监督员

一、教学目标

（1）知道物体是由大量分子组成的。

（2）知道分子的球形模型，体验油膜法测量分子大小的实验原理，学会用测定宏观量的方法来求出微观量大小的思维方法，知道分子大小的数量级。

（3）理解阿伏伽德罗常数是联系微观世界和宏观世界的桥梁，记住它的数值和单位，会用这个常数进行有关的计算和估算。

二、学习重点与难点

（1）理解和学会用单分子油膜法估算分子大小（直径）的方法。

（2）用阿伏伽德罗常数进行有关计算或估算的方法。

三、自主合作探究学习

1. 用油膜法测分子的大小（第 1 课时）

（1）自主学习：阅读教材，回答以下问题（10 min）

① 油酸分子当成什么模型来处理的？

② 怎么能保证微小的油酸分子在水面上呈单分子排列？

③ 怎样估算油酸分子的直径？

④ 如何获得很小的 1 滴油酸？怎样测量它的体积？

⑤ 如何测量油酸薄膜的面积？

（2）合作探究学习：小组合作，进行实验（20 min）
① 选用的实验器材是：
② 实验步骤：

③ 注意事项：

④ 实验数据及其处理：
算出 1 滴纯油酸的体积：
估算出油膜的面积：
求出油酸分子的直径：
⑤ 实验结论：

【课堂针对训练 1】将 1 mL 油酸溶于酒精，制成 200 mL 溶液。已知 1 mL 溶液有 50 滴，取 1 滴滴在水面上，在水面上形成 0.2 m^2 的油膜，估算油酸分子的直径。

四、课后基础巩固练习（略，共计 2 道题）

五、课后能力提升练习（略，共计 2 道题）

六、本节课存在的问题

点评：本节课自主学习设计可以以问题导向，引发学生独立思考，有效促进学生熟悉实验原理、实验步骤、实验注意事项等。然而，合作学习的设计却未能体现其基本要素，没有明确任务，学生实验时仍然是和传统的分组实验一样，把仪器扔给学生自己玩，达不到人人操作和体验实验过程的目的，有的学生的实践能力得到了长足的锻炼，有的不自觉的学生就难以参与到每一项实验过程中，其实践能力就难以得到锻炼。

二、基于理论的合作学习实践案例（2016—2018 年间的合作学习）

2016 年初，我们的教学设计和教学效果招来了众多质疑，很多同行议论纷纷。迫于压力，我们开始反思，我们团队带着疑问开始从专著中寻求答案，逐渐学习合作学习理论，发现我们之所以失败的主要原因是凭感觉、凭经验设计合作学习教学，严重缺乏理论支持。2016年后期，我们团队逐渐使用合作学习理论设计教学，使我们的合作学习从经验型走向理论化，从粗放型走向精细化，从凭感觉走向科学依据。以下重点选择力学内容介绍教学设计与实践案例，这一部分是我们团队经历了近6次实践与修改，逐渐形成了比较成熟的合作学习教学案例。我们仍然选择上一部分四节课为例，对这一时期的基于合作学习理论的教学设计与大家分享。

案例5　自由落体运动

设计者：周朱武　　遂溪大成中学

麦建华　　岭南师范学院附属中学

2017年7月

一、教学目标

（1）理解自由落体运动的条件和性质，掌握重力加速度的概念。

（2）掌握自由落体运动的规律，能用匀变速直线运动的规律解决自由落体问题。

二、教学重难点

（1）物体自由下落的快慢与所受重力无关，自由落体运动的特点和规律。

（2）自由落体运动的加速度的理解，自由落体运动的规律及应用。

三、学情分析

（1）自由落体运动中，加速度g是已知的，但有时题目中不点明这一点，我们解题时要充分利用这一隐含条件。

（2）自由落体运动是无空气阻力的理想情况，实际物体的运动有时受空气阻力的影响过大，这时就不能忽略空气阻力了，如雨滴下落的最后阶段，阻力很大，不能视为自由落体运动。

（3）全过程是自由落体的运动中，局部运动过程若包括初速度为零的起始状态，是自由落体运动，但若局部运动不包括初速度为零的起始状态，则不是自由落体运动。学生容易错误认为：中间部分运动过程是自由落体运动的一部分，其运动规律也满足自由落体运动

四、教学策略

（1）采用小组合作探究，在表格中共同探讨两个实验，一个习题，讨论分享观点。

（2）定量定性分析实验，得出自由落体规律。
（3）习题巩固，求最后一秒位移和第一秒位移。
（4）公式应用，测量反应时间。

五、教学流程图（图 14-18）

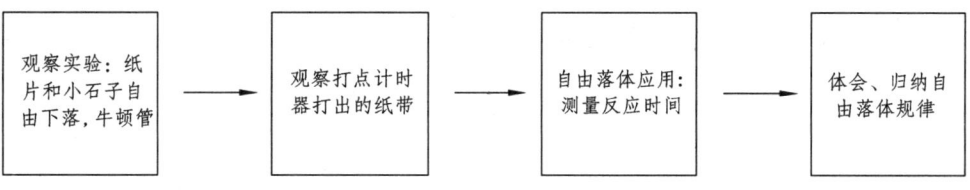

图 14-18 "自由落体运动"教学流程

六、教学准备材料

纸片、小石子、打点计时器、尺子

七、教学过程

1. 课前准备

教师在课前 1~2 天发放课前学习单，在课前收取学习单，经过评价、批阅后形成一个反馈 ppt，并在课堂上进行点评和评估。

2. 自主合作探究（分组：按基组四人一组坐好，并编好 1、2、3、4）

情景引入：美国发射的阿波罗 11 号飞船登上月球，实现人类首次登月成功。宇航员阿姆斯特朗和奥尔德林登上月球表面，进行科研工作，并做了一个落体实验：在月球上的同一高度同时释放羽毛和铁锤，证实了羽毛和铁锤下落得一样快（月球上是真空），月球的重力加速度为 1.67 m/s^2，如图 14-19 所示。

图 14-19 宇航员在月球上做落体实验

可是在我们生活的地球上，让一把铁锤和一片羽毛一起下落，根据我们日常生活经验可以知道，铁锤先落地，羽毛后落地，这是什么原因造成的呢？设想地球上也处于真空状态，让我们重复上述实验，请猜想一下会出现什么情景。

【正式的合作学习】 请组内4位同学按号码分别解决各自问题，记录在表14-4中。

探究点一：对自由落体运动认识

表14-4 探究自由落体运动

实验		实验过程	你的结论
	1、2号为一组 3、4号为一组	提出问题：在同一高度静止释放两个物体，重的物体一定下落的比轻的物体快吗？请合作小组结合身边的物品进行合作并展示，谈一下你们的发现。	

实践过程：在老师问题的引导下，有的合作小组拿出两张相同的纸，一张揉成团，另一张平放进行展示，还有的同学拿一个纸团与橡皮擦从同一高度静止释放进行展示，得出结论：在同一高度静止释放两个物体，重的物体不一定下落得比轻的物体快。

教师提问：两次实验中，什么因素造成两次实验结果的不同？

学生回答：空气阻力。

教师提问：如何减小物体下落过程中的空气阻力？

学生讨论，教师引入牛顿管（图14-20），通过演示，提出自由落体运动的定义。

探究点二：探究自由落体运动的规律

教师分析：在之前的实验中，纸团和橡皮虽然都受到阻力的影响，但是仍然几乎同时落地，请同学们思考原因。

学生：由于阻力较小，对于纸团和橡皮下落的影响较小。

教师：橡皮虽然受到空气阻力的作用，但是阻力远小于重力，因此可以忽略阻力，近似认为橡皮是自由落

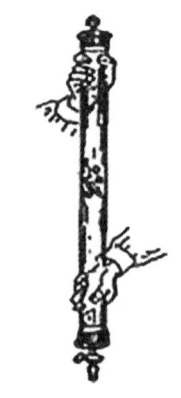

图14-20 牛顿管

体运动。将复杂的问题简单化，将真实的落体简化为理想化的自由落体运动模型，是物理建模的典型体现。通过分析，我们利用打点计时器与重物的下落来研究自由落体运动的规律（如图 14-21 所示）。

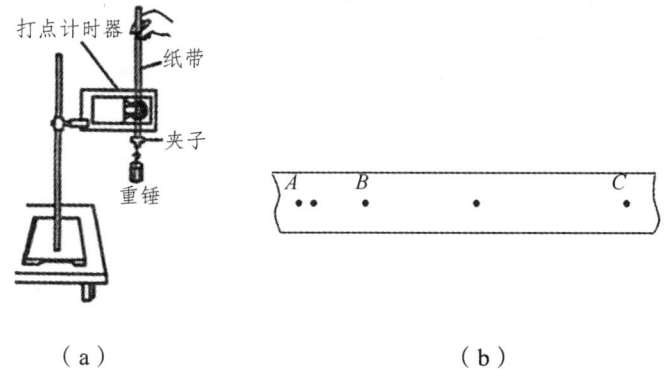

（a）　　　　　　　　　　　　（b）

图 14-21　用打点计时器研究自由落体运动

教师引导学生两人一组，进行分组实验，并提出问题：自由落体运动是一种什么样的运动？结合你的猜想，与同伴进行讨论多种处理数据的方案。

教学实践过程：在处理数据过程中，教师要做好巡视，并做好思维引导工作，比如有的小组认为自由落体运动是一种加速运动，教师要引导学生算出各点的速度进行规律寻找；有的小组认为自由落体运动加速度不变，教师要引导学生思考有多少种方案可证明这一点，等等。最后教师让有不同方案的小组进行全班展示交流（表 14-5）。

表 14-5　探究自由落地运动的规律

编号	小组展示记录	实验结论
1 号方案小组	方案 1：测量相邻相等时间间隔的位移差 Δs，比较分析实验结果。	
2 号方案小组	方案 2：根据纸带，求出各计数点的速度，做出图像分析自由落体运动规律。	
3 号方案小组	方案 3：根据纸带，做出 v-t 图像，分析自由落体运动规律。	
4 号方案小组	方案 4：根据测量相邻相等时间间隔的位移差 Δs，结合 $\Delta s = aT^2$，算出自由落体运动的加速度大小。	

教学实践：教师结合学生分析与数据展示，得出自由落体运动是初速度为 0、加速度 $a = g$ 的匀加速直线运动，并说明自由落体运动的规律实际上并

不是新的知识，而是匀变速直线运动在实际中的一种表现形式。结合匀变速直线运动规律，就很容易得出物体做自由落体运动的规律。

探究点三：自由落体运动的规律的应用（小游戏：测测你的反应时间）

请组内成员1、2号为一组，3、4号为一组，记录在表14-6中。

表14-6　自由落体运动的规律的应用

编号	应用		你的想法
1、2号为一组 3、4号为一组		若测出某同学捏住直尺时，直尺下落的高度为 10 cm，那么这位同学的反应时间是多少？	

教学实践：在实验过程中，不少同学对于公式的应用还处于陌生的阶段，教师可让计算出答案的小组实行分享，引导学生学会将真实情景转换为物理情景，并应用公式解决问题。

八、小结（图14-22）

如何理解自由落体运动？自由落体运动规律的应用时，要注意什么？

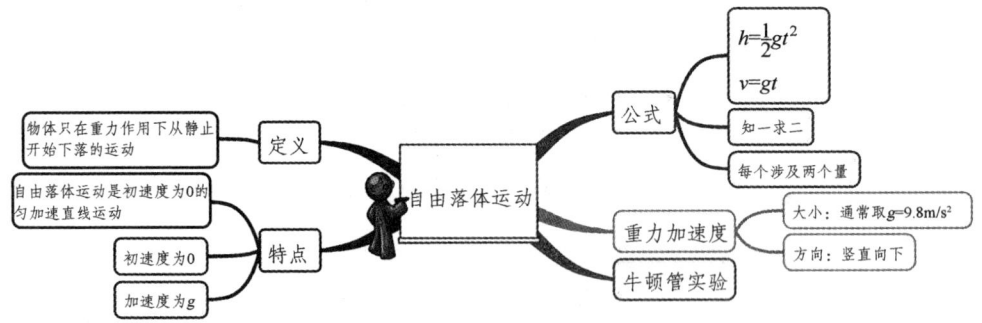

图14-22　自由落体运动小结

九、布置作业

练习1：从离地面500 m的空中自由落下一个小球，取 $g = 10 \text{ m/s}^2$，求小球：

（1）经过多长时间落到地面？

（2）自开始下落计时，在第 1 s 内的位移与第 1 s 末的速度、最后 1 s 内的位移与最后第 1 s 末的速度。

练习 2：开放实验，给你一个空罐头盒，如果让你去研究自由落体运动的规律，你打算如何做？

十、教学中应注意的问题

（1）教师要把控教学节奏与教学时间，不易拓展太多，太深。

（2）教师要善于评估与评价，不能占用学生太多时间来评分、评估。

（3）教师要督促、检查好学生的课前合作与自主学习，让学生做好充分准备，告知学生合作的一些技巧与课堂汇报学习结果的技能，如学会尊重别人、学会承担个人与小组责任、学会倾听、学会鼓励别人、学会分享、学会帮助别人、学会忍让等，让学生快速跑到讲台、言简意赅地讲解汇报学习结果。

十一、本节课学习中存在的疑问及解答

可以寻求课代表、其他组同学和老师，提出一个问题 1~5 分，据问题的价值给分，回答一个问题给解答者 1~5 分，找老师回答一个问题给提问者 2~6 分（表 14-7）。

表 14-7 "自由落体运动"学习中存在的疑问及解答

姓名	疑问	解答	解答者

教学点评：以问题为纽带，以情景为基础。整一节课教学思路清晰，设计合理，教师通过不同问题的提出，引导学生学会对落体运动过程的抽象简化，通过合作实验与对纸带的处理方案进行讨论总结。对学生而言，想在短时间内制订出全面合理的实验计划是一个巨大的挑战。因此该环节教师给予相关的指导，学生分组讨论分析处理数据的方案，得到自由落体运动的规律，学生感受到物理的建模过程。

学习的本质是知识的构建过程，在探究得到自由落体运动的规律后，通过生活中的应用实例，加深对落体运动规律的理解。教师引导学生应用所学规律解决问题，实现学以致用，进一步地深化结论，上升到更高的层次，不仅可以改变知识的传输方式，而且还锻炼学生的逻辑思维。

不足之处是在进行学情分析时，教师过多地分析知识上的疑难点，对于学生知识衔接可能会出现的问题较少提及，对于一整节课的合作环节设计把握欠佳，如对于自由落体的认识，不一定设计成合作学习，可直接由教师引导讨论，教学效率可以提高，本节课的合作环节应重点放在实验数据的分析与探究及小游戏（测测你的反应时间）。另本节课对合作学习的评价在教学设计中没有被提及。

案例6　判断摩擦力方向

设计者：袁勇　　湛江二中

一、教学设计

（一）合作学习原因分析

学生往往错误认为，只有静止的物体才受到静摩擦力，运动的物体才受到滑动摩擦力，滑动摩擦力的方向与运动方向相反。而由于静摩擦力的不可观察性，在具体问题中又表现出"动中有静，静中有动"，尤其静摩擦力在许多情形下似乎又是"若有若无，方向不定"，因此，判断静摩擦力的方向对于初学者来说十分不易，学生往往判断错误。而摩擦力在生活中处处可见，传统课堂中师生交往单一，易让学生学习兴趣缺失，难以深入理解，难以应用规律解决复杂问题。为了能恰当地运用证据证明摩擦力的方向与相对运动（或相对运动趋势）方向相反，本案例选择了各种典型模型让学生通过目标协同结构法判断静摩擦力和滑动摩擦力存在与否，并判断摩擦力的方向。通过同学间相互交流合作，能及时暴露学生的错误思维，能引起学生间思维的冲突，进而通过师生共同互动及时纠正学生错误思维，培养学生的科学思维和正确观念、合作交流能力等。通过多种评价量表，评价学生的个人表现与小组合作技能的使用情况，让学生充分感受到学习过程中的各个环节中教师的多元评价与对他们的肯定，培养学生的综合能力。

（二）合作学习目标

1. 学业目标

能判断摩擦力存在与否，并正确判断摩擦力的方向；培养各种思维能力和分析、解决问题的能力，发展自身的核心素养。

2. 社会技能目标

（1）通过小组合作与交流，让学生学会倾听、学会提问、学会解决问题、学会欣赏，学会承担个人与小组责任等。

（2）增强与人相处时的社会技能，如尊重对方、礼让他人、平等原则、友爱互助等。

（三）合作方法与步骤（目标协同结构法）

第一步：组建基组。按组内异质原则，每4人编为一小组，并编号1、2、3、4，所有成员先自主学习以下材料：

"四步法"判断摩擦力方向

（1）找出摩擦力的施力物体。

（2）选择此施力物体为参照物。

（3）判断受力物体的相对运动方向或相对运动趋势方向。

（4）用"摩擦力的方向与相对运动或相对运动的趋势的方向相反"确定摩擦力的方向。

第二步：独立研究。每号同学研究以下相应编号的一组模型。（注：所有模型的接触面都不光滑）（时间：3 min）

1号同学研究模型：如图14-23所示，A、B、C图中物块都静止，D图中 a、b 相对静止，在力 F 的作用下一起向右匀速运动。请判断各个物块有无受到摩擦力的作用，若有，画出其所受摩擦力的示意图。

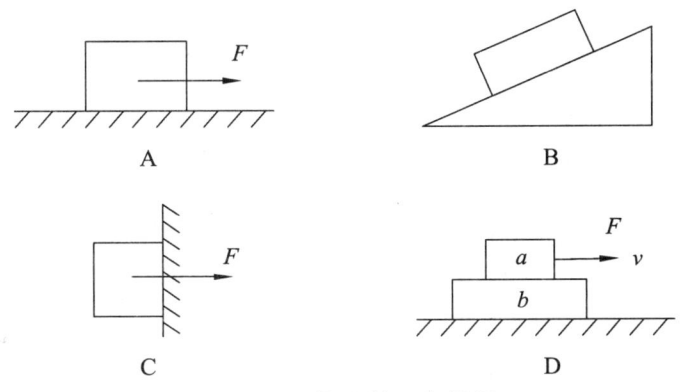

图14-23　1号同学研究模型

2号同学研究模型：如图14-24所示，A图中的物块和C图中的小球均处于静止状态，B图中物块沿固定斜面匀速下滑，D图中 a 和 b 物块在力 F 的作用下一起向右匀速运动。请判断各个物块或小球有无受到摩擦力的作用，若有，画出所受摩擦力的示意图。

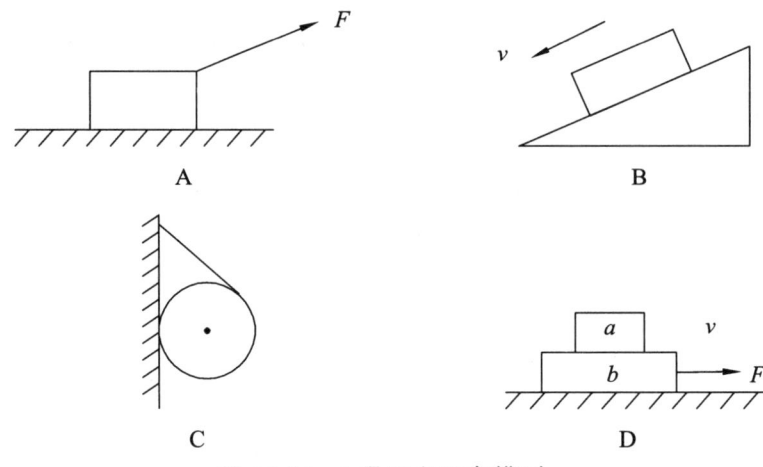

图 14-24　2 号同学研究模型

3 号同学研究模型：如图 14-25 所示，A、C、D 图中的物块均静止，B 图中物块以速度 v 冲上斜面。请判断各个物块有无受到摩擦力的作用，若有，画出所受摩擦力的示意图。

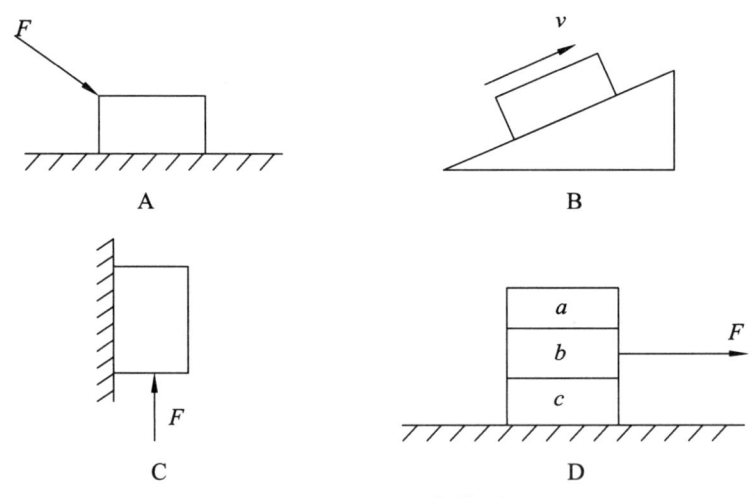

图 14-25　3 号同学研究模型

4 号同学研究模型：如图 14-26 所示，A 图中物块向右滑动，B、C 图中物块保持静止，D 图中长木板 b 在力 F 的作用下向右滑动，图中所有接触面都粗糙。请判断各个物块有无受到摩擦力的作用，若有，画出所受摩擦力的示意图。

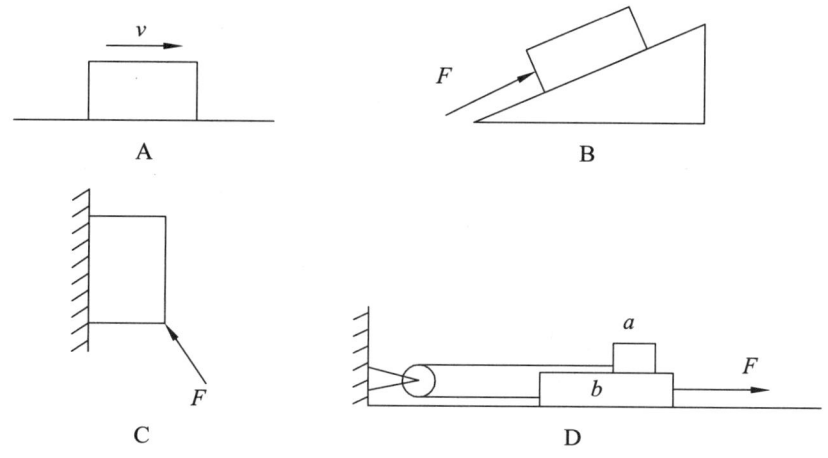

图 14-26　4 号同学研究模型

第三步：同号组成专家组。各组 1、2、3、4 号同学分别就近集中组成专家组进行交流，每个专家组不得少于 4 人，不多于 6 人，并确保本组每一个同学都掌握该组承担的任务。（6 min）

第四步：重回基组交流。组内每位同学学会后回到原来的基组，向组内其他组员汇报、讲解你学到的，其他同学倾听、理解和记录，并轮流进行。汇报讲解时简洁明了，不要说与问题无关的话，直到全组成员都理解你的讲解为止。（10 min）

第五步：汇报合作学习成果。老师随机抽查某一组一位同学汇报该组的合作学习结果，其他组补充。（时间：6 min）

（四）评估与评价（时间：2 min）

要求学生下课时填写评价表，如表 14-9 至表 14-11。

（五）小组总结与反思（时间：3 min）

本节课后，要求每一小组进行总结与反思，并填写在表 14-8 中。合作学习情况主要从合作是否顺畅、合作机会是否人人平等、责任是否明确、组员间是否积极互赖、是否有不合作的学生、合作中是否有矛盾或冲突、合作中是否倾听、尊重别人、帮助别人等，怎么解决遇到的问题的等。学习效果主要从学的是否轻松、愉悦、是否弄懂了所有问题，是否经历了学的过程等。让组长或秘书记下小组合作中存在的问题及其改进意见。

表 14-8　小组总结与反思登记表

学校：

年级		班级		组		时间	
课题							
总结与反思	1. 合作情况 2. 学习效果 3. 小组合作中存在的问题及其改进意见						

注：本表由组长征集组员意见后填写。

二、教学实践与分析

（一）合作前自主学习过程

在教师认真讲解摩擦力概念及其产生的条件后，教师就让每一组的每一号同学独立研究对应的一号题。学生都很认真研究，为了能在下一个环节教授别人，他们都在积极准备。巡查中发现，每一位学生并不是很熟练地能完成任务，或多或少遇到麻烦，有时无从下手，甚至有个别同学不敢在学案上画出摩擦力的方向，不能确定摩擦力的作用点和方向，有的画在物体的重心上，有的画在了相互摩擦的物体间，等待老师的标准答案。

相对滑动的物体间摩擦力方向的确定是有难度的，如每一号题的 D 图，学生需要深刻理解摩擦力产生的原因才能判断正确，也通过此项训练能促进学生对相对运动的深刻理解。静摩擦力方向的判定也是一大挑战，需要根据物体的受力和相对运动趋势来判断，如每一号题的 C 图，特别容易出错。事实上，每一号题的 C 和 D 图中摩擦力的判断错误率很高，很多同学基本上是凭感觉画摩擦力示意图。

（二）合作学习过程

学生小组合作非常顺利，这与教学设计有关，体现"责任到人、平等参与、同时互动、积极互赖"的教学设计是高效且顺利开展合作学习的重要保证。独立研究 3 min 后，按指定位置同号同学聚集在一起交流学习，只用了 10 s 就聚集完毕。经过巡查，发现相当一部分学生有不同程度的错误理解。这时候，教师不急着纠正每一小组的错误思维，因为没有那么多时间和机会，而且还有后面的两次交流互动机会，可以进一步解决学生认知冲突。专家组合作学习 6 min 后回到基组，每一位学生轮流给其他同学讲解自己负责的那一号题，其他同学听讲、质疑、提问、交流、做笔记等，学生们都在扮演不同角色，参与度非常高，个个激情四射，互帮互助。每一位学生不仅学到知识，也获得了社会技能。这种合作有效增进了组员间感情，使同学们获得极大的归属感、自豪感。在合作学习中，学生不停地走动、思考、交流、合作、学习、教别人、请教别人，其教学效率大大提高，其教学价值也是不言而喻的。当然每组都会有个别学生没有从专家组学到东西，回到基组就难以教授别人，致使小组合作不愉快，老师要反复鼓励他们一起合作研究学习，实在不行可以放一放，等到全班交流时解决问题。

（三）汇报互动过程

10 min 后，学生基本讲解完 4 号问题，就进入最后一个环节。教师随机抽查 4 组中 4 位不同号同学上讲台，在事先画好的图形上画出不同号问题中的摩擦力示意图，如 1 号同学画出 2 号问题摩擦力示意图，3 号同学画出 4 号题中摩擦力示意图。然后再随机抽查另外 4 个组，分别给他们打分评价，每一个图 2 分，若没有给满分，要求评价组向全班同学说明扣分的原因。若评价组未能准确评价，将会扣掉评价组分数。通过随机抽查，可以使每一位学生不能掉以轻心，可以使全班同学用心学习，都要把每一个问题搞清楚，都要重视合作学习，都要积极学会知识，以便能更好地展示成果。在小组汇报、全班交流过程中，发现学生的错误思维还是很多，说明在合作学习中成员间的问题意识、质疑辩论、寻找证据、解释交流的能力有待提高，学生的学习还是较为肤浅的。经过全班师生间的深入讨论交流，教师一一点评，引导全班学生理解相对运动或相对运动趋势所引起的摩擦力及其方向，教授学生如何准确判断各种情境下摩擦力的方向，学生的错误思维基本解决。

（四）评价过程

下课前要求各小组成员进行自评、组长对每一位成员进行评价，教师对各组合作情况做评价，评价分写入评价量表中，表 14-9 至表 14-11 是部分评价情况，以供参考。

表 14-9　自评/组评标准　　　班__16__组__5__　组员__***__

评价项目	评价标准 （分四个档次：4分、3分、2分和1分）	自评/分	组评/分
积极参与	积极参与各种活动4分——自娱自乐1分	4	4
平等参与	有平等机会参与各种活动 4 分——没有机会参与1分	4	4
使用合作技能	有明显的合作技能4分——随意合作1分	4	4
个人学习成效	完全学会或完成任务4分——基本不会1分	3	3
教他人学习成效	热心帮助他人4分——基本没有帮助他人1分	3	4
得分	评价满分：20分	18	19

自评是自己对自己评价，组评是组长对每位成员进行评价。

表 14-10　教师对小组合作的评价标准（满分20分）　　班__16__组__5__

评价项目	评价标准（分四个档次：4分、3分、2分和1分）	合作分	合作总分
积极互赖	同舟共济4分——一盘散沙1分	4	
平等参与	平等参与4分——各干各的1分	4	
个人责任	明显的个人责任4分——几乎没有个人责任1分	4	18
小组合作技能	有明显的合作技能4分——随意合作1分	3	
小组学习成效	组内每个同学都学会（完成）任务4分——都不会1分	3	

表 14-11　个人评价总表　　　班__16__组__5__　姓名__***__

评价项目	满分	得分（按要求折合成标准分）
自评	20分	4.5分
组长对组员评价	20分	4.75分
教师对小组评价	20分	9分
个人总分	20分	18.25分

注：个人总得分＝组评分的50%＋自评分的25%＋合作分的25%

（五）小组总结与反思过程

本节课后，要求每一小组进行总结与反思，填写好表14-11后交到老师处，大部分组都能认真填写。但也有一些组是应付的，因为这与高考没有关系，他们认为做这些工作耽误时间，只想做与高考有关的题。有的组并没有召开小组总结与反思会，只是组长一个人凭记忆填写表格。还有的组不知道写什么，迟迟不交总结与反思登记表。根据收齐的记录表可知，大部分组的合作情况是很顺畅的，合作机会是人人平等的，责任是明确的，组员间是积极互赖的，有三个组的三位内向型学生不主动参与合作，有一位特别功利性的成绩较好的学生不参与合作，自己做自己的。所有的组在合作中没有矛盾或冲突，但是有争辩。在合作中，几乎所有学生都专注于本节课学习内容，都能尊重别人、帮助别人，但是很多学生还是不能耐心倾听，总会打断对方表达自己的观点和感受。组内遇到问题时，都能想办法解决问题。全班学生都喜欢这节课的教学设计，认为学得很轻松，很愉悦，弄懂了所有问题。部分组建议老师讲课声音再大一些，专家组合作学习时老师能给予更多的帮助，或给出标准答案，以免回到基组教错别人。

教学点评：摩擦力是高中物理中的基础知识点，摩擦力在生活中处处有体现，教师在建立摩擦力这一物理概念后，结合合作学习引导学生去判断滑动摩擦力与静摩擦力方向，学生合作内容丰富，教师合作评价方法娴熟。通过目标协同结构法，达到了合作中的责任到人，积极互赖的原则，但由于题目难度较大，不同的学生在相同的时间内掌握情况不一样，难以达到平等参与，由于场地限制及人数较多，存在着"搭顺风车"的现象。

课堂教学活动要符合学生的认知发展规律和知识储量，高一的学生学习物理时易产生畏难情绪，在习题训练中，要多加强生活实例，使学生联系生活实例真实感受静摩擦力的存在。利用生活实际配合实验让学生自主思考，真正理解摩擦力方向的判断方法，完善对摩擦力这一物理概念的认识。

案例7　洛伦兹力

设计者：麦建华　　岭南师范学院附属中学
　　　　冼景连　　廉江市第一中学
2017年9月

一、教学目标

（1）经历实验探究洛伦兹力的方向过程，知道洛伦兹力的方向与电荷的运动方向和磁感应强度的方向都垂直，懂得用左手定则判断洛伦兹力的方向，培养学生的空间想象能力。

（2）经历由安培力的表达式推导洛伦兹力的表达式的过程，由此体会磁场中通电导线所受的安培力实际上是运动电荷所受的洛伦兹力的宏观表现，体会宏观与微观之间的联系，进一步培养学生的逻辑思维能力。

（3）结合对洛伦兹力的学习，通过科学的思维和推理，猜想电视显像管的基本工作原理。

（4）通过合作性学习培养学生的与人相处的尊重、礼让、平等参与和个人责任等社会技能，增强语言表达能力和相互沟通能力。

二、教学重难点

（1）利用左手定则会判断洛伦兹力的方向。

（2）垂直进入磁场方向的带电粒子受到洛伦兹力的大小计算。

三、学情分析

（1）学生刚学完上一节的通电导线在磁场中受到的力——安培力，安培力是洛伦兹力的宏观表现。洛伦兹力一节承上（安培力）启下（带电粒子在磁场中的运动），是本章的核心知识也是教学的重点。学完安培力再学洛伦兹力，学生比较容易接受洛伦兹力，但也比较容易跟安培力混淆，所以应让学生从安培力的表达式推导出洛伦兹力的表达式的过程，探究出它们的关系是"安培力是洛伦兹力的宏观表现"。

（2）由于我们的习题和例题中大多数洛伦兹力的方向、电荷的运动方向、磁感应强度的方向是两两垂直的，学生在解决问题的过程中会以为洛伦兹力的方向、电荷的运动方向、磁感应强度的方向一定是两两垂直的。在计算洛伦兹力的大小时直接套公式 $f=qvB$ 计算。教师应强调：电荷的运动方向与磁感应强度的方向是可以成任意角的。当 v 与 B 垂直时，洛伦兹力最大 $f=qvB$；当 v 与 B 的方向平行时，洛伦兹力等于0。

四、教学策略

（1）洛伦兹力的方向和大小是本节教材的重点，实验结合理论探究洛伦兹力的方向，再由安培力的表达式推导出洛伦兹力的表达式的过程是培养学生逻辑思维能力的好机会，通过合作学习让全体学生都能参与这一过程。

（2）通过演示实验探究洛伦兹力的方向不仅能够让学生确信洛伦兹力的存在，而且可以通过实验发现洛伦兹力的方向与磁场方向和电荷的运动方向都有联系，探究出它们的关系是"安培力是洛伦兹力的宏观表现"的有力佐证。同时，这个实验让肉眼看不到的电子显现出径迹，让学生可以观察磁场使电子径迹改变的现象，可以大大地激发学生的好奇心和求知欲。结合安培力方向的复习,使研究洛伦兹力的方向的过程成为一个科学猜想、逻辑思维、实验验证、归纳讨论的过程。

(3)培养学生的空间想象能力是学好本节的关键。应借助一些实物工具如墙角、笔、尺等帮助学生建立三维空间模型,充分发挥立体图和各种剖面图的作用。

(4)在洛伦兹力的方向、大小和作用效果这三个问题的教学中,应突出科学探究过程中"猜想与假设""理论推导"和"实验探究验证"等环节,着重培养学生动手、动脑和自主合作探究从而获取知识的能力。

五、教学流程图(图 14-27)

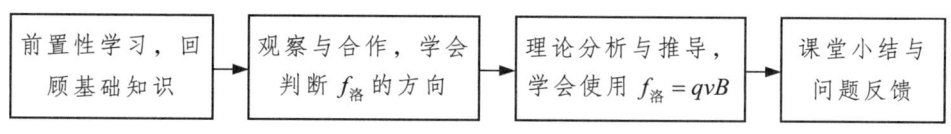

图 14-27 "洛伦兹力"教学流程

六、教学准备材料

学习材料、多媒体、阴极射线管、蹄形磁铁、条形磁铁、电火花计时器、洛伦兹力演示仪、磁传感器、数字电压表等。

七、教学过程

1. 前置性学习——课前独立回答问题

(1)磁场对通电导线的作用力的大小如何计算?方向如何判断?

_____

(2)电流是如何形成的?

_____

(3)电流的方向:电流方向与正电荷运动方向_____,与负电荷运动方向_____。

2. 探究与讨论——探究磁场对运动电荷的作用

(1)提出问题:磁场对电流有安培力的作用,而电流是由电荷的定向移动形成的,那么磁场对"运动电荷"是否也有力的作用?

(2)猜想假设:如图 14-28,电子束水平向右从小磁针上方飞过,"运动的电荷"可等效成"电流",且"等效电流"方向与正电荷运动方向相同,与负电荷运动方向相反,等效电流可在周围产生磁场,所以小磁针会发生偏转。

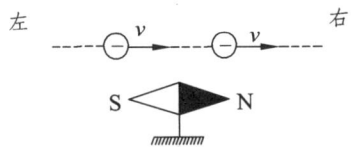

图 14-28　磁场对运动电荷的作用

（3）设计方案，进行实验

教师展示阴极射线管（图 14-29），并对各个部分进行说明，让学生明确电子束本是肉眼看不见的，但通过荧光屏，可观测到电子运动的轨迹。通过实验演示，如图 14-30。

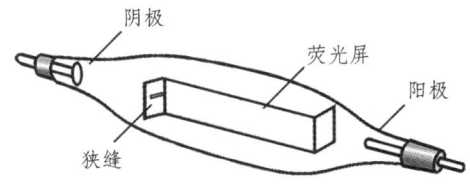

图 14-29　阴极射线管

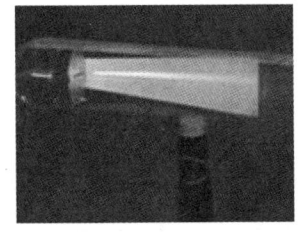

图 14-30　演示实验

（4）观察与思考：

① 磁场对运动电荷有什么作用？
② 什么是洛伦兹力？
③ 洛伦兹力与安培力是什么关系？

教学实践过程：学生通过观察实验，得出磁场对运动电荷有力的作用，并命名为洛伦兹力，但对于洛伦兹力与安培力之间的关系，还需教师结合图 14-31 进行分析，让学生明白洛伦兹力与安培力之间微观与宏观的联系。

3. 任务驱动，合作学习——学会判断洛伦兹力的方向

教学实践：教师结合图 14-32 引导学生回忆左手定则。并把三维图形转换为二维图形（如图 14-33 所示），引导学生进行观察。

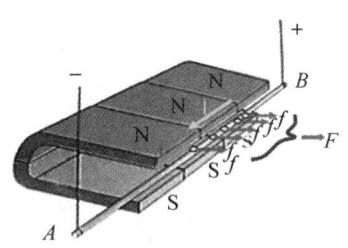 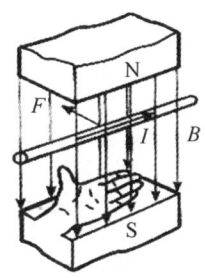

图 14-31　洛伦兹力与安培力之间的关系　　图 14-32　左手定则

（1）观察对比，找出规律

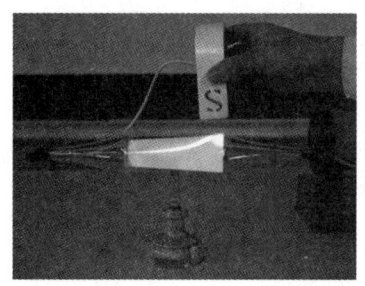 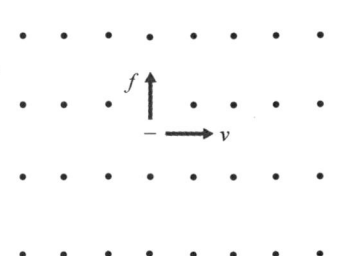 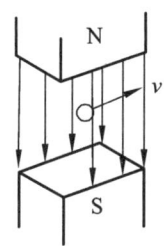

图 14-33　左手定则的二维图形

教学实践：学生经过观察与分析，结合左手定则，得出判断洛伦兹力的方法，即伸开左手，使大拇指跟其余四个手指垂直，且处于同一平面内，把手放入磁场中让磁感线垂直穿入手心，四指指向为<u>正电荷</u>运动的方向，那么<u>拇指</u>所指的方向就是<u>正电荷</u>所受洛伦兹力的方向。教师要重点引导学生在使用左手定则时要注意两点：①垂直关系（f 垂直于 v，f 垂直于 B）。②四指的指向方向，强调运动的负电荷在磁场中所受的洛伦兹力的方向跟沿相同方向运动的正电荷所受的力的方向<u>相反</u>。

（2）正式的合作学习，合作策略：小组内每人负责一题，先独立完成，再找身边同号的同学讨论，回到基组内轮流把自己负责的题目讲解给其他组员听。

【**课堂训练 1**】如图 14-34 所示，表示磁场磁感应强度 B、正电荷运动方向 v 和磁场对电荷洛伦兹力 F 的相互关系，其中正确的是（B、v、F 两两垂直）（　　）

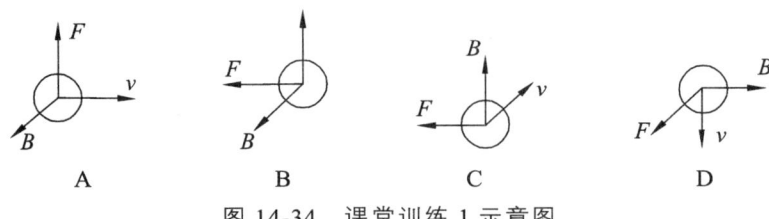

图 14-34　课堂训练 1 示意图

【**课堂训练 2**】　试判断图 14-35 中各带电粒子所受洛伦兹力的方向或带电粒子的带电情况。

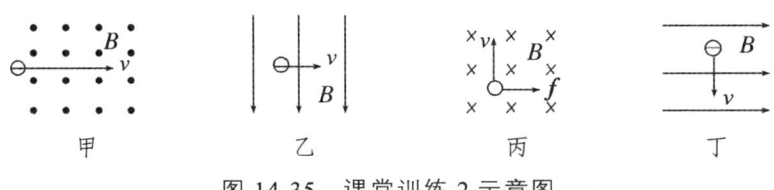

图 14-35　课堂训练 2 示意图

【**课堂训练 3**】　判断图 14-36 中各带电粒子所受洛伦兹力的方向（甲乙丙均为正电荷，丁为负电荷）。

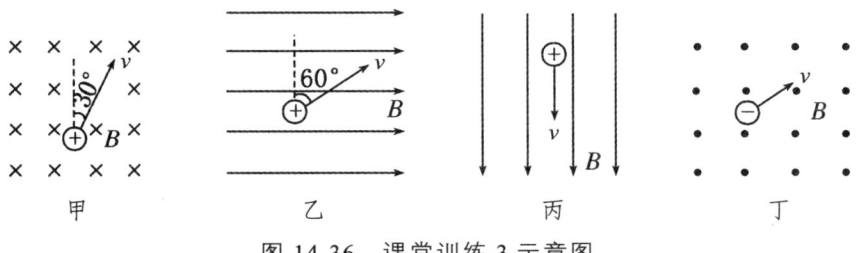

图 14-36　课堂训练 3 示意图

【**课堂训练 4**】　判断图 14-37 中带电粒子所受洛伦兹力的方向。

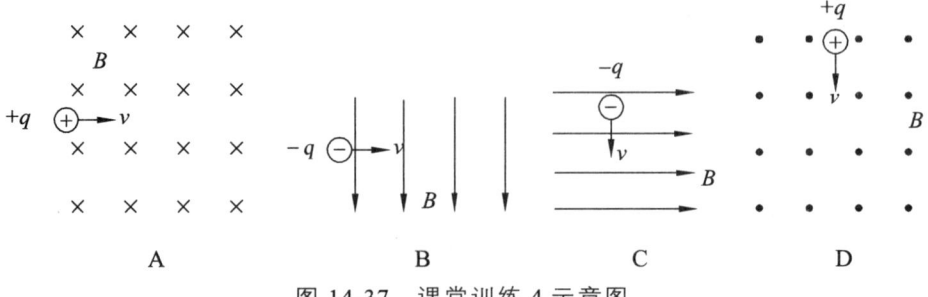

图 14-37　课堂训练 4 示意图

【规律总结】

（1）洛伦兹力的方向由左手定则判断，必须注意运动电荷是正电荷，v 的方向就是电荷运动方向，如果是负电荷，v 的方向跟电荷运动方向相反。

（2）应用左手定则时适用于判断力（安培力和洛伦兹力）的方向；应用右手定则时适用于判断感应电流的方向（电磁感应部分将会学到）。

为了避免混淆，总结规律如下：

"力"的笔画中最后一笔"丿"，向左写，所以用左手。

"电"的笔画中最后一笔"乚"，向右写，所以用右手。

教学实践：每组四人，每人领到任务后进行思考 3 min，3 min 后组内成员交流分享，教师根据各小组分享情况请相关代表进行展示说明，结合展示说明，教师进行规律总结。但由于题目太多，合作小组讨论时间较短。

4. 理论推导——物理建模，得出洛伦兹力的大小计算公式

洛伦兹力的方向随电荷运动方向的变化而变化。但无论怎样变化，洛伦兹力都与运动方向垂直,通电直导线处于磁感应强度大小为 B 的匀强磁场中，导线中，电流方向与磁场方向垂直，若只考虑其中一段长度为 L 的导线，设该段导线内定向移动的电荷数为 N，导线所受的安培力为 F，每个电荷所受洛伦兹力为 f（图 14-38）。

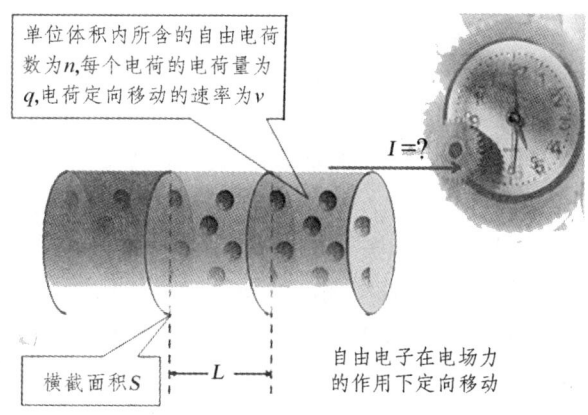

图 14-38　洛伦兹力的大小计算公式推导

（1）请写出安培力 F 和洛伦兹力 f 之间的关系。

（2）若 Q 为时间 t 内经过导线横截面积 S 的电量，请写出电流 I 的表达式。

设自由电荷定向移动速度为 v，每个电荷所带电量为 q，写出电流 I 的另一表达式。

（3）综上可得，导线中每个定向移动电荷所受洛伦力的大小表达式 $f = $ _____。

教学实践过程：教师结合电流形成的原因建立研究模型，通过层层问题设置，引导学生进行思考，具体推导过程如下。

① 这段导线内的自由电荷数 N

$$N = nV_{体} = nLS = nvtS$$

② 电流强度 I

$$I = \frac{Q}{t} = \frac{(nLS)q}{t} = \frac{(nvtS)q}{t} = nvSq$$

③ 通电导线所受的安培力 F

$$F = BIL \quad F = Nf$$

④ 每个电荷所受的洛伦兹力 f

$$f = \frac{F}{N} = \frac{BIL}{N} = \frac{nqSvBL}{nSL} = qvB$$

教师要结合左手定则与计算公式，引导学生分析出公式应用的两种情况：① 当 v 和 B 平行时，洛伦兹力 $f = 0$；② 当 v 和 B 垂直时，洛伦兹力最大为 $f = Bqv$。

5. 知识应用——应用洛伦兹力公式解决实际问题

如图 14-39，已知赤道上空某处由南指向北的磁感应强度为 1.2×10^{-4} T，如果有一速度 $v = 5.0 \times 10^5$ m/s 的质子（电荷量 $q = 1.6 \times 10^{-19}$ C）竖直向下运动穿过此处的地磁场。求解以下问题。

（1）此时该粒子受到的洛伦兹力是多大？向哪个方向偏转？

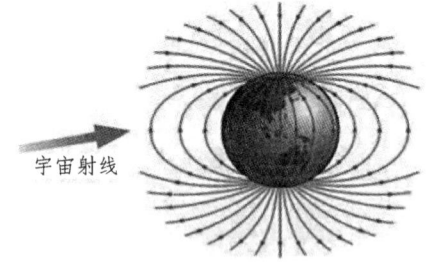

图 14-39 宇宙射线与地磁场

（2）在地球两极处，地磁场方向可近似认为垂直地面，在赤道处，地磁场方向可近似认为由地理南极指向地理的北极，那么地球两极处和赤道处相比，哪个区域地磁场对高能带电粒子的阻挡效果更好，为什么？（具体解答过程略）

教学实践：在解决此问题时，教师播放带电粒子在地磁场中偏转的视频，特别提到极光出现的现象中在地球纬度较高的地方，那么在地球纬度较低的地方为什么不能出现极光现象呢？这一视频使整节课引向高潮，结合视频提出这一题目激发学生学习兴趣。

八、课后巩固与能力提升（略）

九、小结：按你喜欢的方式对本节总结

十、布置作业

十一、教学中应注意的问题

（1）教师要把控教学节奏与教学时间，不易拓展太多，太深。

（2）教师要善于评估与评价，不能占用学生太多时间来评分、评估。

（3）教师要督促、检查好学生的课前合作与自主学习，让学生做好充分准备，告知学生合作的一些技巧与课堂汇报学习结果的技能，如学会尊重别人、学会承担个人与小组责任、学会倾听、学会鼓励别人、学会分享、学会帮助别人、学会忍让等，让学生快速跑到讲台、言简意赅地讲解汇报学习结果。

十二、本节课学习中存在的疑问及解答

可以寻求课代表、其他组同学和老师，提出一个问题1~5分，据问题的价值给分，回答一个问题给解答者1~5分，找老师回答一个问题给提问者2~6分。

十三、教学点评

本节课的优点：（1）洛伦兹力的方向涉及的空间立体关系比较抽象，适合学生在实践中感知，是培养科学探究的有效素材；在教学中，通过教师引导，让学生自主建立起两者之间的关联，通过图片形象展示与分析，结合三维实验图片与二维图片转化对比，引导学生结合安培力在左手定则的使用过渡到对于带电粒子中使用左手定则的方法，类比分析使用得较好。

（2）洛伦兹力的理论推导思维跨度较大，是教学中的难点，教师需要为学生搭建合适的思维台阶。教师采用问题引导的做法，利用微观示意图帮助学生建立起宏观和微观的关联，随后学生自行推导出表达式。在学生认识到洛伦兹力的计算公式后，教师通过视频引入，激发学生的学习热情后，引导学生解决生活实际问题，此教学策略有效地帮助学生形成洛伦兹力这一物理观念，有效地形成科学思维。

本节课的不足之处：（1）教学导入时，没有通过洛伦兹力在科技或生活中的应用来激发学生的好奇心与学习热情。

（2）对于洛伦兹力的方向判断若能结合洛伦兹力演示仪进行演示，可更能形象地引导学生认识带电粒子在磁场中做匀速圆周运动的轨迹特点，这些教学内容既能完善学生的知识体系和物理观念、锻炼学生深入学习的能力。

（3）没有充分发挥物理学史的教育功能。本节课可提及的物理学史有：① 安培的安培力到洛伦兹所提出的洛伦兹力的研究过程。② 洛伦兹的介绍，如洛伦兹是第一代理论物理学家的领袖，他不仅在科研中取得了令人瞩目的成就，更在做人方面为世人树立了典范。教学中可以在学案附录资料详细介绍洛伦兹，也可以通过爱因斯坦对他的评价，让学生感受科学家的崇高品质，这是培养学生科学态度与责任的绝佳素材。

（4）合作策略只给出了任务的分配，做到了责任到人，但由于合作内容较多，学生做完，再加上组内讨论，所花时间会较多，不利于教学任务的完成。作为初学者，建议每组精心挑选风格各异的一题进行合作学习较好，以达到积极互赖的原则，在教学设计中，对于合作学习的评价设计欠佳。

案例8 油膜法测分子的直径

设计者：袁勇，付民　　湛江市第二中学

2019 年 3 月

班	组	组长	秘书	专家	监督员

第 1 节 物质是由大量分子组成（2 课时）

一、教学目标

（1）知道物体是由大量分子组成的。

（2）知道油膜法测量分子大小的实验原理，并能进行测量与计算。通过油膜法实验使学生知道测定宏观量的方法来求出微观量大小的思维方法。

（3）知道分子的球形模型，知道分子大小的数量级，初步认识到微观世界是可以认知的，人类探究微观世界经历了漫长的过程，而且意识到这种探索还将持续下去。

（4）理解阿伏伽德罗常数是联系微观世界和宏观世界的桥梁，记住它的数值和单位，会用这个常数进行有关的计算和估算．

二、学习重点与难点

（1）理解和学会用单分子油膜法估算分子大小（直径）的方法；

（2）用阿伏伽德罗常数进行有关计算或估算的方法。

第1课时　用油膜法测分子的大小
（本节课适合正式的大合作）

一、合作学习原因分析

对于本实验的原理，其理论性比较强，需要搞明白很多细节性问题，教师直接讲解难使学生记住各个知识点。搞清楚实验原理后才可以做实验，否则学生易乱搞。要么加的油酸溶液太多，很多学生一次性加入几毫升溶液，达到几十滴溶液，致使油酸不能单分子排列，导致实验失败，重新洗盘子多次，浪费水资源。也有的学生不按实验流程做，致使实验失败。若开展配对合作学习，让学生独立看完书后一起讨论教师事先提出的问题，易促进学生独立思考，相互交流，既能有效弄明白诸多细节性问题，又能促进学生深度思考问题、理解问题的积极性，为实验操作打基础。

实验操作时采用同桌配对，把实验步骤平分到每一位学生手中，预防学生乱来，能高效完成预定实验目标。

二、教学设计

（一）课前探讨实验原理（要求学生在上课前完成，上课时抽查几组汇报结果）

请同学们独立阅读教材 P2 实验，回答以下问题，结合教师引导，将所学的与同桌交流。

（1）油酸分子当成什么模型来处理的？

（2）怎么能保证微小的油酸分子在水面上呈单分子排列？

（3）怎样估算油酸分子的直径？

（4）如何获得很小的 1 滴油酸？怎样测量它的体积？

（5）如何测量油酸薄膜的面积？

（6）画出实验的基本流程图。

教学实践分析：对于分子球体模型的建立，教师要用事实进行说明，要向学生介绍目前探究微观世界中比较先进的仪器，如扫描隧道显微镜、原子粒显微镜、离子显微镜等。扫描隧道显微镜不仅可以观察物体表面原子，还可以进行操作，把原子进行重新排列，如图 14-40，向学生展示了石墨层面上的碳原子。通过对扫描隧道显微镜的简单了解，和对扫描照片的观察，学生很容易建立分子球体模型的概念。

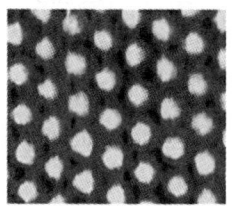

图 14-40　扫描隧道显微镜下的石墨

由于分子尺寸非常小，无法用肉眼直接观察，所以学生并没有太多的直观经验，因此在实验教学中要设计体验的过程。教师拿出一个量筒，一把米尺，一定量的小米，若把小米看成圆形的，引导学生思考如何测出小米的直径。学生讨论，探究各种方法，并发表意见，归纳出以下方案：

方法 1：将小米排成一列，用一列的长度除以小米的个数。

方法 2：对小米拍照，然后放大测量，再除以比例尺得到一粒小米的直径大小。

方法 3：测量若干小米的总体积，用它除以小米的个数得出一粒小米的体积，再算出小米的直径。

方法 4：将小米平铺成一层，用体积除以面积，计算一层小米的高度即小米的直径。

通过这一问题的引入帮助学生理解保证微小的油酸分子在水面上呈单分子排列的重要性，并明确了方法 4 的可行性，如图 14-41 所示。在这些铺垫引导下，学生结合相关实验教材，很快交流出解决上面 6 个问题的方案。

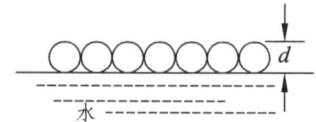

图 14-41　油膜法测分子的直径

（二）实验研究（小组合作，进行实验，20 min）（表 14-12）

表 14-12　油膜法测分子直径实验探究

任务	A 同学	B 同学
实验准备	用清水反复清洗浅水盘（注意节约用水），并在盘中装入约 2 cm 深的水。	用注射器抽取少量油酸溶液，记下油酸溶液的配制比例＿＿＿＿＿，并搞清楚一滴油酸溶液中含有的油酸体积是＿＿＿＿＿
实验操作	将痱子粉或细石膏粉均匀地撒在水面上，注意不要撒太多。	用注射器往水面上滴一滴油酸溶液，注意要使滴头靠近水面，只滴一滴，滴两滴就失败，需要重新洗盘，浪费水资源。
观察并记录现象		
测量油膜面积	用笔画出油膜的轮廓	把玻璃板放在水盆的上面
数格数	格数＿＿＿＿＿；估算出油膜的面积	格数＿＿＿＿＿；估算出油膜的面积
求解分子直径		
实验注意事项		
实验误差分析		

【课堂针对训练 1】将 1 mL 油酸溶于酒精，制成 200 mL 溶液。已知 1 mL 溶液有 50 滴，取 1 滴滴在水面上，在水面上形成 $0.2\ m^2$ 的油膜，估算油酸分子的直径。

教学实践分析：在实验中，不少学生发现每组测量结果不相同，这时教师要引导学生进行讨论，明白我们是通过实验估测了分子直径的大小，结果与用扫描隧道显微镜测得的结果数量级是相同的，但是为什么我们每组测量结果会不一样？学生讨论并归纳：① 纯油酸体积的计算误差：a. 油酸酒精溶液的实际浓度和理论值间存在偏差；b. 一滴油酸酒精溶液的实际体积和理论值间存在偏差。② 油膜面积的测量误差：a. 油膜形状的画线误差；b. "互补法"（即不足半个舍去，多于半个的算一个）本身是一种估算，会带来误差。③ 形成的油膜不一定是规则的单分子油膜，会存在偏差。如何减少实验误差呢？学生讨论交流、归纳：① 测一滴油酸溶液体积时，滴油酸溶液的力度要均匀，针体处于同一角度，保持滴法一致，使每一滴体积等大。② 撒粉时，尽量在浅盘中央部位均匀撒粉，不能太薄或太厚，不要撒满浅盘，边缘部位留有一定空隙。③ 滴油酸溶液时，针尖应离水面 1 cm 左右，滴接近水面速度要小，防止反射波的形成，使得油酸膜的轮廓稳定清晰。④ 描图时，盘中的水面尽可能接近玻璃板，视线要正视要描的图案，不斜视。

教学点评：由于分子看不见、摸不着，教师通过选择测量小米直径来铺垫，调动学生的探究积极性，促使学生处于积极的思维状态，进而探寻多种测量方法，为自然过渡到测量分子直径的可行方法打好直观基础，设计中从宏观到微观层层铺垫，配合实验演示，有利于微观的物质宏观化，抽象的方法形象化。

为引导学生理解整个实验过程，教师采用了问题导学法，通过学生的讨论与交流，教师的点拨，使学生充分认识累积和转换思想在间接测量中的重要作用。让学生作为探究的主体，在学习物理知识的同时，也受到科学思维方法的训练与熏陶。

在实验过程中，教师通过对实验误差的讨论与分析，引导学生思考如何改进实验，让学生经历一次完整的科学思维和能力的训练，通过实验培养学生观察、动手、思维能力及科学严谨的态度和实事求是的作风。

在合作学习设计方面，教师明确小组中每位同学的责任，这样给学生预留了更多的合作研讨空间，但是教师在巡视时要多关注缺少自信的学生，协助、鼓励他们完成自身的实验任务，当然也可以采用互换小组成员角色的方法促进他们有效参与到实验中来，避免被冷落和"陪读"现象的发生。如何促进小组成员间的目标积极依赖关系，也是教师在合作学习设计中要思考的，如上课前，教师告知学生实验课后要对学生进行本实验测试与考核，具体的测试方式可以是针对全班作答的试卷考核，也可以是教师对学生的口头问答考核，还可以采用课后随机抽查的考核方式，教师随机抽留几名学生，在课下进行实验操作方面的考核。考核内容侧重于实验操作注意事项、实验数据的处理、实验结论的生成、对实验操作成功和失败的体会等，这些做法都可在教学中进行尝试。

三、基于核心素养的合作学习实践案例（2018—2021 年间的合作学习）

物理学科核心素养在《普通高中物理课程标准》颁布时被重点提出，它是学生在接受物理教育过程中形成的适应个人终身发展和社会发展所需要的正确价值观念、必备品格和关键能力，包括物理观念、科学思维、科学探究和科学态度与责任等四个要素。在对物理核心素养进行深入的理论学习后，我们的物理教学设计逐渐向落实核心素养的方向靠拢，不再为了合作学习而合作，也不再仅停于表面或形式的合作，而是在必要的教学内容上采用合作学习，通过生生间合作、师生间合作最大化地提高教学效率，促进学生物理核心素养的提升。在教学实践中我们发现卡干合作学习结构法能够有效地促进教学内容的展开，为课堂带来活力，让学生更大程度地参与到教学活动中，激发学生学习的热情，刺激学生思维的提高，促进学生间的交流，让学生形成积极互赖的关系，下面结合具体案例介绍核心素养下物理合作学习的教学设计与实践。

案例 9　自由落体运动

（采用教材：2019 年 8 月出版的粤教版物理必修第一册）

　　设计者：麦建华　　岭南师范学院附属中学
　　　　　　袁勇　　　湛江市第二中学
　　　　　　周朱武　　湛江市遂溪县大成中学
　　　　　　2020 年 10 月

计划课时：1 课时

一、教学整体分析（表 14-13）

表 14-13　"自由落体运动"教学整体分析

项目	教学目标	学情分析	教学策略与教学手段
物理观念	1. 通过对影响物体运动快慢的探讨提出自由落体运动的概念。（水平 2） 2. 能够应用自由落体运动相关公式解决现实生活问题。（水平 3） 3. 了解地球表面不同地方重力加速度的值是不一样的，为后面章节介绍重力场、万有引力等物质观与相互作用观做铺垫。（水平 2）	1. 学生认为生活中常见的落体运动就是自由落体运动。 2. 认为越重的物体下落得越快，深受亚里士多德的影响。	1. 联系实际生活，通过演示实验① 纸片、橡皮下落实验 ② 纸团（由纸片揉成）、橡皮下落实验，引导学生思考引起两次实验结果不同的原因，唤醒学生从经验认识到事实的思考。 2. 新旧知识融会贯通，建构知识网络深度联系，从时空角度确立运动观念:真空条件下自由落体是匀变速直线运动的特殊形式，匀变速直线运动的规律在自由落体运动中都成立。通过相关习题训练，培养学生解决问题的能力。

续表

项目	教学目标	学情分析	教学策略与教学手段
科学思维	1. 结合教材中自由落体的频闪照片，引导学生从不同的角度进行自由落体运动规律的推理与论证，得出物理学中的自由落体运动是排除了空气阻力等因素的物体匀变速直线运动的一种理想化的运动模型。（水平3） 2. 能在熟悉的运动情境中学会选用自由落体的运动模型解决简单的物理问题。（水平3）	1. 对于自由落体的认识容易忽略初速度为零与只受重力的条件。 2. 学生习惯分析典型的纸带运动问题，对于课本上关于自由落体频闪照片的认识还很陌生，对真实问题情境的分析能力还较弱。 3. 学生易疏忽公式的初始条件（$v_0=0$），什么情况都直接用公式求解。 4. 学生利用比值法求解实际问题有较大挑战性。	1. 教师通过演示生活中的树叶下落运动、平抛运动、竖直下抛运动，引导学生分析这些运动是否为自由落体运动。通过分析使学生明确自由落体运动这一理想模型的形成条件。 2. 结合卡干结构法中的聚焦法，让学生从不同的角度对课本上关于自由落体频闪照片的研究提出方案，能从匀变速直线运动中的速度特点、加速度特点、位移特点进行解释与分享，培养学生的科学推理与论证能力。 3. 教师结合前面匀变速直线运动规律，引导学生进行思维迁移，写出自由落体运动公式，结合卡干结构法中目标协同结构法，引导学生解决相关物理问题。
科学探究	1. 通过两个演示实验的对比，引导学生对"重的物体比轻的物体下落得快"这一结论提出质疑与猜想，通过牛顿管实验验证猜想。（水平1） 2. 通过小组合作分析课本自由落体频闪照片中的数据，发现自由落体加速度不变，大小约为 $g=9.8\ m/s^2$，满足匀变速直线运动的特点。（水平3） 3. 探究过程中能从相邻、相等时间的位移之差是恒量、速度-时间图像中对自由落体运动特点进行交流。（水平3）	1. 学生知道下落运动是一种加速运动，会认为加速度与质量成正比，但结合真实情景中的数据分析，从定性与定量的角度进行描述的能力较弱。 2. 学生对于初中 $G=mg$ 中的 g 与重力加速度 g 的关系不了解。	1. 利用卡干结构法的同桌配对交流法，引导学生利用身边的物品，对"重的物体比轻的物体下落得快"这一结论进行探讨，寻找证据，同桌间进行简单的交流，结合教师进行的牛顿管实验，陈述探究过程和结果。 2. 介绍频闪照片的形成原因与图片上测量两球距离的技巧，教师引导学生回顾匀变速直线运动中相邻、相等时间的位移之差是恒量，速度-时间图像是直线，且直线斜率代表加速度大小等特点，通过卡干结构法中的聚焦法，结合课本中的"讨论与交流"问题进行自由落体运动规律的探讨，以培养学生良好的合作品质，提升学生的解释与交流能力。

续表

项目	教学目标	学情分析	教学策略与教学手段
科学态度与责任	1. 通过亚里士多德由生活经验得出的结论再到伽利略的逻辑推理，结合牛顿管实验展示，让学生认识到自由落体运动的研究是在观察和实验基础上的一种科学的抽象活动。（水平2） 2. 通过合作学习进行实验探究与讨论，在鼓励学生主动与他人合作的过程中，培养实事求是的科学态度。（水平2） 3. 让学生思考"假设当物体自由下落的高度足够大时，物体落地的速度会不会超过光速？"这一问题的讨论，让学生充分认识自由落体运动规律具有持久性和普适性，同时也有局限性。（水平2）	1. 不少学生习惯从生活观察与经验中总结结论，对科学结论的研究过程并不了解。 2. 利用 $v\text{-}t$ 图像进行实验数据处理时易出现连线不当、弄虚作假等情况。 3. 由于小组成员学习能力的差距，在合作学习过程中易出现边缘化现象。	1. 在了解自由落体公式后，教师进行知识拓展：假设教学楼足够高且空气阻力忽略不计，甲乙两个重物下落的时间足够长，重力加速度的作用会使物体下落的速度足够大，那么物体下落的速度会不会超过光速？ 根据题意，在理论层面上，重力加速度的作用导致物体的下落速度趋近光速时，现实层面而言，此时物体的质量发生变化，经典物理中的牛顿定律将不再适用。 2. 通过卡干结构法中的"聚焦法""同桌配对交流法""目标协同结构法"，引导学生养成既能坚持自己的观点，又能修正错误的科学态度。 在一些实验结果的处理中，应本着实事求是的科学态度来正确看待实验数据和处理实验数据，认真分析实验误差，绝不弄虚作假，养成良好的科学道德规范。
教学准备	1. 每组准备若干纸片和硬币。 2. 准备好牛顿管。		

二、教学流程（图 14-42）

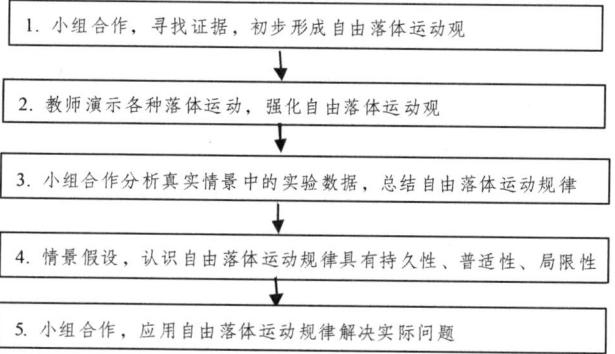

图 14-42 "自由落体运动"教学流程

三、教学过程

（一）前置性合作探究学习：澄清决定自由落体运动快慢的因素

教师展示生活现象：树上的苹果比树叶下落得快。

问题：你认为重的物体比轻的物体下落快吗？

任务1：探究物体下落快慢与质量的关系（非正式小合作，不评价）（3 min）

采用同桌配对交流法。

第一步：同桌配对，利用自带的纸、橡皮擦等物品进行操作交流。

第二步：教师巡视，代表上台展示，A同学让一张白纸、橡皮擦从同一高度静止释放到同一水平面上，B同学观察下落的快慢并解说。B同学将原来的白纸揉成团，与橡皮擦从同一高度静止释放到同一水平面上，A同学观察下落的快慢并陈述小组实验结论：物体下落快慢与质量大小没有关系，可能与空气阻力有关。

教师结合课本内容进行相关物理学史介绍。

教师利用牛顿管（图 14-43）演示三种情况：① 牛顿管内有空气。② 牛顿管内的空气被抽出一些。③ 牛顿管内的空气被全部抽出（近似真空）。通过观察，让学生明确，在没有空气阻力的情况下，物体只在重力的作用下从静止开始的运动叫作自由落体运动。

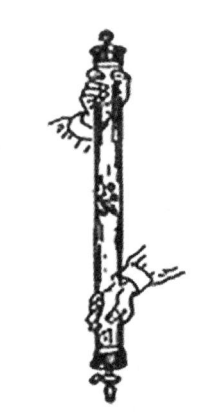

图 14-43　牛顿管实验

（二）合作与探究——自由落体运动的规律

教师介绍教材中自由落体的频闪照片（曝光时间为$\frac{1}{30}$ s）（图 14-44）的形成原因及图片上测量两球间距离的技巧。

教师引导学生猜想：你认为自由落体运动是一种什么样的运动？请说一说你猜想的依据。

任务2：探究自由落体运动的规律（正式小合作，评价）（8 min）

采用聚焦法。

第一步：每个人独立思考，写出自己的猜想，并进行相关的计算，作为依据。（3 min）

第二步：同桌间交流后并综合意见，再在小组内交流达成一致，举手表态。（3 min）

第三步：教师巡视，对举手的小组任选一人进行汇报，汇报整个小组的猜想以及依据。小组猜想的结果是匀变速直线运动，依据有：① 相邻、相等时间的位移之差相差不大，可认为是恒量，结合 $\Delta s = at^2$，利用逐差法求出自由落体运动的加速度大小 $g \approx 9.8 \text{ m/s}^2$。② 通过平均速度公式算出某段时间中间时刻的瞬时速度，画出对应的速度-时间图像是直线，且直线斜率代表加速度大小，求得 $g \approx 9.8 \text{ m/s}^2$。（2 min）

（说明：为提高课堂效率，可课前提前布置学生完成对图片运动的猜想与证明。评价量表采用"表 12-9 教师对小组的合作评价标准"进行）

通过课本介绍的一些城市或地区重力加速度值的不同，教师需向学生说明，不同的地区，重力加速度的值是不同的，但差别不大，通常计算时，g 取 9.8 m/s^2，粗略计算时，

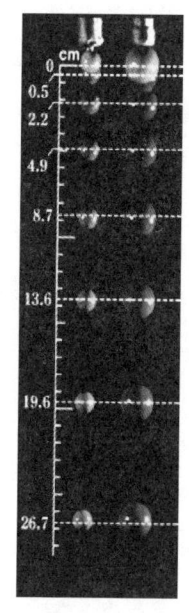

图 14-44　自由落体的频闪照片
（曝光时间为 $\dfrac{1}{30}$ s）

g 取 10 m/s^2，结合前面所学匀变速直线运动知识，教师可让学生们自推自由落体运动的相关公式，教师请学生代表上台展示。相关公式如下：$h = \dfrac{1}{2}gt^2$、$v_t = gt$、$v_t^2 = 2gh$，结合课本例题，让学生自学掌握公式的基本应用。

（三）迁移与拓展——自由落体运动规律的应用

任务 3：自由落体运动规律的应用（正式的大合作，评价）（20 min）
采用目标协同结构法。
说明：所用题目根据难易程度已由 1（易）到 4（难）编好题号。

1. 从离地面 500 m 的空中自由落下一个小铁球，取 $g = 10 \text{ m/s}^2$，求小球：
（1）经过多长时间落到地面？（2）落地速度；（3）自开始下落计时，在第 1 s 内的位移。

2. 一颗自由下落的小石头，经过某点时的速度是 9.8 m/s，经过另一点时的速度是 39.2 m/s，取 $g = 9.8 \text{ m/s}^2$，求这两点间的距离和经过这段距离所用的时间。

3. 高空坠物的破坏力很大，一块手掌大的西瓜皮从 25 楼高空抛下可能让人当场丧命，这样的悲剧在各地屡屡上演。一颗玻璃球从某楼层自由落下（忽略空气阻力），所用时间为 2.0 s，g 取 10 m/s^2，每层楼高度约为 3 m，则该玻璃球可能来自哪个楼层？其落地速度多大？

4. 一小铁球从某一高度自由下落，在落地最后 1 s 内通过的位移是总位移的 9/25，求小球释放点到地面的高度。

第一步：4 人一组，根据自己的基础，选择相应的题号 1、2、3、4。选好题后，每人独立思考。（4 min）

第二步：各组 1、2、3、4 号同学分别就近集中进行交流，每号同学不得少于 4 人，多于 6 人，并尽量确保本组每一个同学都掌握。（3 min）

第三步：组内每位同学学会后回到原来基组，向组内其他组员汇报、讲解你学到的，其他同学倾听、理解和记录，并轮流进行。汇报讲解时简洁明了，不要说与问题无关的话，直到全组成员都理解你的讲解为止。（6 min）

第四步：汇报合作学习成果：老师随机抽查某一组一位同学汇报该组的合作学习结果，其他组补充。（5 min）

第五步：小组评估与评价（见表 12-4 与表 12-9）。（2 min）

（说明：任务 3 可根据班级学生实际基础进行改动，若实际上课班级基础较弱，可把探究题目改为两题或将所用题目布置成课后作业，下一节课再使用目标协同结构法。评价量表可采用"表 12-4 组评量表""表 12-9 教师对小组的合作评价标准"进行）

课后思考：

1. 有一物体自 44.1 m 高楼从静止开始竖直匀加速落下，经 4 s 到达地面，求此物体到达地面时的瞬时速度。

2. 一小铁球从某一足够高的高度自由下落，重力加速度的作用会使物体下落的速度足够大，那么物体下落的速度会不会超过光速？

四、小结（略）

五、布置作业

六、本节课学习中存在的疑问及解答

可以寻求课代表、其他组同学和老师，提出一个问题 1～5 分，据问题的价值给分，回答一个问题给解答者 1~5 分，找老师回答一个问题给提问者 2~6 分（表 14-14）。

表 14-14 "自由落体运动"学习中存在的疑问及解答

姓名	疑问	解答	解答者

七、教学反思

（1）通过演示实验，激发了学生的学习兴趣，培养了学生的观察、概括、科学抽象能力。教学时，教学过程的第一部分（通过演示实验，引出要探究的问题）还可以紧凑些，尽量缩短教学时间。研究物体下落快慢的因素分析时，尽量激发学生思考，利用已有的实验器材（纸片、橡皮擦等），放手让学生上讲台来演示，这不仅可激发学生的学习兴趣，而且活跃了课堂氛围。

（2）本节课计算量较大，若事前没有做好提前布置的工作，合作学习任务 2 中就会花较多的时间，所以合作学习对教师的预备课能力与灵活处理问题能力要求较高。课后思考的设置很好地培养学生的逻辑推理中的严谨性。如题 1 中学生可能会忽略初速度，盲目带公式，而题 2 的设置是引起学生思考自由落体运动规律应用的局限性，为后面的重力学习、万有引力定律的应用做铺垫。

（3）教师适时总结点评，引导学生进入深度思维活动。科学思维的培养不是把几个要素一一排列进行培养的，它不能直接、集中、单次呈现，它是互相融合、交替使用的。科学思维强调以实证为判断的依据、以逻辑为论证的手段、以质疑为评价的起点。这就需要教师走下讲台，参与交流，要求同学们学会用明确、精准的物理语言提出质疑并与同伴进行有效的沟通。根据合作学习的情况，适时进行小结评价，推动学生思维活动向深度发展。比如在合作学习任务 2 中，基础弱的学生没注意到 $\Delta s = at^2$ 中 Δs 的含义，以为就是位移差；还有的同学画 v-t 图时不会处理有误差的点，连成曲线，这些现象可用手机拍摄下来进行投屏让学生讨论，在肯定他们努力的同时，结合一些做得较好的小组进行对比得出结论，培养他们的建模能力，归纳思维能力。

案例10 摩擦力

（采用教材：2019年8月出版的粤教版物理必修第一册）

设计者：袁勇　　　湛江二中

　　　　麦建华　　岭南师范学院附属中学

2020年11月

一、教学整体规划（表14-15）

表14-15 "摩擦力"教学整体规划

项目	教学目标	学情分析	教学策略与教学手段
物理观念	1. 能够从分析归纳摩擦力产生的条件的过程中学会判断摩擦力的存在，运用实验和假设法判断摩擦力的方向。（水平2） 2. 会用二力平衡条件判断静摩擦力的大小和方向。（水平3） 3. 能够应用滑动摩擦力 $F=\mu F_N$ 的公式解决实际问题。（水平3）	1. 初中学生简单接触过摩擦力的产生条件、概念和分类，知道摩擦力在日常生活中的重要作用，知道摩擦力的危害，能利用二力平衡求解过摩擦力的大小与方向，但要求很低，都是感性和定性了解。 2. 学生会错误认为，只有静止的物体才能受到静摩擦力，只有运动的物体才能受滑动摩擦力，滑动摩擦力的方向与运动方向相反。 3. 利用公式求解滑动摩擦力不是件难事，但学生找不准正压力，往往认为压力的大小总是跟滑动物体所受的重力相等。	1. 让学生结合生活经验，通过多维度描述摩擦力，寻求物理事实描述摩擦力，初步形成对摩擦力的认识。 2. 选择各种典型物理情景先让学生独立思考，科学判断静摩擦力和滑动摩擦力存在与否，其方向如何，如何应用滑动摩擦力 $F=\mu F_N$ 的公式等培养学生解决物理问题的能力，形成物理观念。
科学思维	1. 能从真实情境中科学论证得出摩擦力产生的条件及方向判断方法。（水平2） 2. 运用所学的知识在物理情境中科学推理分析静摩擦力与滑动摩擦力的问题。（水平3）	1. 由于静摩擦力的不可观察性，在具体问题中又表现出"动中有静，静中有动"，尤其静摩擦力在许多情形下似乎又是"若有若无，方向不定"，因此对于初学者来说不易理解，学生往往判断错误，感到十分困惑。 2. 学生会认为相对滑动速度越快，接触面越大摩擦力越大。	1. 通过同桌配对讨论摩擦力存在的价值与有害一面来培养学生的辩证思维能力。 2. 通过游戏"拉开交叉叠放的两本书"来猜想两本书能拉开的原因与不能拉开的原因，能用简单和直接的证据说明最大静摩擦力与正压力有关。 3. 通过"气球提水杯"来论证摩擦力产生的条件及方向。 4. 能恰当地运用证据证明摩擦力的方向与相对运动（或相对运动趋势的方向）相反，滑动摩擦力的大小与压力成正比，而不是与重力成正比。 5. 通过多种物理情境再现，引导学生科学推理分析静摩擦力与滑动摩擦力的问题，解决学习中所存在的质疑。

续表

项目	教学目标	学情分析	教学策略与教学手段
科学探究	1. 能进行分组分层自主合作实验，运用控制变量法；综合实验数据，学会判断静摩擦力的大小与得出滑动摩擦力的公式。（水平2） 2. 通过实验，获取最大静摩擦力略大于滑动摩擦力的证据。（水平3） 3. 能通过基于本组实验的证据和逻辑推理发表自己的见解。（水平2）	1. 很多学生会认为静摩擦力大小与正压力及接触面的粗糙程度有关，易和滑动摩擦力混淆，也不太清楚最大静摩擦力的特点，尤其是不理解最大静摩擦力怎么会比滑动摩擦力略大一点。 2. 学生在初中已经重点学习过滑动摩擦力的概念，通过实验说明了其方向与其大小的决定因素。但很多学生并没有亲手操作实验定性研究滑动摩擦力。 3. 学生还缺乏滑动摩擦力与正压力成正比的定量关系，而且对比例系数 μ 决定于接触面的材料理解模糊。	1. 通过自制实验器材与前置性学习，让学生合作交流猜想静摩擦力、滑动摩擦力的大小与哪些因素有关，它们之间的大小关系如何？上课时，通过实验方案展示交流，教师点拨，并通过问题式导学法引导学生完成实验探究过程。 2. 通过实验数据处理，引导学生对获取的图像信息进行处理，描述和总结实验结果；能恰当地使用证据证明最大静摩擦力与滑动摩擦力的关系，培养学生的科学探究能力。
科学态度与责任	1. 能结合摩擦力知识对多种真实情景进行分析，培养实事求是的科学态度。（水平3） 2. 通过习题的层次性训练培养勇于探索的科学态度与责任感。（水平2） 3. 通过合作学习培养学生实践思维、问题解决、合作交流能力。（水平3）	1. 摩擦力在生活中处处常见，单纯地从生活现象引入易让学生学习兴趣缺失。 2. 刚上高一学生的思维依赖性较强，以往课堂中师生交往的单一性，喜欢接受式学习，对体验性学习方式和研究性学习方式了解不多。缺乏高评价、高激励的支持创新学习的心理环境。	1. 通过游戏来培养学生学习物理的兴趣。 2. 创设"气球提水杯"的真实情景寻找静摩擦力产生的条件与静摩擦力的方向，培养学生认真、严谨的科学态度。 3. 采用同桌配对法进行猜想："假如没有摩擦力，世界将变成什么样？"来激发学生的学习兴趣并培养学生的社会责任感。 4. 创新实验器材，突破科学探究静摩擦力大小的实验难点，大大激发学生的求知欲望和创造潜能。 5. 采用多种卡干结构法提升自身合作交流能力、思维能力和分析、解决问题的能力，培养和发展自身的核心素养。 6. 设置多种评价量表，评价学生的个人表现与小组合作技能的使用，让学生充分感受到学习过程中的各个环节中教师的多元评价与对他们的肯定，培养学生的综合能力。

续表

项目	教学目标	学情分析	教学策略与教学手段
教学准备	教师准备：多媒体 ppt 课件、动画、视频、长塑料杯、细沙、长木棒、弹簧测力计、木块、长木板、细线、砝码、长方形白纸、毛巾等。 学生准备：分组实验用的教材、水杯、气球、弹簧测力计、木块、长木板、细线、砝码、长方形白纸、毛巾等。		

二、教学流程图（图 14-45）（第一课时，需用到流程 1、2、3、4、6；第二课时，需用到流程 5、6）

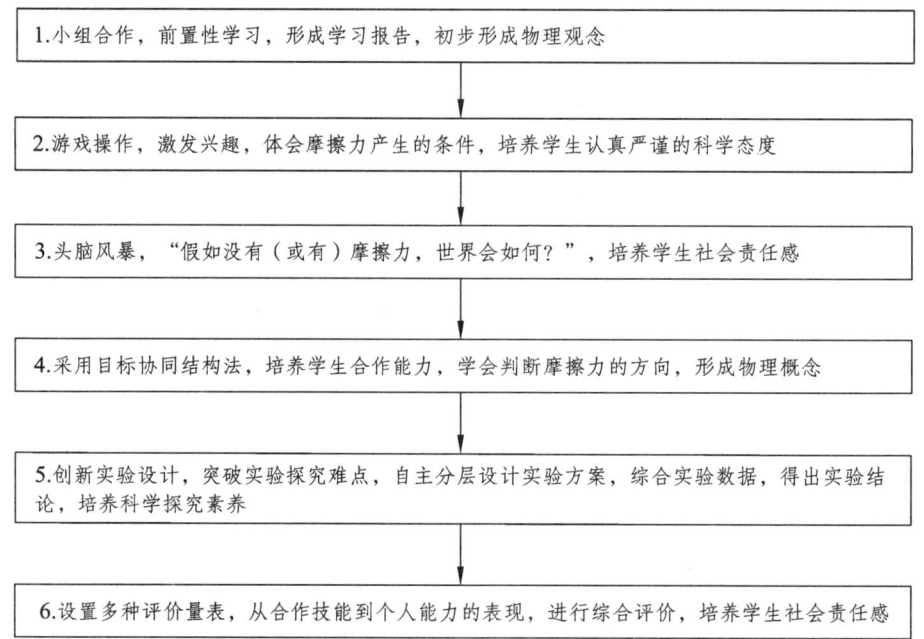

图 14-45 "摩擦力"教学流程

三、教学过程

第 1 课时

分组：按基组四人一组坐好，组内编好 1、2、3、4 号。

（一）前置性自主合作探究学习：请每个小组形成学习报告，在组内汇报，并评价

任务 1：多维度描述摩擦力（非正式小合作，不评价）

以基组四人一组，采用切块拼接法，多维度描述摩擦力的产生条件、方向和作用等，每个成员负责一个维度的描述，组内还有其他描述摩擦力的维度，可以填写在第五栏内（表 14-16）。

表 14-16　多维度描述摩擦力

描述方式	用语言 姓名　　分	用诗歌 姓名　　分	用图片 姓名　　分	用动作（实验） 姓名　　分	其他（　　） 姓名　　分
描述内容					

任务 2：寻求物理事实描述摩擦力存在的价值与有害一面（非正式小合作，不评价）

采用说记—配对—基组—分享结构法，同桌配对，寻求物理事实描述摩擦力存在的价值与有害一面。

第一步：A 向 B 先说出摩擦力有利的一个事实，B 记录。

第二步：B 说出摩擦力有害的一个事实，A 记录。

第三步：角色互换，直到没有可说的为止。

第四步：A、B 共同讨论如何利用有利摩擦力，避免有害摩擦力。

第五步：小组形成一个规范的汇报报告。

第六步：基组内分享，形成基组总报告。

第七步：基组派代表汇报。

（二）课堂合作与探究学习

任务 3：拉开交叉叠放的两本书（非正式小合作，不评价）（4 min）

采用配对游戏法。

第一步：同桌配对，各拿一本物理书，把两本书的每一页都交叉叠放在一起。

第二步：双方用手使劲拉开叠放好的书。

第三步：双方交流分析是什么原因导致难以拉开两本书？

任务 4：气球提水杯（非正式小合作，不评价）（3 min）

采用配对—操作—分享法。

第一步：同桌配对，各准备好一个玻璃杯和一个气球。

第二步：双方讨论，如何用气球提起杯子。

第三步：双方交流，体会产生静摩擦力的条件。

任务 5：采用头脑风暴法讨论："假如没有摩擦力，世界将……"；"有摩擦力，世界是……"（4 min）

采用基组—对唱游戏结构法。

第一步：把全班各组分为两大组，一大组为 A 组，另一大组为 B 组，并给各个基组编号 1、2、3、4……

第二步：A 大组内 1 号组说出"假如没有摩擦力，世界将……"，然后 B 大组内 1 号组说出"有摩擦力，世界是……"然后以此类推，直到各组依次说完为止。注意：各组要提前准备好精彩的发言。

第三步：角色互换，B 大组内 1 号组说出"假如没有摩擦力，世界将……"，然后 A 大组内 1 号组说出"有摩擦力，世界是……"然后以此类推，直到各组依次说完为止。

任务 6：判断摩擦力的方向（正式的大合作，评价）(25 min)

采用目标协同结构法。

第一步：四人一组，并编号 1、2、3、4，所有成员自主学习以下材料。

"四步法"判断摩擦力方向：

① 找出摩擦力的施力物体。② 选择此施力物体为参照物。③ 判断受力物体的相对运动方向或相对运动趋势方向。④ 用"相反"确定摩擦力的方向。

第二步：每一号同学研究一类模型，模型如下（4 min）。

1 号同学研究模型（图 14-46），A、B、C 中物块都静止，D 中 a、b 相对静止，在力 F 的作用下一起向右匀速运动，并画出各个物体所受摩擦力的方向

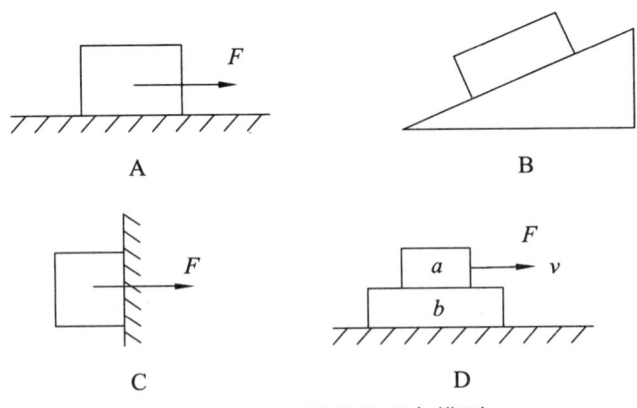

图 14-46　1 号同学研究模型

2 号同学研究模型（图 14-47），A、C 中物体处于静止状态，B 中物块沿斜面匀速下滑，D 中 a 和 b 物块在力 F 的作用下一起向右匀速运动，请并画出各个物体所受的摩擦力的方向。

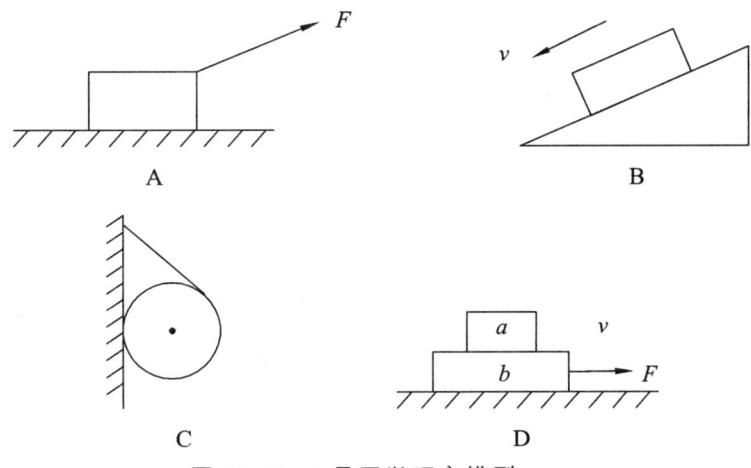

图 14-47 2 号同学研究模型

3 号同学研究模型（图 14-48），并 A、C、D 中的物块都静止，B 中物块以速度 v 冲上斜面，画出各个物块所受的摩擦力的方向。

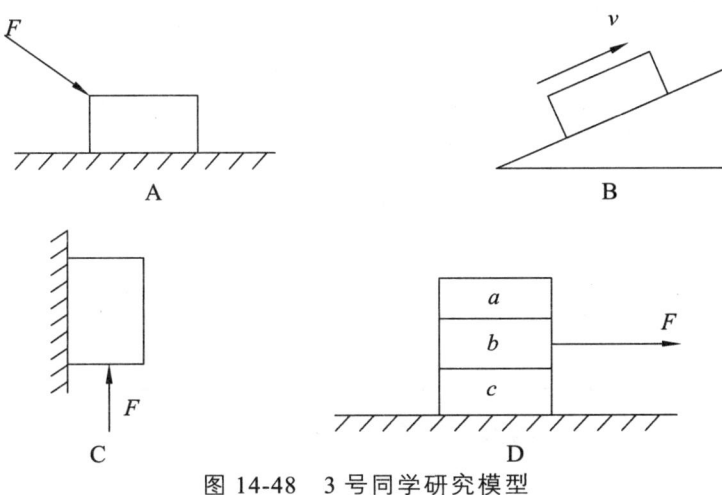

图 14-48 3 号同学研究模型

4 号同学研究模型（图 14-49），A 中物块向右滑动，B、C 中物块保持静止，D 中 b 长木板在力 F 的作用下向右滑动，图中所有接触面都粗糙，请画出各物块所受摩擦力的方向

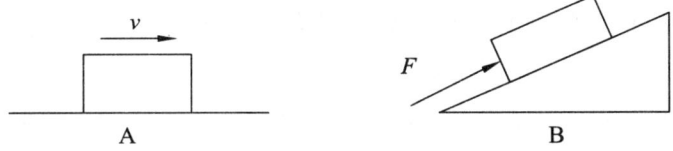

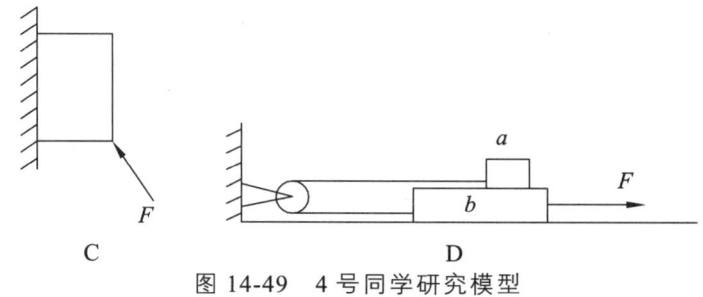

图14-49　4号同学研究模型

第三步：各组1、2、3、4号同学分别就近集中进行交流，每号同学不得少于4人，多于6人，并确保本组每一个同学都掌握。（6 min）

第四步：组内每位同学学会后回到原来基组，向组内其他组员汇报、讲解你学到的，其他同学倾听、理解和记录，并轮流进行。汇报讲解时简洁明了，不要说与问题无关的话，直到全组成员都理解你的讲解为止。（8 min）

第五步：汇报合作学习成果：老师随机抽查某一组一位同学汇报该组的合作学习结果，其他组补充。（4 min）

第六步：小组评估与评价（见表12-4"组评量表"、表12-9"教师对小组合作的评价标准"）。（2 min）

第七步：小组总结与反思（表14-17）。（3 min）

表14-17　小组总结与反思

成员	本节课学到了	优点	欠缺（问题）及改进
1			
2			
3			
4			

任务7：课后巩固与能力提升练习（略）

第2课时

（一）探究静摩擦力的大小

教师让学生使用自制的器材演示，探究静摩擦力的大小与正压力的关系，重点探究最大静摩擦力大小与正压力和接触面的粗糙程度的关系。

（二）探究静摩擦力的大小与滑动摩擦力大小

装置说明：如图14-50所示，将一弹簧秤水平放置在一端固定，另一端连接一个置于长玻璃板上的木块，并缓慢转动手轮（或用电动机）匀速拉动带有滚轮的长玻璃板，由于静摩擦力的作用，木块将会随着长玻璃板一起运动。若长玻璃板缓慢匀速运动时，木块相对地面静止。

图 14-50　探究静摩擦力与滑动摩擦力的大小

任务 8：探究摩擦力大小（正式大合作，评价）（25 min）

采用配对—操作—整合法。

第一步：【分组】两人一组，考虑成绩、动手能力、性别的差异，做好搭配。（1 min）

第二步：【教师设疑】教师介绍完实验装置后，提出以下问题：（1 min）

① 静摩擦力的大小与什么因素有关？如何测量静摩擦力的大小？

② 最大静摩擦力与滑动摩擦力之间的大小关系如何？如何证明？

③ 滑动摩擦力大小跟什么因素有关？你有何猜想？如何确定它们之间的关系？

第三步：【配对猜想】 小组内两人轮流说自己的猜想及理由，对方记录。教师请小组代表上台分别展示不同的实验方案，教师进行点评，明确通过控制变量法研究接触面积、接触面的粗糙程度和正压力对最大静摩擦力的影响。（6 min）

第四步：【实验探究】（17 min）

① 分组：男女、动手能力和成绩异质（由课代表负责），两人为一组。

② 分给每组的实验仪器：弹簧测力计、带钩的木块、砝码、长方形白纸、天平、毛巾等。

③ 按表 14-18 分工完成任务，双方不能替代操作，有一方不懂操作时，另一方只能教会对方怎么做，不能代替操作。

表 14-18　摩擦力实验探究

任务	组员	
	A（姓名：）	B（姓名：）
安装仪器	在水平桌面上铺一张白纸，把弹簧秤竖直挂起来，拉动弹簧秤几次，检查弹簧秤是否完好，指针是否指在 0 刻度线，然后用手平放弹簧秤拉住木块。	称出木块的质量，把木块放在玻璃板上。

续表

任务	组员	
	A（姓名：）	B（姓名：）
探究静摩擦力的大小	匀速转动手轮，使木块静止在玻璃板上，逐渐增加拉力，直到木块运动为止。	观察并记录木块质量及玻璃板之间发生相对滑动过程中弹簧秤示数稳定时示数，即滑动摩擦力的大小，填写实验表格。
	木块重力 =	
	实验次数 | 木块的运动情况 | 弹簧测力计的示数 F/N | 木块所受桌面对它的摩擦力 f/N 1 | 静止 | | 2 | 静止 | | 3 | 静止 | | ⋮ | 静止 | | | 刚被拉动时 | |	
	实验结论：	
探究滑动摩擦力的大小	观察并记录木块质量及玻璃板之间发生相对滑动过程中弹簧秤示数稳定时的示数，即滑动摩擦力的大小。	匀速转动手轮。
	角色互换，A 同学匀速向右拉动手轮，本实验结束后 A 同学作图。	每次等量地向木块上增加两个砝码，并拉住弹簧秤，负责记录三次纸带滑动时动摩擦力的大小和木块与砝码的总质量。
	A 与 B 再次配合，改变接触面的粗糙程度：将玻璃板上铺上长毛巾（长毛巾固定在小车上），匀速转动手轮，与接触面 1 的操作情况一样，记录数据，完成下表。	

接触情况	实验次数	木块与接触面相对运动时			
		1	2	3	4
	质量 m/g				
	正压力 /N				
接触面 1（玻璃板）	读数 f/N				
接触面 2（毛巾）	读数 f/N				

续表

任务	组员	
	A（姓名：）	B（姓名：）
	作图：以正压力为坐标横轴、摩擦力为坐标纵轴，作正压力和摩擦力的关系图。 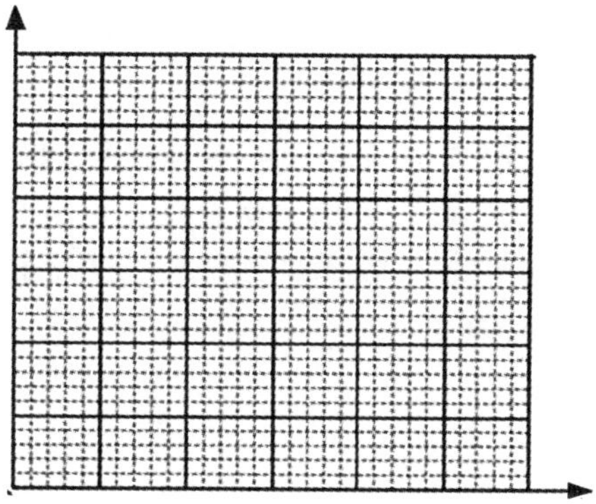	
实验结论	结论：	
误差分析		
实验中存在的问题		
改进的实验优点	1. 对比以往的方法，此实验装置巧妙地避免了因为拉动木块时相对速度不够稳定而产生的影响，使得滑动摩擦力的测量更为有效准确。 2. 不要求拉动长条形宣纸时匀速。 3. 可以直接观察到静止的木块受到滑动摩擦力。	
自评（5分）		
教师评价（个人5分）		
教师评价（组评10分）		
个人总分		

注：个人总分＝组评分的30%＋个人分的70%

第五步：下课时收取学案进行评估与评价。

（注意：教师还可以利用滑动摩擦力演示仪，演示实验）

任务 9：应用摩擦力解决问题（非正式合作，不评价）（10 min）

（1）讨论与交流（同桌配对，两人一对实施单向谈话，受谈者记录。对换角色，每个学生轮流在谈话中分享信息）：

① 滑动摩擦力的大小与重力成正比吗？

② 运动的物体一定有滑动摩擦力吗？静止的物体一定没有滑动摩擦力吗？

③ 滑动摩擦力的方向跟运动方向有关系吗？

④ 滑动摩擦力可以是阻力，也可以是动力吗？

⑤ 最大静摩擦力比滑动摩擦力稍大，但没有特别说明情况，可以看成最大静摩擦力等于滑动摩擦力？

（2）例题：

有位同学要重新布置自己的房间，他用 200 N 的水平拉力匀速拉动质量为 50 kg 的书桌，书桌与地面间的动摩擦因数是多少？如果在书桌上加上 10 kg 的书，要在同样情况下匀速移动书桌，他用 200 N 的力能拉动吗？为什么？（$g = 10 \text{ N/kg}$）

（使用说明：本例题采用公式法，让小组讨论，四人都会的最快的小组上去展示：一个人写一个人画一个人说，另一个人负责解决别的组提出的疑问并总结解题步骤。刚学会公式，解题规范性是要训练的）

擂台赛：如图 14-51 所示，用大小为 100 N 的力 F 将质量为 1 kg 的木块静止压在竖直墙上，已知 $g = 9.8 \text{ N/kg}$，如果木块匀速下滑，摩擦力是多大？

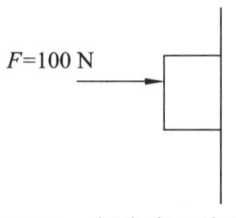

图 14-51 擂台赛示意图

（使用说明：本例题采用二力平衡法。专为尖子生而设的，可用可不用，是备用题，让做得最快的学生上台展示，视情况加分）

（三）教学中应注意的问题

（1）本节实验较多，教学中注意安排好学生的实验时间，课前或课后可以把一些器材放在教室，让学生课前或课后进行探索，提高效率。

（2）教师要把控教学节奏与教学时间，不易拓展太多，太深。

（3）教师要善于评估与评价，课堂不能占用学生太多时间来评分、评估。课后要收学生的合作学习材料，据合作的情况评价和评估。合理的评价能促使学生学习。

（4）教师要督促、检查好学生的课前合作与自主学习，让学生做好充分准备，告知学生合作的一些技巧与课堂汇报学习结果的技能，如学会尊重别人、学会承担个人与小组责任、学会倾听、学会鼓励别人、学会分享、学会帮助别人、学会忍让等，让学生快速跑到讲台、言简意赅地讲解汇报学习结果。

（四）本节课学习中存在的疑问及解答

可以寻求课代表、其他组同学和老师，提出一个问题1～5分，据问题的价值给分，回答一个问题给解答者1～5分，找老师回答一个问题给提问者2～6分（表14-19）。

表14-19 "摩擦力"学习中存在的疑问及解答

姓名	疑问	解答	解答者

附：探究滑动摩擦力的影响因素的实验数据

一、实验装置图（图14-52）

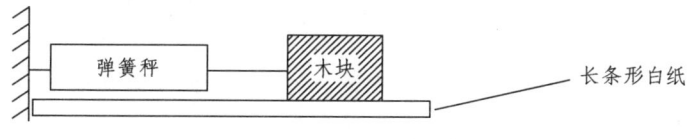

图14-52 探究滑动摩擦力的影响因素实验装置

二、实验数据如表 14-20 所示

表 14-20 探究滑动摩擦力的影响因素实验数据

木块重 128 g	木块长 10 cm、宽 7.8 cm、高 4 cm		
弹簧秤量程 0～5.00 N	白宣纸长 58 cm、宽 17 cm		
通过在木块上每次增加 100g 的钩码，改变木块的总质量			
木块与钩码总质量/g	木块与白纸间的正压力/N（取 $g = 10 \text{ m/s}^2$）	弹簧秤示数 F/N	所受摩擦力 f/N
128	1.28	0.42	0.42
228	2.28	0.66	0.66
328	3.28	0.90	0.90
428	4.28	1.12	1.12
528	5.28	1.38	1.38
628	6.28	1.57	1.57

三、结果如图 14-53 所示

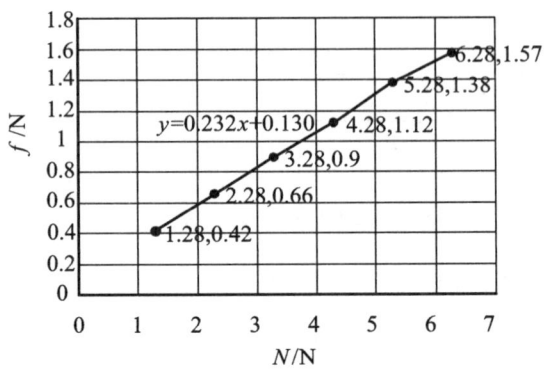

图 14-53 探究滑动摩擦力的影响因素实验结果

教学反思登记表如表 14-21 所示。

表 14-21　自主合作探究教学反思登记表

姓名	袁勇	任教年级	高一	章节	3.3
课题	摩擦力				

反思内容	一、学生前置性学习情况 　　第一节课，提前几天让学生准备前置性学习，非常简单，但是 80%的学生没有当回事，没有充分准备，学生喜欢做与高考有关的题。准备的学生也是应付较多，深度学习较少。学生喜欢做题，认为做事不能提升考试能力。 二、课堂教学情况 　　第一节课教学效果特别好，学生小组合作非常顺利，这与教学设计有关，但学生不善于归纳总结小组合作成果，汇报的随意性仍然很大。最后利用卡干合作法效果非常好，使学生深刻理解判断摩擦力有无及其方向的基本方法。 　　大部分学生上台表演不够自信，合作学习中提炼汇报材料较为随便，不懂得高度概括，感性学习占上风，理性学习难度大，深度学习严重欠缺。 　　第二节实验中，学生积极性特别高涨，男女搭配效果很好，一半学生基本上能在 10 min 完成实验，并主动处理数据，还有约 20%的学生玩的成分大，没有明确的目的与思路，致使完成任务用了 20 min 左右。很多学生在研究静摩擦力时玩的成分大，没有深度研究。课堂上让学生现场处理数据、画图线，85%的学生画得非常好，基本掌握了用图线法处理实验数据的方法。 三、课后作业情况 　　课后布置作业基本完成，错误率比较高，主要表现在摩擦力有无的判断和摩擦力的方向。 四、教学检测分析 | 班 | 参考人数 | 满分 | 平均分 | 达标分 | 达标率 | |---|---|---|---|---|---| | 16 | 62 | 10 | 7.6 | 7.0 | 73.2% | | 17 | 50 | 10 | 9.1 | 7.0 | 95% | | 21 | 61 | 10 | 7.5 | 7.0 | 72.9% | 五、学生存在的问题 　　学生不够主动构建知识，思考问题，对与考题无关的物理实验分析、物理事实和物理科学不感兴趣，功利性极强，在课堂上动作特别慢，干什么都慢腾腾的，保持听课的惯性特别大。 六、教学不足之处及改进策略 　　课前课后作业监管和评价不够到位，致使学生课前准备工作不到位，课堂容量较大，培养学生多方位能力与核心素养太多，要精简。

学校：湛江市第二中学。

本表由袁勇合作学习研究团队制。

案例 11 洛伦兹力

（采用教材：2019 年 10 月出版的粤教版物理选择性必修第二册）

设计者：周秀琴，付民，袁勇　　湛江市第二中学
　　　　麦建华　　　　　　　　岭南师范学院附属中学

2020 年 12 月

一、整体教学分析（表 14-22）

表 14-22　"洛伦兹力"整体教学分析

学习任务	学情分析	教学策略与教学方法	能达成的核心素养目标及其水平
1. 观察"阴极射线在磁场中的偏转"实验，说出实验现象，得出实验结论，引出洛伦兹力的概念及其产生的条件。	1. 学生对射线偏转很感兴趣，易于形成洛伦兹力简单概念。但是，对阴极射线不太了解，对阴极射线管工作原理也不清楚。2. 实验仪器较小，后面学生可能看不清楚。	1. 教师在演示时要强调阴极射线管产生射线的原理、射线的本质是运动的电子束。2. 在射线管后面竖放一张白纸，可以增强观赏性。3. 教师应该利用无磁性的玻璃棒和塑料棒、有磁性的条形磁铁、蹄形磁铁等演示不同磁场方向时，射线是否会偏转。4. 教师只是演示说明带电粒子在磁场中受到洛伦兹力即可，先不涉及方法。5. 利用两相距一定距离的强磁场来判断产生洛伦兹力的条件：粒子运动速度方向与磁感应线成一定夹角。平行时不产生洛伦兹力。	观念水平 2：了解洛伦兹力概念和阴极射线在磁场中偏转的简单规律，了解以上概念与规律间的相互关系（洛伦兹力与粒子运动方向有夹角时，粒子就会发生偏转），能解释射线偏转问题（力是改变物体运动状态的原因）。
2. 了解洛伦兹的科学史。	学生并不了解洛伦兹的科学贡献。	教师提前布置一组同学上网查阅资料，做成短片进行播放，其他同学观看即可。	科学态度与责任水平 2：认识到物理学是基于人类有意识的探究而形成的对自然现象的描述与解释。
3. 探究洛伦兹力方向与哪些因素有关？如何判断方向？	学生很容易猜想到洛伦兹力的方向与磁场方向、粒子运动方向有关。	1. 教师先在阴极射线管周围加一平行于电子运动方向的磁场，观察进一步说明：运动粒子速度方向与磁场方向平行时不发生偏转，没有洛伦兹力。2. 教师改变磁场方向，展示阴极射线偏转方向发生显著变化，提出问题：洛伦兹力的方向与哪些因素有关？	探究水平 1：具有问题意识。

第十四章 合作学习的实践案例

续表

学习任务	学情分析	教学策略与教学方法	能达成的核心素养目标及其水平
4. 理论推导，得出左手定则也应该可以判断洛伦兹力方向。	学生知道洛伦兹力与磁场方向、粒子运动速度有关，但不一定知道怎么准确判断其方向。不过，学生会很快想到刚刚学到的判断安培力方法左手定则，但不能确定。学生也会自觉地建立安培力与洛伦兹力之间的关联，据电流与电荷之间的关系能较快地论证：左手定则也适用于判断洛伦兹力的方向。	1. 教师提出问题：如何准确判断洛伦兹力的方向？ 2. A、B 配对交流 1 min，推论证。 3. 教师点评：由宏观量（安培力）导出微观量（洛伦兹力）的判断方向也是左手定则。	思维水平5：能将较为复杂的实际问题中的对象和过程转换为物理模型；能在新的情境中对综合性物理问题进行分析和推理，获得正确结论并做出解释；能考虑证据的可靠性，合理使用证据；能从多个视觉审视检验结论，解决物理问题具有一定的新颖性。
5. 实验探究，利用牙签和橡皮泥构建模型。观看 ppt，体会洛伦兹力方向、磁场方向和粒子运动方向相互垂直与不垂直情况。	学生很好奇用牙签做实验，兴趣极浓，能很快按老师演示实验结果插好三根不同颜色的牙签，也易于验证左手定则的正确性。学生易于理解垂直的情况，但难于理解不垂直的情况。	1. 教师引导每位学生用红色竹签代表磁场方向，蓝色竹签代表粒子所受洛伦兹力方向，用自然色竹签代表正电荷运动方向。分别插入橡皮泥中。采用配对—操作—整合法进行探究，教师巡视后，为强化左手定则的规范性，伸出左手，对使用左手定则判断洛伦兹力方向和磁场方向、粒子运动方向进行示范。 2. 教师引导学生提出质疑，如"粒子速度方向与磁场方向不垂直时，能使用左手定则吗？" 3. 教师展示立体图形，显示三个方向垂直于不垂直的情况，解释判断方法。	探究水平1：能在他人指导下使用所学的简单的器材收集数据；能对数据进行初步整理；具有与他人交流成果、讨论问题的意识。 思维水平3：能运用恰当的证据表达自己的观点。能对已有的观点提出质疑，从不同角度思考问题。
6. 练习判断洛伦兹力。			
7. 理论推导洛伦兹力的大小表达式。	学生难于建立宏观量—微观量之间的桥梁，难于想到处理方法，尤其是对电流强度决定式更是陌生。	教师要制作一个实际模型，让学生体会宏观与微观量之间的转换关系。采用"三人走，一人留"的卡干结构法分级递进肢解问题，引导学生合作讨论完成理论推导。	思维水平5：能将较为复杂的实际问题中的对象和过程转换为物理模型；能在新的情境中对综合性物理问题进行分析和推理，获得正确结论并做出解释；能考虑证据的可靠性，合理使用证据；能从多个视觉审视检验结论，解决物理问题具有一定的新颖性。

续表

学习任务	学情分析	教学策略与教学方法	能达成的核心素养目标及其水平
8. 通过极光图片或视频，解释自然现象，解决实际问题。	学生会难于联想生活中与洛伦兹力有关的事例，对极光与洛伦兹力有关感到神奇，具有极大兴趣。	教师应该引导学生观看极光图片或视频，并提出问题，为什么宇宙射线会偏向南北两极？简单引导学生解释极光产生的原因，进而解决实际问题。	

二、教学流程图（图 14-54）

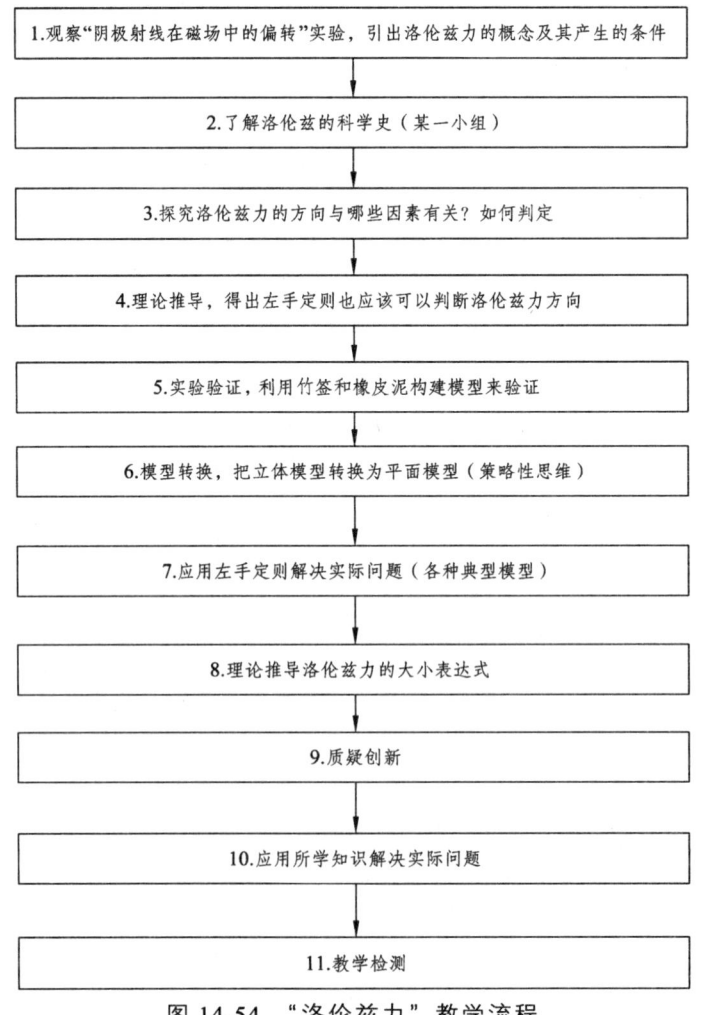

图 14-54 "洛伦兹力"教学流程

三、教学准备

（1）阴极射线管、显示器、竹签、塑料泡沫、橡皮泥（每组四套）、洛伦兹力演示仪、地球演示仪、学生电源、蹄形磁铁、玻璃棒、橡胶棒、电源、导线、小磁针、三角板、刻度尺等。

（2）使用多媒体。

（3）调查问卷、观察量表。

（4）课前检测（满分 20 分，答题时间 10 min）。

四、教学过程

（一）观察阴极射线管演示实验，引出洛伦兹力的概念

【教师提出问题】 磁场对电流有安培力的作用，而电流是由电荷的定向移动形成的，磁场对运动的电荷有没有力的作用？

【猜想与假设】

全班说"有"。

老师问"你凭什么说有？"

学生会说"实验验证"。

老师："怎么实验？"

学生：深思。

老师：找一个运动的电荷射入磁场。

学生：磁场——条形磁铁、蹄形磁铁，运动电荷？

老师：我这里有个阴极射线管可以发射出电子，下面做实验。

【证据】 教师介绍阴极射线管产生电子束的原理及其结构，并实验演示，全班学生观察事实。

实验：用木棒、磁铁分别做。

电子束是电子定向移动的轨迹，没有磁场时，电子运动的轨迹是一条直线，有磁场时，电子运动的轨迹是一条曲线。

【解释和交流】 同桌就近配对交流，不汇报。

电子运动轨迹发生偏移，说明电子在磁场中受到一个与运动方向垂直的作用力，这个力是洛伦兹首先提出来的，叫洛伦兹力。

（二）了解洛伦兹的科学史

找一组，向全班同学汇报讲解洛伦兹的科学史，边讲解边播放 ppt。

（三）探究洛伦兹力的方向

【提出问题】 洛伦兹力的方向与哪些因素有关？如何判断？

学生：磁场方向、电荷的运动方向。

老师：现场演示，并总结，得到有磁场时，电子束会发生改变。磁场方向不同，电子束的路径偏转不同，怎样确定洛伦兹力的受力方向呢？

【猜想与假设】

学生：用左手定则可以判断。

老师：你凭什么说左手定则可以。

【理论推导】

学生：磁场对电流有作用力？而电流是由电荷组成，磁场对电流的作用力的实质可能是磁场对运动电荷的作用力。

【合作与交流】

任务1：验证左手定则（非正式小合作，不评价）（5 min）

采用配对—操作—整合法。

第一步：组内两人配对，教师引导学生用红色竹签代表磁场方向（B），蓝色竹签代表粒子所受洛伦兹力方向（F），用自然色竹签代表正电荷运动方向（v），分别插入橡皮泥中。

第二步：结合屏幕上展示的实验图（图14-55），A同学拿住橡皮泥，并用左手进行比划；B同学也用左手示意，两人进行观察与讨论。

图 14-55　带电粒子在阴极射线管中的运动轨迹

第三步：回到基组中，由组长再随意把三根竹签重新插入，组内同学根据所学的左手定则判断三者方向是否正确。

第四步：教师巡视后，随意拿出已插了两根竹签的橡皮泥进行展示，引导大家使用左手定则（图14-56）判断第三根竹签插入方向的正确性。

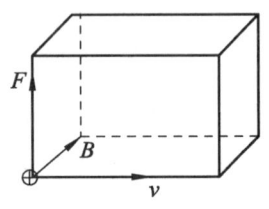

图 14-56　左手定则空间示意图

（四）用左手定则解决实际问题

如图 14-57，直接抽查一组 4 个同学轮流比划说出，并让全班同学一起比划。

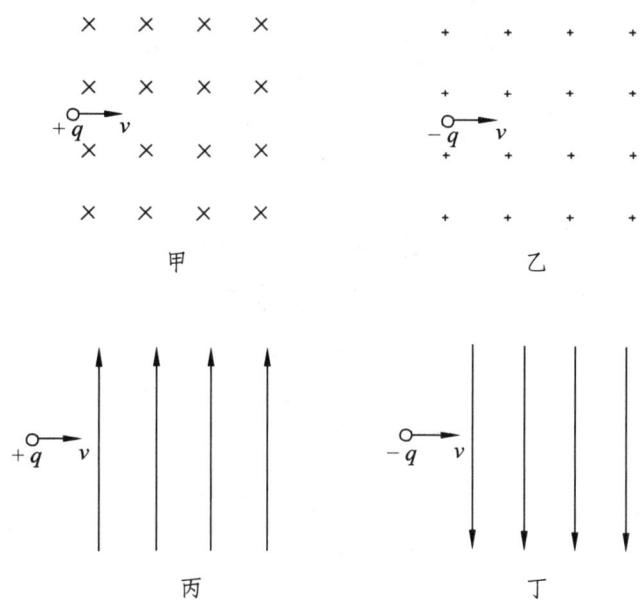

图 14-57 用左手定则判断洛伦兹力的方向

（五）理论推导洛伦兹力的大小

（1）推导思路：导线中带电粒子的定向移动形成了电流，电荷定向运动时所受洛伦兹力的矢量和，在宏观上表现为导线所受的安培力，即洛伦兹力等于安培力除以电荷。

（2）模型建立：

教学建议：教师先展示前测结果，说明同学们建模的情况，先找一根废旧的 PVC 管，插入一根带点状的废旧扫把，充当圆柱形导体，如图 14-58（a）所示。然后把点状的扫把推出 PVC 管，表示带电粒子定向移动，推出扫把的长度即为电荷定向移动的长度，如图 14-58（b）所示，直接在黑板上画图引导学生一起建立理想化模型，如图 14-58（c）所示。

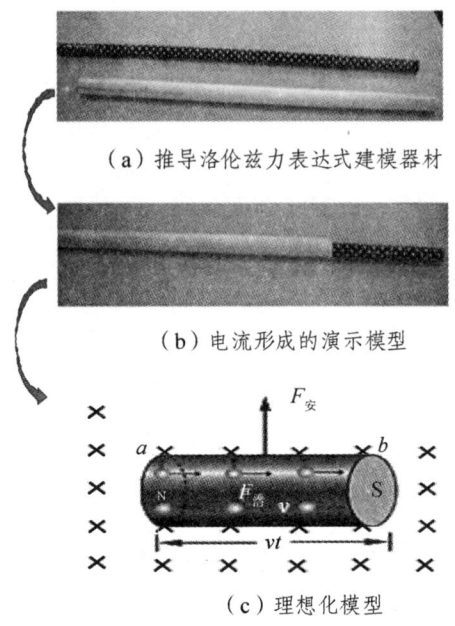

(a)推导洛伦兹力表达式建模器材

(b)电流形成的演示模型

(c)理想化模型

图 14-58　推导洛伦兹力模型图

（3）科学推理与论证：

任务 2：理论推导洛伦兹力的大小（正式的大合作，评价）（15 min）

采用三人走，一人留法。

第一步：组建基组。按异质分组原则，每 4 人编为一小组并编号 1、2、3、4，选出本小组的组长，小组长负责管理本小组，分配学习任务。

第二步：1 号独立解决以下问题①②，2 号独立解决①③，3 号独立解决①④，4 号（留下）自学思考。（5 min）

① 尝试写出电流强度 I 与电荷量 q 的表达式。

② 设直导线处在磁感应强度为 B 的匀强磁场中，电流与磁场方向垂直，如何求出该段通电导线受到的安培力？

③ 如何计算这段导线中总的自由电荷数 N？

④ 若把安培力 F 看成作用在每个运动电荷上的洛伦兹力 f 的矢量和，能求出 f 吗？

第三步：1 号、2 号、3 号向基组内同学汇报所学情况，4 号倾听、提问并做好 4 个小问题的记录，理清思维。（5 min）

第四步：1号、2号、3号离开本组，走向指定的邻座小组，与邻座小组的4号形成新的小组。新的小组中的4号向后来的1号、2号、3号汇报问题、分析思路与答案，有疑问的可进行讨论。达成一致意见后，1号、2号、3号离开邻座小组，回到基组。教师在巡查时注意倾听，抓住主要问题在全班进行点评。(3 min)

第五步：合作学习的评价（见"表12-4 组评量表""表12-9 教师对小组的合作评价标准"）。(2 min)

（4）质疑创新：

教师引导学生对以下两个问题进行讨论：

① 磁场一定对电荷有力的作用吗？

② 洛伦兹力对电荷能做功吗？

（六）应用洛伦兹力解决实际问题

【自然现象】找一组播放极光视频。

【提出问题】来自太阳和其他星体的宇宙射线含有大量的高能带电粒子，幸好由于地磁场的存在而改变了这些带电粒子的运动方向，使很多带电粒子不能到达地面，避免了对地面生命的危害。如何利用洛伦兹力的知识解释地球避免高能粒子辐射造成的太阳风暴灾难？

【构建模型】 如图14-59，已知赤道上空某处由南指向北的磁感应强度为1.2×10^{-4} T，如果有一速度$v=5.0\times10^{5}$ m/s的质子（电荷量$q=1.6\times10^{-19}$ C）竖直向下运动穿过此处的地磁场。请你画图建模，并求解以下问题。

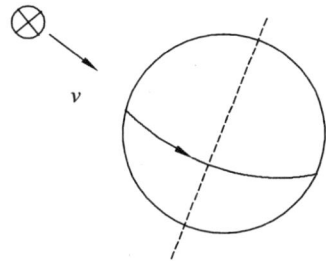

图14-59 质子穿过地磁场

（1）此时该粒子受到的洛伦兹力是多大？向哪个方向偏转？

（2）地球两极处和赤道处相比，哪个区域地磁场对高能带电粒子的阻挡效果更好？为什么？

随机抽查两组上讲台建模,展示建模结果。

【推理论证】 学生独立完成,组内交流并汇报。

(七)课堂教学检测

显像管是一种电子射线管,是一种用于显示系统的物理仪器,广泛应用于示波器、电视机和显示器上。它利用阴极电子枪发射电子,在阳极高压的作用下,射向荧光屏,使荧光粉发光,同时电子束在偏转磁场的作用下,做上下左右的移动来达到扫描的目的,其结构如图14-60所示。思考并回答以下问题:

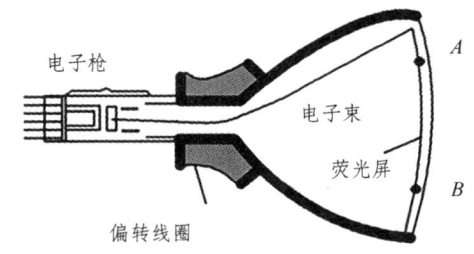

图 14-60 显像管的结构

(1)电子束打在荧光屏上的 A 点,画出偏转磁场的方向。(2分)

(2)若增大电子射入磁场中的速度,电子将偏向 A 点上方还是下方?并解释判断的理由。(3分)

(3)使电子束打在荧光屏上的位置由 A 逐渐向 B 移动,偏转磁场应怎样变化?(5分)

教师给出参考答案和评分标准,各组交互评判。然后教师统计结果,举手表决即可。

教学反思:以科学建模一系列理论为指导,借用洛伦兹力一节课,经过精心设计,并在课堂中实践,通过创设情境,学生观察物理现象和实物,并基于物理事实形成洛伦兹力方向、大小和做功等的心智模型,通过构建实物、立体和平面等模型,不断讨论与交流,表征表述心智模型,促成心智模型充分外显。再进行科学推理论证、质疑创新、解释交流等一系列模型验证修正过程,使心智模型向科学模型过渡,形成了关于洛伦兹力的科学概念,利用构建好的科学模型指导解释自然现象极光的科学事实和本质,学生的科学建模能力就会逐渐培养和提升起来。

案例 12　油膜法测分子的直径（实验）

（采用教材：2019 年 10 月出版的粤教版物理选择性必修第三册）

设计者：梁桂涣，袁勇　　湛江市第二中学

　　　　麦建华　　　　岭南师范学院附属中学

2020 年 3 月

一、教学整体规划（表 14-23）

表 14-23　"油膜法测分子的直径"教学整体规划

项目	教学目标	学情分析	教学策略与教学手段
物理观念	1. 分子模型的应用，把油酸分子看成球形。（水平 1） 2. 通过油酸分子排开痱子粉形成一定形状的"面积"的宏观现象，计算油酸分子的大小。（水平 2） 3. 能够应用公式 $d=\dfrac{V}{S}$ 计算分子的大小。（水平 2）	1. 通过前面的学习，学生知道了分子模型，有球形和正方形两种模型，但是没有进行具体的应用，实验的过程就是对分子模型的应用。 2. 在撒有痱子粉的液面滴下油酸酒精溶液，痱子粉被油酸分子排斥开，形成一片无痱子粉的液面，这片被痱子粉包围的干净液面就是油酸所在的液面，虽然油酸分子没有被看见，但学生还是可以想象出来的，这是把微观问题宏观化、形象化，学生容易理解和接受。 3. 利用公式求解分子的直径不是件难事，只要把体积 V 和面积 S 计算出来即可。	1. 模型建构，复习分子的模型，以及分子的大小。 2. 方法类比、观看视频、画图讲解等，构建宏观与微观之间的桥梁，通过"面积"的宏观现象来展示"分子大小"的微观现象，让学生更好地理解实验原理。
科学思维	1. 能从真实实验情境中领悟和掌握"用宏观的面积来计算微观粒子直径"的科学方法。（水平 2） 2. 体验应用分子模型解决物理问题的途径和方法，领悟构建物理模型解决实际问题的思想方法。（水平 2） 3. 运用所学的知识在物理情境中科学推理分析分子直径的问题。（水平 2） 4. 学会利用平均值法、四舍五入计算法、科学计数法等科学方法解决物理问题。（水平 2）	1. 学生能看到"痱子粉形成的面积"，但是看不到分子的大小，学生在看到的"面积"的宏观问题转换成"分子"大小的微观问题时存在一定的困难。 2. 实验存在多个方面不可避免的实验误差，如油酸酒精溶液的浓度，所取液滴的体积，面积计算，痱子粉层的厚薄影响油膜的面积大小，所取的一滴溶液的体积和计算的平均体积有较大的误差等，这些误差都对实验造成很大的误差，甚至导致实验结果错误。学生不一定能够了解。教师一定要让学生明白这些存在的实验误差。	1. 通过同桌配对和组间合作探讨，领悟"面积"和"分子大小"之间的联系。 2. 通过教师引导，组内和组间合作探究，理解实验中可能存在的实验误差，和减少实验误差的方法，以减少学生实验过程产生过大的实验误差。

续表

项目	教学目标	学情分析	教学策略与教学手段
科学探究	1. 能进行分组分层次分步骤自主合作实验，精准实验，尽可能减少实验误差；讨论实验中遇到的问题，综合实验数据，学会利用公式进行有关计算。（水平3） 2. 通过实验，获得分子大小的实验数据，体验通过宏观的方法研究微观问题的科学方法。（水平2）	1. 很多学生会认为分子这么小，是无法直接测量其大小的，他们没有经历过"宏观测量微观的"科学方法。 2. 学生对于实验中所存在的实验误差基本是不知道的，或者不知道如何减少实验误差。 3. 实验中涉及浓度、液体的体积、一滴溶液的体积、纯油酸的体积、面积等数学量，学生要理清他们之间的数理关系。 4. 实验步骤比较多，很多步骤是没有标准或者样板进行参考的，要凭学生自己把控，所以实验难度可能比较大。	1. 通过前置性学习，组内合作交流，让学生明白"宏观测量微观的"科学方法。 2. 通过教师引导和组内、组间讨论交流知道可能存在的实验误差，并知道减小实验误差的方法。 3. 通过学生自己的独立思考、推理分析，以及组内和组间的合作交流知道所涉及的物理量之间的数理关系。 4. 实验没有标准和样板可以参考，学生可能一次做不成功，经过全班实验数据的收集以及分析，通过组间的交流和展示，形成可以参考的"标准或者样板"，让学生有参考，然后重新做实验。
科学态度与责任	1. 通过宏观认识微观的科学实践，学生能够更加客观、科学地看待微观世界和微观现象。（水平2） 2. 通过实验测定分子的大小，培养实事求是的科学态度。（水平2） 3. 能通过基于本组实验的证据和逻辑推理发表自己的见解。（水平2） 4. 通过习题的层次性训练培养勇于探索的科学态度与责任感。（水平2） 5. 通过合作学习培养学生实践思维、解决问题、合作交流能力。（水平2）	1. 对于微观的问题，高二的学生在思维和知识层面是已经理解和接受的，但是并不知道可以通过"宏观"的方法进行测量。 2. 用痱子粉、水、注射器、酒精溶液等日常生活常见的物品，进行科学实验，给学生比较震惊和新鲜的感觉，让学生对实验充满好奇和热情。 3. 很多方法在学生平时的学习中都是用到的，但是没有这么集中出现在同一个实验中，让学生在使用诸多科学方法的过程中知道，许多科学方法是可以通用的。 4. 中学的物理实验，很多都是存在实验误差的，但是没有哪个实验存在这么多方面的误差，学生可能对实验存在一定"害怕"的感觉。	1. 举例安培力和洛伦兹力的宏观和微观问题，让学生坚信微观和宏观是可以联系起来的。 2. 通过组内和组间的合作探究、分享和交流，让学生进一步掌握本实验所用到的科学方法。 3. 通过数据的处理和分析，让学生体会到诸多科学方法运用的妙处。

续表

项目	教学目标	学情分析	教学策略与教学手段
教学准备	教师准备：多媒体 ppt 课件、动画、视频，分组实验作用到的实验仪器和物品等。 学生准备：分组实验用的教材、实验册、铅笔、草稿纸等。		

二、教学流程图（图 14-61）

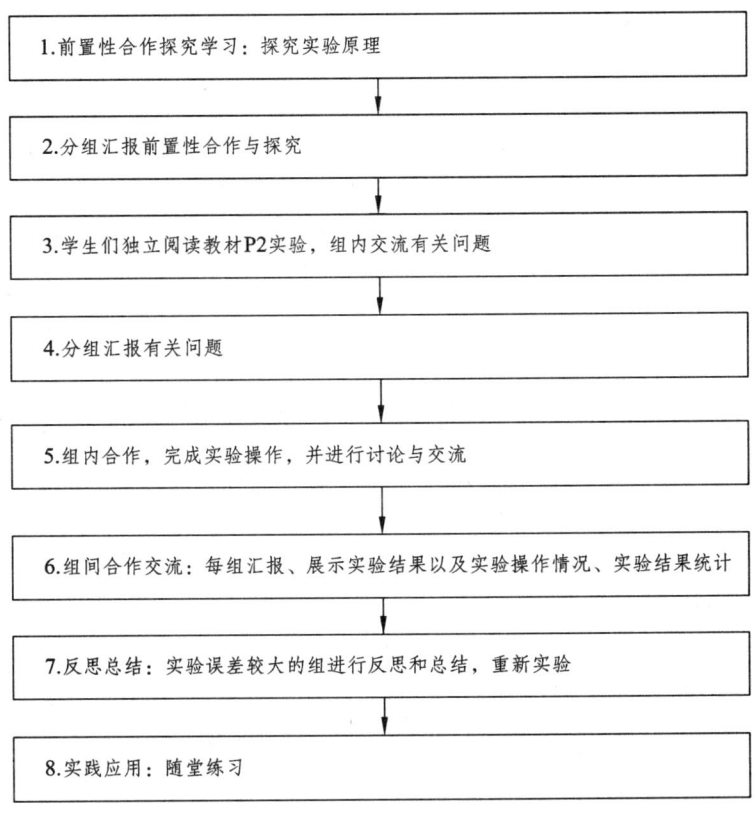

图 14-61 "油膜法测分子的直径"教学流程

三、教学过程

（一）课前探讨实验原理

要求学生在上课前完成，上课时抽查几组汇报结果。

抽查几组学生、了解他们对实验原理的学习情况，如果回答不准确，让同学们进行讨论和交流，直到学生完全明白为止。

（二）课堂合作与探究

任务 1：油膜法测分子的直径（正式大合作，评价）（30 min）

采用配对—操作—分享法。

第一步：组内两人配对，课前独立阅读教材 P2～P3 内容，思考以下问题，上课时与同伴交流。（8 min）

① 将油酸分子当成什么模型来处理？

② 怎样估算油酸分子的直径？

③ 怎么能保证微小的油酸分子在水面上呈单分子排列，并且是紧密挨在一起的？

④ 如何获得很小的一滴油酸溶液？怎样测量它的体积？

⑤ 如何测量油酸薄膜的面积？

⑥ 画出实验的基本流程图。

第二步：教师巡视与倾听，对交流完毕且举手的小组进行表扬，随机点一小组进行汇报。汇报时教师可根据自己的观察对存在的问题随时进行点评、补充与完善。（4 min）

第三步：原配对两名同学，结合表 14-24 进行操作与完成实验记录。（12 min）

表 14-24 "油膜法测分子的直径"实验探究

科学探究	任务	A 同学	B 同学
证据	实验准备	用自来水和洗洁精反复清洗浅水盘（注意节约用水），并在盘中装入约 2 cm 深的水。	用注射器抽取少量油酸溶液，记下油酸溶液的配制比例_____，并搞清楚一滴油酸溶液中含有的油酸体积是_____。
证据	实验操作	将干燥过的痱子粉或细石膏粉均匀地撒在水面上，注意控制粉层的厚度。	用注射器往水面上滴一滴油酸溶液，注意要使滴头靠近水面，只滴一滴，若滴两滴或者多滴则实验失败，需要重新洗盘，浪费水资源。
证据	观察并记录现象		
证据	测量油膜面积	用笔画出油膜的轮廓。	把玻璃板放在水盆的上面。
解释交流	数格数	格数_____；估算出油膜的面积_____。	格数_____；估算出油膜的面积_____。
解释交流	求解分子直径		
解释交流	实验注意事项		
解释交流	实验误差分析		

第四步：组间交流，实验结果交流、分享以及反思。（6 min）

① 实验结果的合作交流。每组汇报各组的实验结果，一同学负责将结果输入预先准备好的电子表格内，并且把实验误差较大的数值去掉，再求全班同学的实验结果的平均值，算出各组的数值和平均值的差值，找出实验结果误差比较大的和比较相近的组。

② 实验结果比较准确的组，通过手机同屏或者投影展示实验中分层的厚度、液面的面积大小、所描绘的液面面积、所取一滴液滴的大小等，可以 A、B 两同学轮流汇报。

③ 实验结果误差比较大的组汇报引起实验误差大的原因，同时通过手机同屏或者投影展示实验中分层的厚度、液面的面积大小、所描绘的液面面积、所取一滴液滴的大小等，可以 A、B 两同学轮流汇报。

④ 实验误差大的组重做实验，做出准确的实验结果。

（说明：组间交流可作为机动环节，若课堂时间不充裕，教师在巡视时，对小组实验情况要做到心中有数，可有目的地选择两组进行第②③环节的汇报即可）

第五步：合作学习的评价（见表 12-4 与表 12-9）。（2 min）

第六步：巩固练习（4 min）

将 1 mL 油酸溶于酒精，制成 200 mL 的溶液。已知 1 mL 溶液有 50 滴，取 1 滴滴在水面上，在水面上形成 0.2 m^2 的油膜，估算油酸分子的直径。

四、教学反思

（1）对于本实验的原理，其理论性比较强，需要搞明白很多细节性问题，教师直接讲解难使学生记住各个知识点。搞清楚实验原理后才可以做实验，否则学生易做出各种错误操作，要么加的油酸溶液太多，很多学生一次性加入几毫升溶液，达到几十滴，致使油酸不能单分子排列，导致实验失败，重新洗盘子多次，浪费水资源；也有的学生不按实验流程做，致使实验失败。

（2）合作学习，选择配对—操作—分享法，为提高课堂效率，课前让学生独立看完书后完成教师留下来的 6 个思考问题。合作时，再一起讨论，这样能促进学生深度思考问题、理解问题的积极性，为实验操作打基础。实验操作时，把实验步骤平分到每一位学生手中，预防学生出错，能高效完成预定实验目标。尽管采用了合作学习，分工明确，但是仍有一些学生不按要求探究，我行我素，致使实验失败，教师应该在合适时机纠正学生的错误认知，反复强调学生思考每一步实验操作的来龙去脉，只有这样才能促进学生物理观念的形成，促进学生科学思维能力的提升，促进学生寻找证据、交流与解释能力的培养。

参考文献

[1] 王坦. 合作学习原理与策略//靳玉乐. 合作学习[M]. 成都：四川教育出版社，2005.

[2] 牟尚婕，潘莺莺，盛群力. 聚焦卡干合作结构法：使合作学习成为课堂常态[J]. 课程教学研究，2015（3）：4-5.

[3] 雅各布斯 G M. 帕瓦 M A，范恩 L. 合作学习——使用技能、基本原则及常见问题[M]. 林晶晶，马兰，译. 宁波：宁波出版社，2018.

[4] 王坦. 合作学习：原理与策略[M]. 北京：学苑出版社，2001.

[5] 黄政杰，林佩璇. 合作学习//靳玉乐. 合作学习[M]. 成都：四川教育出版社，2005.

[6] 庞国斌，王冬凌. 合作学习的理论和实践[M]. 北京：开明出版社，2003.

[7] 马兰. 合作学习[M]. 北京：高等教育出版社，2005.

[8] 盛群力，郑淑贞. 合作学习设计[M]. 杭州：浙江教育出版社，2006.

[9] 伍新春，管琳. 合作学习与课堂教学[M]. 北京：人民教育出版社，2015.

[10] 宋立军，何沛枝. 卡干合作学习中"结构"的含义、特点及启示[J]. 教学与管理，2015，7：16-19.

[11] 曾琦. 合作学习的基本要素[J]. 学科教育，2000，6：7-12.

[12] 约翰逊 D W，约翰逊 R T. 合作学习[M]. 伍新春，郑秋，张洁，译. 北京：北京师范大学出版社，2004.

[13] 郑杰. 为了合作的学习——让课堂变革真实地发生[M]. 上海：华东师范大学出版社，2018.

[14] 林崇德. 英语教学心理学[M]. 北京：北京教育出版社，2001.

[15] JOHNSON D W, JOHNSON R T, HOLUBEC E J. 合作性学习 ABC [M]. 粟芳，TJOSVOLD D W，译. 上海：上海科学普及出版社，2006.

[16] JOHNSON D W, JOHNSON R T. Learning together and alone: cooperative, competitive and individualistic learning[M]. Boston: Allyn and Bacon, 1994.

[17] 刘翠玲. 如何提高高中英语课堂小组合作学习的有效性[D]. 上海: 华东师范大学, 2010.

[18] 叶澜. 教育概论[M]. 北京: 人民教育出版社, 1991.

[19] 梁爽. 高中物理合作学习课堂教学策略的实践研究[D]. 济南: 山东师范大学, 2014.

[20] 路海东. 教育心理学[M]. 长春: 东北师范大学出版社, 2002.

[21] 王志武. 高中物理实验教学中合作学习的实践研究[D]. 吉林: 东北师范大学, 2012.

[22] 郭慧慧. 基于科学探究能力培养的高中物理实验合作学习实践研究[D]. 新疆: 伊犁师范大学, 2019.

[23] 陈一明. 高中化学课堂中合作学习的应用研究[D]. 昆明: 云南师范大学, 2007.

[24] 龚敏. 建构主义对合作学习的启示[J]. 考试周刊, 2011（90）: 199.

[25] 陈琦, 张建伟. 建构主义学习观要义评析[J]. 华东师范大学学报（教育科学版）, 1998（1）: 62.

[26] SLAVIN R E. Cooperalive learning[J]. Review of Educational Research, 1980（2）: 315.

[27] 王坦. 试论合作学习的理论基础[J]. 山东教育科研, 2000（12）: 8.

[28] JOHNSON D W, JOHNSON R T. Circle of learning: cooperation in the classroom[M]. Edina: Interaction Book Co., 1993.

[29] VYGOTSKY L S. Mind in society: the development of higher psychological processes[M]. Cambridge: Harvard University Press, 1978.

[30] 维果茨基. 学龄期的教学与智力的发展[J]. 龚浩然, 译. 教育研究, 1983（6）: 26-29.

[31] 吴也显. 教学论新编[M]. 北京: 教育科学出版社, 1991.

[32] 范翠英，孙晓军. 青少年心理发展与教育[M]. 武汉：华中师范大学出版社，2013.

[33] 聂娟. 阿德勒的思想对早期家庭教育的启示[J]. 科协论坛，2010（11）：151-152.

[34] 刘红. 阿德勒的家庭教育思想及其借鉴意义[J]. 贵州教育学院学报，2000（3）：9-12.

[35] GFROERER K，NELSEN J，KERN R M. Positive discipline[J]. The Journal of Individual Psychology，2013，69（4）：294-296.

[36] KILIC D. Concpt of "ethics" in family education considered within the scope of adult education[J]. Journal of education and sociology，2013，4（2）：128-131.

[37] 简·尼尔森. 正面管教[M]. 北京：京华出版社，2013.

[38] 魏青. 正面管教：一种基于人性的教育声音[J]. 江苏教育，2019（24）：58.

[39] 约翰逊，史密斯. 合作性学习的原理与技巧[M]. 刘春红，孙海法，译. 北京：机械工业出版社，2004.

[40] 郭玉英，姚建欣. 基于核心素养学习进阶的科学教学设计[J]. 课程·教材·教法，2016（11）：64-69.

[41] 姜艳玲，徐彤. 学习成效金字塔理论在翻转课堂中的应用与实践[J]. 中国电化教育，2014（7）：133.

[42] 曹衡君. 新课程下高中物理合作学习的课堂教学行为研究[D]. 长沙：湖南师范大学，2010.

[43] [德]埃尔克·德赖尔，卡特琳·哈德尔. 合作学习的99个小贴士[M]. 夏利群，译. 上海：华东师范大学出版社，2014.

[44] 马兰，盛群力，等. 多彩合作课堂[M]. 福建：福建教育出版社，2013.

[45] [美]南希·弗雷道格拉斯·费舍，桑迪·艾佛劳芙. 教师如何提高学生小组合作学习效率[M]. 刘琳红，译. 北京：中国青年出版社，2016.

[46] 斯莱文 R E. 合作学习的研究：国际展望[J]. 王坦，译. 山东教育科研，1994（1）.

[47] SLAVIN R. Cooperative learning: theory, research and practice[M]. Boston: Auyn&Bacon, 1990.

[48] 刘盈盈. 卡干合作学习思想述评[D]. 杭州: 杭州师范大学, 2009.

[49] 孙继红, 王焱. 英语课堂合作学习中的任务设计[J]. 成都电子机械高等专科学校学报, 2004.9: 75-76.

[50] 金娣, 王钢. 教育评价与测量[M]. 北京: 教育科学出版社, 2008.

[51] 程书肖. 教育评价方法技术[M]. 北京: 北京师范大学出版社, 2004.

后　记

　　我们的团队于 2015 年成立，由最初的两人组发展到今天，团队成员已达 200 多人，其中包括国内知名教授、博士、中小学各学科老师，他们都是为了教育愿意付出，醉于教研教改的追梦人。虽然也有些老队员左右摇摆，一会儿应试教育，一会儿合作学习，逐渐与团队疏远，但是仍有 30 多位核心成员一直在孜孜不倦地研究与实践合作学习，其中有 10 多位成员已经自成一派，成立小分队。这些核心成员都有着浓厚的教育情怀、扎实的教学功底、丰富的教学理论知识，都成为这一领域的精英与引路人。目前还有不少志同道合的不同学科的新人陆续加入。因为喜欢，所以努力，因为志同道合，所以合作共赢，合作学习永远是我们团队的主旋律，我们的团队也将会更专业，更有生命力。

　　我们团队主要采用高密度、高频率课题研究，围绕研究内容和研究目的，从理论和实践两个维度交替进行研究。"任务驱动法"是团队成员培养的主要方法，每一段时间都有任务去"驱动"队员深度学习和研究。这些任务可能是课题，可能是教学设计，可能是公开研讨课，可能是写反思、论文，可能是专题分享讲座等，每一项任务都是要队员认真研读相关著作、论文等文献，在理论与实践相结合的情况才能完成的，这也是让队员们快速成长的原因，是整个团队从零到辉煌的主要驱动力。我们的研究成果都将经历：实践—反思—理论—再实践—再反思—再理论—再实践这一科学研究过程。有人评论我们团队是"实干型"团队，也正是因为我们的"实干""真干"，才会有这本书所显现的成果。

　　践行合作学习，从刚开始的模仿式、经验式的教学设计，到基于理论指导的教学设计，再到基于核心素养的教学设计，合作学习的教学设计经历了六次大的修改与实践。这一过程现在写起来有点轻描淡写，但是回顾这一历程，我们受过质疑、冷嘲热讽，我们走过了很多的弯路，熬过夜，流过泪。因为坚持，我们不畏艰难，不断反思，疯狂读书，博学理论，不断地琢磨、探索、创新、折腾，才有今天的成就。编写这本书，也是希望能给更多教育的追梦人一些清晰的指引，使他们少走些弯路。

　　我们的团队经历了从无到有，由小到大，从弱到强，从点到面的发展，经过六年多学习、研究与实践，一路走来，下决心学习与践行合作学习的追随者不计其数，但能在课堂上熟练开始合作学习的也只有 50 多位成员，究其原因主要是以下几点：① 开展合作学习，需要大量的理论知识去引领实践，教学设计需要花费老师太多的精力与时间。现在老师的各种任务过多，能潜心设计教学的时间和空间非常有限，没有过多的时间来设计并开展合作学习。② 传统的讲授式课堂，更多的是以知识为主，题海战术是应试教育首选的教学策略，其备课量与课堂的复杂性相对较小，而且能立竿见影；而合作学习的教学效果较为隐性，需要经历较长时间才能见效。③ 教育教学评价体系更多关注考试成绩等的显性量化指标，很少把合作、交流能力等非智力素养作为教育教学的评价指标，教师在学科教学中培养学生的必备品格就得不到认可，久而久之，解题代替了一切，这给合作学习的开展与推广带来不小的阻力。

2017年，新课程标准及新高考评价体系的颁布与推行，全面拉开了新一轮的课改，如何落实核心素养目标成为各家争鸣的焦点。真正的合作学习，能充分体现教师主导作用及学生主体地位，打破传统的"讲授式""满堂灌""填鸭式"等教育模式，使学生由"观众"向"演员"转变，让学生学，让学生做，让学生说，让学生辩，让学生合作，让学生探索，使学生不断思考、提问、答疑、合作、交流、操练、表演等。这一过程中，学生是真正主动的学习者，其好奇心和求知欲都能得到满足，科学素养诸多方面都能得到发展。自从新课标颁布以来，我们团队的核心人员就开始分析、研究核心素养的落实问题，在分析理解透核心素养后再与合作学习有机结合在一起，经过实践，基于核心素养的合作学习教学设计能很好地促进学生的学科素养的全面发展。在本书的第十四章有介绍从核心素养理念来设计的合作学习案例。因此，引入我国20多年来的合作学习将真正登上新的舞台，研究与推广合作学习显得任重而道远。

践行合作学习我们已在路上了，在未来我们将继续秉承"理论学习引领教研实践，课题研究强化团队发展，团队建设推动共同成长，专家指导助推团队发展，研讨研修深化教学研究，跨界交流融合思维碰撞，理论提炼熔铸品牌教育"的工作主线。加强理论学习，加强教师间合作性研究与实践，加强整体规划研究，凸显顶层设计引领作用，加强调查研究，用事实和数据说明，引领课改设计。我们的目标：努力让课堂成为培养每个学生物理核心素养的主战场，为学生终生发展着想。

我们有个教育梦，就是让学生的明天更灿烂。如果您也有同样的梦，也想成为追梦人，袁勇合作学习团队诚邀您的加入！

麦建华，袁勇，任建婷

2021年5月于湛江